2025 중졸

검정고시
최신기출+예상문제

타임검정고시연구회

KB220339

2025
중졸 검정고시 최신기출+예상문제

인쇄일 2025년 1월 1일 2판 1쇄 인쇄 　　**발행처** 시스컴 출판사
발행일 2025년 1월 5일 2판 1쇄 발행 　　**발행인** 송인식
등　록 제17-269호 　　　　　　　　　**지은이** 타임검정고시연구회
판　권 시스컴2025

ISBN 979-11-6941-486-9 13370
정　가 15,000원

주소 서울시 금천구 가산디지털1로 225, 514호(가산포휴) | **시스컴** www.siscom.co.kr / **나두공** www.nadoogong.com
E-mail stscombooks@naver.com | **전화** 02)866-9311 | **Fax** 02)866-9312

"교육과정이 변해도 핵심 내용은 유사하다"

검정고시는 정규 학교에 진학하지 않은 이들에게 계속 교육받을 기회를 제공하고 교육의 평등 이념을 구현하고자 국가에서 시행하는 제도입니다. 현재 시험은 일 년에 두 번 시행되며 배움의 때를 놓친 분들에게 기회의 손길을 내밀고 있습니다.

한국교육과정평가원에서 공개한 출제 계획을 보면, 가급적 최소 3종 이상의 교과서에서 공통으로 다루고 있는 내용을 바탕으로 최근 5년간의 평균 합격률을 고려하여 적정 수준에서 출제할 것임을 알 수 있습니다. 즉 시험에 출제되는 핵심 내용은 크게 바뀌지 않았다는 것입니다. 따라서 시험에 반복 출제되는 부분들을 완벽히 이해하고, 새롭게 추가된 교과 내용을 공고히 익힌다면 평균 60점 이상을 획득하는 데에 큰 어려움이 없을 것입니다.

『중졸 검정고시 최신기출+예상문제』는 최근 2개년 기출문제를 분석한 후 예상문제를 통해 시험의 유형 파악과 풀이를 돕는 문제집입니다. 또한 문제와 관련된 TIP을 상세한 해설과 함께 수록하여 '기출문제+정답 및 오답해설+TIP'의 탄탄한 짜임을 자랑합니다. 따라서 기초를 다지려는 수험생도, 합격을 굳히려는 수험생도 모두 만족시킬 수 있으리라 생각합니다.

"배움에 있어서 늦음이란 없다"

청춘이란 인생의 어느 기간을 말하는 것이 아니라 마음의 상태를 말하는 것이라는 어느 시인의 말처럼 배움의 열정을 놓지 않은 여러분의 지금 이 순간이 청춘입니다. 이 책이 여러분의 꿈을 이루는 데 도움이 되기를 바라며, 수험생 여러분 모두의 건투를 빕니다.

ⓘ 나두공

중졸
검정고시

검정고시 안내

▍검정고시란?

검정고시는 정규 학교에 진학하지 않은 사람들에게 계속 교육받을 기회를 제공하고 국가의 교육수준 향상을 위하며 교육의 평등 이념 구현에 기여하고자 국가에서 시행하는 제도를 말한다.

▍시험관리기관

- 시·도 교육청 : 시행공고, 원서교부 · 접수, 시험실시, 채점, 합격자발표
- 한국교육과정평가원 : 출제 및 인쇄 · 배포

▍시험 분야

- 초등학교 졸업학력(초등학교 과정)
- 중학교 졸업학력(중학교 과정)
- 고등학교 졸업학력(고등학교 과정)

검정고시 시험 안내

시행횟수 : 연2회

분류	공고일	접수일	시 험	합격자 발표	공고 방법
제1회	2월 초순	2월 중순	4월 초·중순	5월 초·중순	각 시·도 교육청 홈페이지
제2회	6월 초순	6월 중순	8월 초·중순	8월 하순	

고시과목

중졸학력	필수	국어, 수학, 영어, 사회, 과학 (5과목)	총 6과목
	선택	도덕, 기술·가정, 체육, 음악, 미술 중 1과목 선택	

시험시간표

교시	과목	시간		문항수	비 고
1	국 어	09:00~09:40	40분	25	
2	수 학	10:00~10:40	40분	20	
3	영 어	11:00~11:40	40분	25	
4	사 회	12:00~12:30	30분	25	각 과목별 100점 만점
중식(12:30~13:30)					
5	과 학	13:40~14:10	30분	25	
6	선 택	14:30~15:00	30분	25	

※ 위의 내용은 한국교육과정평가원에서 발표한 내용을 바탕으로 하였습니다.

문제출제수준

중학교 졸업 정도의 지식과 그 응용 능력을 측정할 수 있는 수준으로 적정량의 학습을 해온 학생이면 누구
나 답할 수 있는 평이한 문제로 출제

중졸 검정고시 시험 안내

▌ 응시자격 및 응시제한

응시자격

1. 초등학교 졸업자 및 이와 동등 이상의 학력이 있는 자
2. 3년제 고등공민학교 졸업자 또는 졸업예정자
3. 「초 · 중등교육법시행령」 제29조의 규정에 의하여 학적이 정원 외로 관리되는 자
4. 중학교에 준하는 각종학교의 졸업자 또는 졸업예정자
5. 「보호소년 등의 처우에 관한 법률 시행령」 제69조 제2호에 해당하는 자

응시자격 제한

1. 중학교 또는 「초 · 중등교육법시행령」 제97조 제1항 제2호의 학교를 졸업한 자 또는 재학 중인 자
2. 공고일 이후 초등학교 졸업자
3. 공고일 이후 제 1)호의 학교에 재학 중 학적이 정원 외로 관리되는 자
4. 공고일 기준으로 고시에 관하여 부정행위를 한 자로서 2년이 경과되지 아니한 자

▌ 공통제출서류

- 응시원서(소정서식) 1부
- 동일원판 탈모 상반신 컬러 사진(3.5cm×4.5cm, 3개월 이내 촬영) 2매
- 본인의 해당 최종학력증명서 1부
- 응시수수료 : 무료
- 신분증 필히 지참(주민등록증, 운전면허증, 대한민국 여권, 청소년증 중 택 1)

학력인정 서류

〈현장 · 온라인 접수 추가 제출 서류〉

과목면제 대상자	
해당자	제출 서류
기능사 이상의 자격 취득자(이용사, 미용사 자격증 포함)	– 자격증 사본(원본 지참)
3년제 고등공민학교, 기술학교, 고등기술학교 및 중 · 고등학교에 준하는 각종학교 졸업(예정)자와 직업훈련원의 졸업(수료, 예정)자	– 졸업(수료, 예정)증명서
평생학습계좌제가 평가 인정한 학습과정 중 시험과목에 관련된 과정을 90시간 이상 이수한 자	– 평생학습이력증명서 * 발급안내 : 국가평생교육진흥원 평생학습계좌제 　(http://www.all.go.kr), 02–3780–9986

장애인 편의 제공 대상자		
대상자	대상자 편의 제공 내용	제출 서류
시각 장애, 뇌병변 장애	대독, 대필, 확대문제지	– 복지카드 또는 장애인등록증 사본(원본 지참) – 장애인 편의 제공 신청서(소정 서식) – 상이등급 표시된 국가유공자증(국가유공자 확인원)
상지지체 장애	대필	
청각 장애	시험 진행 안내 (시험시작 · 종료안내)	

※ 장애인 편의 제공은 원서접수 기간 내 편의 제공 신청자에 한하여 제공함

합격기준

전체 과목 합격

각 과목을 100점 만점으로 하여 평균 60점(소수점 셋째 자리에서 절사) 이상 취득한 자를 전체 과목 합격자로 결정함 단, 평균이 60점 이상이라 하더라도 결시 과목이 있을 경우에는 불합격 처리함

일부 과목 합격

● 검정고시 불합격자(일부 과목 합격자) 중 고시성적 60점 이상인 과목에 대하여는 합격을 인정하고, 본인이 원할 경우 다음 차수의 시험부터 해당과목의 고시를 면제하며 그 면제되는 과목의 성적은 최종 고시 성적에 합산함
● 기존 과목 합격자가 해당과목을 재응시할 경우 기존 과목합격 성적과 상관없이 재응시한 과목 성적으로 합격 여부를 결정함

합격취소

- 자격에 결격이 있는 자
- 제출 서류를 위조 또는 변조한 자
- 부정행위자
- 학력조회 결과 허위사실이 발견된 자

※ 전 과목 합격자의 학력을 합격자 발표일부터 80일 이내에 조회 확인하고, 학력조회의 결과 학력과 관련하여 허위의 사실이 발견된 때에는 지체 없이 합격을 취소함

응시자 시험 당일 준비사항

준비물

수험표, 신분증, 컴퓨터용 수성사인펜, 아날로그 손목시계(선택), 점심도시락

수험표, 주민등록증 분실자 준비 사항

- 수험표 분실자 : 응시원서에 부착한 동일원판 사진 1매를 지참하고 시험 당일 08시 20분까지 해당 시험장 시험본부에서 수험표를 재교부 받기 바람
- 주민등록증 분실자 : 주민등록증 발급확인서(주민자치센터에서 발급) 지참하기 바람

기타

- 주민등록증 미발급 청소년 : 청소년증 또는 대한민국여권 지참(청소년증은 주소지 관할 주민자치센터에 신청, 15~20일 소요).
- 시험당일 시험장 운동장이 협소하므로 가급적 대중교통을 이용하기 바람

응시자 유의사항

구비 서류 미비

- 본인 신분 확인이 불가능할 경우에는 접수하지 않으며, 접수된 서류는 일체 반환하지 않음
- 사실과 다르게 기재한 서류, 응시원서의 기재사항 착오 등으로 발생된 모든 책임은 전적으로 응시자에게 있음

시험 중 퇴실 금지

- 수험자는 시험 중 시험시간이 끝날 때까지 퇴실할 수 없음

다만, 긴급한 사유 등으로 불가피한 경우에는 퇴실할 수 있으나, 퇴실 후 재 입실이 불가능하며 소지 물품 (문제지 포함) 없이 별도의 장소에서 대기하여야 함

- 퇴실 시에는 휴대전화 등 무선통신기기나 물품 등을 소지할 수 없으며 지정된 별도의 장소에서 시험 종료 시까지 대기하여야 함
- 퇴실 시 감독관의 조치 및 지시에 불응하거나 휴대전화, 전자 담배 등 무선통신 기기 등을 소지한 경우 부정행위로 간주함
- 시험장 내에는 수험생 이외 가족, 친지, 친구, 학원 관계자 등은 출입할 수 없음

부정행위

시험장에서 다음과 같은 행위는 부정행위로 간주하고, 부정행위를 한 자는 「초 · 중등교육법」 시행규칙 제40조에 의거 고시를 정지하고 처분일로부터 응시자격 제한기간 동안 응시를 제한할 수 있으며, 교육부 및 전국 시 · 도교육청에 그 명단을 통보함

- 다른 수험생의 답안지를 보거나 보여주는 행위
- 다른 수험생과 손동작, 소리 등으로 서로 신호를 하는 행위
- 대리로 시험을 보는 행위
- 시험시간 중 휴대전화 등 무선통신기기를 소지하거나 사용하는 행위
- 다른 수험생에게 답을 보여주기를 강요하거나 폭력으로 위협하는 행위
- 시험 감독관의 지시에 불응하는 행위
- 기타 시험 감독관이 부정행위로 판단하는 행위

기타

- 공고문에 명시되지 않거나 내용의 해석에 관한 사항, 연락불능 등으로 인하여 발생된 불이익은 수험생의 귀책사유이며 그에 따른 결과 처리는 교육청별 검정고시위원회의 결정에 따라야 함
- 과목합격자는 별도 대기실에서 대기함
- 검정고시 응시자가 퇴학자일 경우 퇴학자는 응시일로부터 대략 8개월 이전에 학교를 그만둔 상태여야 함
- 교육기관 입학상담 시 최종학력증명서 확인 후 교육 실시
- 학적 정정 신청 : 출신 학교에서 증명, 통 · 폐합된 경우는 교육지원청에서 문의 · 발급

※ 상기 자료는 서울특별시 교육청의 안내 자료와 한국교육과정평가원(www.kice.re.kr)과 국가평생교육진흥원의 공고를 기준으로 하고 있습니다.

※ 시험일정 및 기타 사항은 변경될 수 있으므로 시험 전 반드시 각 시 · 도 교육청의 홈페이지 공고를 참조하여 접수하시기 바랍니다.

Q1 중졸 검정고시 출제 범위가 어떻게 되나요?

2021년부터는 2015 개정 교육과정이 적용됩니다.

〈중졸 검정고시 출제 범위 비교〉

구분	2014년~2015년			2016~2020년		2021년	
	2014년 교육과정	2015년 교육과정	출제범위	교육과정	출제범위	교육과정	출제범위
중1	2009	2009	2007 개정 교육과정	2009	2009 개정 교육과정	2015	2015 개정 교육과정
중2	2009	2009		2009		2015	
중3	2007	2009		2009		2015	

Q2 교육과정 변경으로 출제 방향이 어떻게 달라지나요?

- '2015 개정 교육과정'부터 사라지거나 변경된 개념 및 내용을 포함하고 있는 교과의 경우 이전 교육과정과 공통 범위에서 출제하지 않고 새 교육과정 중심으로 출제됩니다.
- 교과의 출제 범위가 국정교과서에서 검정교과서로 변화되어, 최소 3종 이상의 교과서에서 공통으로 다루고 있는 내용으로 출제됩니다.(단, 국어와 영어의 경우 교과서 외의 지문 활용 가능)
- 2021년에도 사회 과목의 역사(한국사만 출제, 세계사 제외)는 2009 개정 교육과정에서 출제됩니다.

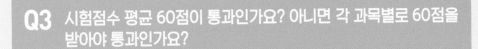

Q3 시험점수 평균 60점이 통과인가요? 아니면 각 과목별로 60점을 받아야 통과인가요?

중졸 · 고졸 검정고시는 과락제도가 없이, 각 과목 전체 평균 60점 이상을 취득한 자를 합격자로 결정합니다. 단, 한 과목이라도 결시하는 경우 전체 평균이 60점 이상이라도 불합격 처리됩니다.

Q4 검정고시 제출용 최종학력증명서는 어떤 것을 제출하는 건가요?

아래 내용 중에 해당하는 서류 한 가지를 제출하시면 됩니다.
- 초졸 검정고시 합격자 : 초졸 검정고시 합격증서 사본(원본 지참)
- 중학교 정원외 관리자 : 중학교 정원외 관리증명서(유예증명서 아님)
- 중학교 면제자 : 중학교 면제증명서
- 중학교 제적자(의무교육이전) : 중학교 제적증명서
- 초등학교 졸업후 상급학교 미진학자 : 검정고시용 초등학교 졸업증명서, 미진학사실확인서
  ※졸업증명서는 반드시 (검정고시용)으로 제출하여야 함
- 귀국자 : 각 시 · 도 교육청의 공고 또는 홈페이지에 기재 된 [귀국자 학력 인정 및 제출서류] 내용에 따름

Q5 과목 면제는 어떻게 받을 수 있나요?

- 과목면제 신청을 하지 않고 응시한 자는 본 고시에서 과목면제 혜택을 받을 수 없습니다.
- 과목에 합격한 수험생은 과목 합격증을 제출하지 않아도 기존의 과목 합격 중 가장 높은 점수를 반영합니다. 그러나 과목 합격 후 다시 그 과목을 응시하고자 할 경우 응시원서에 표기하여야 합니다.
- 과목 합격생은 반드시 과목 합격한 취득점수를 기재하여야 합니다.

구성 및 특징

검정고시 시험 안내

검정고시를 준비하는 수험생들이 시험에 대하여 한눈에 알 수 있도록 일정, 자격, 내용 등을 상세히 정리하였습니다.

기출문제

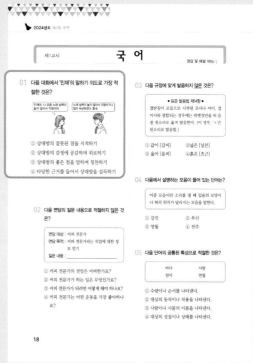

2023년도 제1회부터 2024년도 제2회까지 최신기출 2개년과 동형 예상문제 1회분을 수록하였습니다.

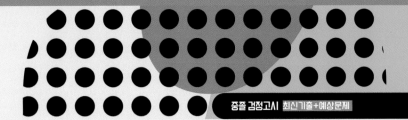

| 정답 및 해설 | TIP |

기본서를 따로 참고하지 않아도 명쾌하게 이해할 수 있도록 상세하게 설명하였습니다. 정답해설뿐만 아니라 오답해설도 충분히 실어 꼼꼼한 학습이 가능하도록 하였습니다.

문제와 관련된 중요 교과 내용이나 보충사항을 TIP으로 정리함으로써 효율적이면서도 충실한 수험공부가 가능하도록 하였습니다.

목 차

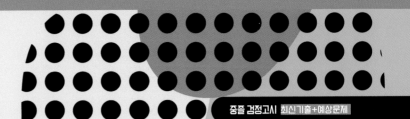

정답 및 해설

		제1회	제2회
2024년	국 어	180p	202p
	수 학	184p	206p
	영 어	186p	208p
	사 회	190p	213p
	과 학	194p	217p
	도 덕	197p	220p

		제1회	제2회
2023년	국 어	224p	242p
	수 학	227p	245p
	영 어	229p	247p
	사 회	233p	251p
	과 학	236p	255p
	도 덕	239p	258p

예상문제	국 어		262p
	수 학		265p
	영 어		267p
	사 회		270p
	과 학		273p
	도 덕		275p

체크리스트

효율적인 학습을 위한 CHECK LIST

연 도	과 목	학습 기간	정답 수	오답 수
2024년	국 어	~		
	수 학	~		
	영 어	~		
	사 회	~		
	과 학	~		
	도 덕	~		
2023년	국 어	~		
	수 학	~		
	영 어	~		
	사 회	~		
	과 학	~		
	도 덕	~		
예상문제	국 어	~		
	수 학	~		
	영 어	~		
	사 회	~		
	과 학	~		
	도 덕	~		

2024년도

제1회

국 어

01 다음 대화에서 '민재'의 말하기 의도로 가장 적절한 것은?

민재야. 나 요즘 노래 실력이 늘지 않아서 걱정이야.

노래 실력이 늘지 않아서 걱정이구나. 많이 속상하겠다. 힘내.

① 상대방의 잘못된 점을 지적하기
② 상대방의 감정에 공감하며 위로하기
③ 상대방의 좋은 점을 말하며 칭찬하기
④ 타당한 근거를 들어서 상대방을 설득하기

02 다음 면담의 질문 내용으로 적절하지 않은 것은?

> 면담 대상 : 커피 전문가
> 면담 목적 : 커피 전문가라는 직업에 대한 정보 얻기
> 질문 내용 : _____

① 커피 전문가의 전망은 어떠한가요?
② 커피 전문가가 하는 일은 무엇인가요?
③ 커피 전문가가 되려면 어떻게 해야 하나요?
④ 커피 전문가는 어떤 운동을 가장 좋아하나요?

03 다음 규정에 맞게 발음하지 않은 것은?

> ■ 표준 발음법 제14항 ■
> 겹받침이 모음으로 시작된 조사나 어미, 접미사와 결합되는 경우에는 뒤엣것만을 뒤 음절 첫소리로 옮겨 발음한다. (이 경우, 'ㅅ'은 된소리로 발음함.)

① 값이 [갑씨]
② 넓은 [널븐]
③ 읊어 [을퍼]
④ 흙은 [흐근]

04 다음에서 설명하는 모음이 들어 있는 단어는?

> 이중 모음이란 소리를 낼 때 입술의 모양이나 혀의 위치가 달라지는 모음을 말한다.

① 강진
② 부산
③ 영월
④ 전주

05 다음 단어의 공통된 특성으로 적절한 것은?

> 바다   사탕
> 엄마   연필

① 수량이나 순서를 나타낸다.
② 대상의 동작이나 작용을 나타낸다.
③ 사람이나 사물의 이름을 나타낸다.
④ 대상의 성질이나 상태를 나타낸다.

06 다음을 참고할 때 밑줄 친 단어의 기본형으로 적절한 것은?

> 국어사전에서 동사와 형용사를 찾을 때는 활용할 때 변하지 않는 부분인 어간에 '-다'를 붙인 기본형으로 찾아야 한다.
> ⓔ 달리니, 달리는, 달렸다 → 달리다

① 담장에 작은 참새가 앉았다. → 작다
② 여기에 서니 독도가 보인다. → 섰다
③ 도서관에는 많은 책이 있다. → 많았다
④ 여름에 먹는 냉면은 맛있다. → 먹는다

07 밑줄 친 부분의 문장 성분이 ㉠과 같은 것은?

> 내 동생은 ㉠ 연구원이 되었다.

① 바람이 세차게 분다.
② 봄꽃이 활짝 피었다.
③ 민서는 연예인이 아니다.
④ 아기가 아장아장 걷는다.

08 밑줄 친 부분이 '한글 맞춤법'에 맞게 표기된 것은?

① 편지에 우표를 부치지 않고 보냈다.
② 감기가 다 낳아서 병원에서 퇴원했다.
③ 이번 학교 축제에는 반드시 참여할 거야.
④ 나는 친구가 낸 수수께끼의 정답을 마쳤다.

09 다음 개요에서 통일성에 어긋나는 부분은?

제목	동물이 행복한 동물원은 없다.
서론	• 좁은 우리 안에 갇힌 동물을 본 경험 … ㉠
본론	• 동물원은 동물이 살기에 부적합한 환경임. … ㉡ 　－ 동물원 돌고래들의 짧은 평균 수명 • 동물원에서 동물은 극심한 스트레스를 받음. … ㉢ 　－ 스트레스로 인한 코끼리들의 이상 행동 • 동물원은 야생 동물을 보호하는 기능을 함. … ㉣ 　－ 사육사들의 따뜻한 돌봄을 받는 반달가슴곰
결론	동물의 행복을 위해서 동물원을 없애야 함.

① ㉠　　　② ㉡　　　③ ㉢　　　④ ㉣

10 ㉠~㉣에 대한 고쳐쓰기 방안으로 적절하지 않은 것은?

> 수많은 생물들이 ㉠ 습지를 보금자리로 삼아 살고 있다. ㉡ 결코 습지가 사라진다면 이곳에 사는 생물들도 사라질 것이다. 그런데 우리나라의 습지가 급속히 사라지고 있다. ㉢ 습지는 가뭄과 홍수를 예방해 주는 역할도 한다. 서해안 갯벌의 경우 간척 사업 등으로 인해 이미 갯벌의 1/3이 사라졌다. 우리가 습지를 보존하지 못하면 우리나라 습지에 사는 생물들을 ㉣ 영원이 다시 보지 못하게 될지도 모른다.

① ㉠ : 조사의 쓰임을 고려하여 '습지의'로 바꾼다.
② ㉡ : 문장의 호응이 맞지 않으므로 '만일'로 고친다.
③ ㉢ : 글의 흐름에서 벗어난 내용이므로 삭제한다.
④ ㉣ : 한글 맞춤법에 어긋나므로 '영원히'로 고친다.

[11~13] 다음 글을 읽고 물음에 답하시오.

[앞부분 줄거리] 숙모의 심부름을 간 문기는 고깃집에서 거스름돈보다 더 많은 돈을 받는다. 그 사실을 안 수만이는 돈을 쓰자고 문기를 유혹하여 사고 싶었던 물건들을 함께 산다. 그러나 양심의 가책을 느낀 문기는 남은 돈은 고깃집 마당에 던지고 샀던 물건들은 버린다. 하지만 수만이가 이것을 믿지 않고 문기에게 돈을 계속 요구하며 괴롭히자 문기는 숙모의 돈을 훔쳐서 수만이에게 준다. 이후 이웃집 점순이가 숙모의 돈을 훔쳤다는 죄를 뒤집어쓴다.

그날 밤이었다. 아랫방 들창 밑에 훌쩍훌쩍 우는 어린아이 울음소리가 났다. 아랫집 심부름하는 아이 점순이 음성이었다. 숙모가 직접 그 집에 가서 무슨 말을 한 것은 아니로되 자연 그 말이 한 입 걸러 두 집 걸러 그 집에까지 들어갔고, 그리고 그 집 주인 여자는 점순이를 때려 쫓아낸 것이다. 먼저는 동네 아이들이 모여 지껄지껄하더니 차차 하나 가고 둘 가고 훌쩍훌쩍 우는 그 소리만 남는다. 방 안의 문기는 그 밤을 뜬눈으로 새웠다.

이튿날 아침이다. 문기는 밥을 두어 술 뜨다가는 고만둔다. 뭐 그 돈을 갚기 위한 그것이 아니다. 도무지 입맛이 나지 않았다. 학교엘 갔다. 첫 시간은 수신 시간[1], 그리고 공교로이[2] 제목이 '정직'이다. 선생님은 뒷짐을 지고 교단 위를 왔다 갔다 하며 거짓이라는 것이 얼마나 악한 것이고 정직이 얼마나 귀하고 중한 것인가를 누누이 말씀한다. 그럴 때마다 문기는 가슴이 뜨끔뜨끔해진다. 문기는 자기 한 사람에게만 들리기 위한 정직이요 수신 시간인 듯싶었다. 그만치 선생님은 제 속을 다 들여다보고 하는 말인 듯싶었다.

운동장에서 문기는 풀[3]이 없다. 사람 없는 교실 뒤 버드나무 옆 그런 데만 찾아다니며 고개를 숙이고 깊은 생각에 잠기거나 팔짱을 찌르고 왔다 갔다 하기도 한다. 그러다 누가 등을 치면 소스라쳐 깜짝깜짝 놀란다.

언제나 다름없이 하늘은 맑고 푸르건만 문기는 어쩐지 그 하늘조차 쳐다보기가 두려워졌다. 자기는 감히 떳떳한 얼굴로 그 하늘을 쳐다볼 만한 사람이 못 된다 싶었다.

언제나 다름없이 여러 아이들은 넓은 운동장에서 마음대로 뛰고 마음대로 지껄이고 마음대로 즐기건만 문기 한 사람만은 어둠과 같이 컴컴하고 무거운 마음에 잠겨 고개를 들지 못한다. 무엇보다도 문기는 전일처럼 맑은 하늘 아래서 아무거리낌 없이 즐길 수 있는 마음이 갖고 싶다. 떳떳이 하늘을 쳐다볼 수 있는, 떳떳이 남을 대할 수 있는 마음이 갖고 싶었다.

— 현덕, 「하늘은 맑건만」 —

___
1) 수신 시간 : 일제 강점기의 도덕 시간
2) 공교로이 : 생각하지 않았거나 뜻하지 않게 우연히
3) 풀 : 세찬 기세나 활발한 기운

11 윗글의 서술자에 대한 설명으로 적절한 것은?

① 서술자인 '나'가 자신이 겪은 사건을 서술하고 있다.

② 서술자가 사건의 전개와 배경의 변화에 따라 바뀌고 있다.

③ 서술자가 사건과 등장인물의 심리를 직접적으로 설명하고 있다.

④ 서술자인 '나'가 주변 인물의 사건을 간접적으로 전달하고 있다.

12 윗글을 읽은 학생의 반응으로 가장 적절한 것은?

① 친구와의 약속을 지키려고 노력해야겠어.

② 정직하고 떳떳하게 사는 태도가 중요하지.

③ 성실하게 수업에 참여하는 자세가 필요해.

④ 하늘을 쳐다볼 수 있는 여유를 가져야겠어.

13 윗글에서 알 수 있는 내용으로 가장 적절한 것은?

① 문기는 자신의 행동이 정당하다고 생각했다.

② 점순이는 아랫집에서 심부름을 하며 살았다.

③ 선생님은 문기의 잘못을 이미 알고 '정직'을 주제로 수업했다.

④ 숙모는 직접 아랫집에 가서 주인 여자에게 점순이가 돈을 훔쳤다고 말했다.

[14~16] 다음 글을 읽고 물음에 답하시오.

> 눈을 가만 감으면 ㉠ 굽이 잦은 풀밭 길이,
> 개울물 돌돌돌 길섶¹⁾으로 흘러가고,
> 백양 숲 사립을 가린 초집들도 보이구요.
>
> 송아지 몰고 오며 바라보던 진달래도
> 저녁노을처럼 산을 둘러 퍼질 것을,
> 어마씨²⁾ 그리운 솜씨에 향그러운 꽃지짐.
>
> 어질고 고운 그들 멧남새³⁾도 캐어 오리.
> 집집 끼니마다 봄을 씹고 사는 마을.
> 감았던 그 눈을 뜨면 마음 도로 애젓하오⁴⁾.
>
> – 김상옥, 「사향(思鄕)⁵⁾」 –
>
> ──────────────
> 1) 길섶 : 길의 가장자리. 흔히 풀이 나 있는 곳을 가리킨다.
> 2) 어마씨 : 어머니
> 3) 멧남새 : 산나물
> 4) 애젓하오 : 애틋하오. 섭섭하고 애가 타는 듯하오.
> 5) 사향(思鄕) : 고향을 생각함.

14 윗글에서 시적 화자가 떠올린 고향의 모습으로 적절하지 <u>않은</u> 것은?

① 고깃배가 나란히 들어선 항구

② 온 산을 둘러 피어 있는 진달래

③ 어머니의 맛있고 향긋한 꽃지짐

④ 산나물을 캐서 돌아오는 사람들

15 윗글에서 느낄 수 있는 시적 화자의 주된 정서는?

① 그리움　　　② 두려움

③ 부러움　　　④ 지겨움

16 ㉠과 같은 감각적 이미지가 쓰인 것은?

① 구수한 청국장 냄새

② 하늘에 울리는 종소리

③ 달콤한 사랑의 추억

④ 노랗게 물든 황금 들판

[17~19] 다음 글을 읽고 물음에 답하시오.

> 놀부는 더욱 화를 내며 나무란다.
> "이놈아, 들어 보아라. 쌀이 아무리 많다고 해도 너를 주려고 섬¹⁾을 헐며, 벼가 많다고 하여 너 주려고 노적²⁾을 헐며, 돈이 많이 있다 한들 너 주자고 돈꿰미를 헐며, 곡식 가루나 주고 싶어도 너 주자고 큰독에 가득한 걸 떠내며, 옷가지나 주려 한들 너 주자고 행랑채에 있는 아랫것들을 벗기며, 찬밥을 주려 한들 너 주자고 마루 아래 청삽사리를 굶기며, 술지게미나 주려 한들 새끼 낳은 돼지를 굶기며, 콩이나 한 섬 주려 한들 농사지을 황소가 네

필인데 너를 주고 소를 굶기겠느냐. 염치없고 생각 없는 놈이로다."

"아무리 그렇더라도 죽는 동생 한 번만 살려 주십시오."

(중략)

흥부 아내의 말이 변하여 울음이 되니 흥부가 말없이 듣고 있다가 자리에서 일어섰다.

"여보 마누라, 울지 말아요. 내가 오늘 읍내를 나갔다 오리다."

"읍내는 무엇 하려요?"

"양식을 좀 꾸어서라도 얻어 와야 저 자식들을 먹이지."

"여보 영감, 그 모양에 곡식 먹고 도망한다고 안 줄 테니 가 보아야 소용없는 일입니다."

"가장이 나서는데 그게 무슨 소리! 어찌 될지는 가 봐야 아는 일이지 장 안에서 도포³⁾나 꺼내 와요."

"아이고, 우리 집에 무슨 장이 있단 말이오?"

"어허, 닭장은 장이 아닌가? 가서 내 갓도 챙겨 나와요."

"갓은 또 어디에 있답니까?"

"뒤뜰 굴뚝 속에 가 봐요."

"세상에 갓을 어찌 굴뚝 속에 두었단 말입니까?"

"그런 게 아니라 지난번 국상⁴⁾ 뒤에 어느 친구한테 흰 갓 하나를 얻었는데 우리 형편에 칠해 쓸 수도 없고 연기에 그을려 쓰려고 굴뚝 속에 넣어 둔 지 벌써 오래요."

[A] ┌ 흥부가 그렇게 저렇게 의관을 갖추는데 모양이 볼만 했다.
   │ 헌 망건을 꺼내 쓸 때 물렛줄로 줄을 삼고 박 조각으로 관자 달아서 상투를 매어 쓰고, 갓 테 떨어진 파립은 노끈을 총총 매어 갓끈 삼아 달아 쓰고, 다 떨어진 고의적삼 살점이 울긋불긋, 발바닥은 뻥 뚫리고 목만 남은 헌 버선에 짚 대님이 희한하다.
   └
                              – 작자 미상, 「흥부전」 –

---

1) 섬 : 곡식 등을 담기 위하여 짚으로 엮어 만든 그릇
2) 노적 : 곡식 등을 한데에 수북이 쌓음.
3) 도포 : 예전에 통상예복으로 입던 남자의 겉옷. 소매가 넓고 등 뒤에는 딴 폭을 댄다.
4) 국상 : 국민 전체가 상중에 상복을 입던 왕실의 초상

17 '놀부'와 비슷한 성격의 인물로 가장 적절한 것은?

① 일회용품 줄이기를 실천하는 사람
② 돈은 많으면서 남을 전혀 돕지 않는 사람
③ 파도에 밀려서 온 쓰레기를 청소하는 사람
④ 혼자 사는 노인을 방문하여 말벗이 되어 주는 사람

18 '흥부'에 대한 설명으로 적절하지 않은 것은?

① 가족의 생계에 대해 전혀 관심이 없다.
② 자식을 먹이기 위해 읍내로 가려고 한다.
③ 아내의 판단과 충고를 받아들이지 않는다.
④ 양식을 빌리러 가기 어려울 정도로 행색이 초라하다.

19 [A]에 대한 설명으로 적절한 것은?

① 사건을 요약적으로 제시한다.
② 배경을 통해 사건을 암시한다.
③ 인물 사이의 갈등을 강조한다.
④ 인물의 모습을 해학적으로 표현한다.

[20~22] 다음 글을 읽고 물음에 답하시오.

> ㉠ 세금은 그것을 납부하는 방식에 따라 직접세와 간접세로 나눌 수 있다. 직접세는 세금을 내야 하는 의무가 있는 사람과 실제로 그 세금을 내야 하는 사람이 일치하는 세금으로 소득세, 법인세, 재산세, 상속세 등이 직접세에 해당한다.
>
> 조금 더 자세히 살펴보면, 직접세는 소득이나 재산에 따라 누진적으로 적용되는 경우가 많다. 즉 소득이 많은 사람은 세율이 높아 세금을 많이 내고 소득이 적은 사람은 세율이 낮아 세금을 적게 내는 식이다. 그렇기 때문에 직접세는 소득격차를 줄이고 소득을 재분배하는 효과가 있다. (㉡) 직접세를 걷는 입장에서는 모든 사람의 소득이나 재산을 일일이 조사하여 그에 따라 세금을 거두어야 한다는 번거로움이 있다.
>
> 간접세는 세금을 내야 하는 의무가 있는 사람과 실제로 그 세금을 내는 사람이 다른 세금이다. 부가 가치세를 비롯하여 개별 소비세, 인지세 등이 간접세에 해당한다.
>
> 간접세는 소득이나 재산에 상관없이 모두에게 똑같이 적용된다. 예를 들어 음료수를 사 마실 때, 소득이 많은 사람이든 소득이 적은 사람이든 동일한 음료수를 산다면 모두 똑같은 세금을 내고 있는 셈이다. 그렇기 때문에 간접세를 걷는 입장에서는 편리하게 세금을 걷을 수 있다. 하지만 간접세는 같은 액수의 세금이라도 소득이 적은 사람에게는 소득에 비해 내야 할 세금의 비율이 높아지기 때문에 소득이 적은 사람일수록 세금에 대한 부담감이 커진다는 문제점이 있다.
>
> – 조준현, 「중학생인 나도 세금을 내고 있다고?」 –

20 윗글의 내용과 일치하지 <u>않는</u> 것은?

① 직접세는 소득 격차 감소와 소득 재분배의 효과가 있다.

② 직접세는 간접세보다 세금을 걷는 입장에서 걷기 편하다.

③ 간접세는 소득이나 재산에 상관없이 모두에게 똑같이 적용된다.

④ 간접세는 소득이 적은 사람일수록 세금에 대한 부담이 크다.

21 ㉠과 같은 설명 방법이 사용된 것은?

① 김 교수는 "백색 소음이 집중력을 높인다."라고 말했다.

② 원통형 기둥은 위아래 지름이 일정한 기둥을 뜻한다.

③ 소설은 길이에 따라 단편, 중편, 장편 소설로 나눈다.

④ 젖산은 약한 산성이어서 유해균 증식을 억제할 수 있다.

22 ㉡에 들어갈 말로 적절한 것은?

① 그러나　　　② 따라서

③ 그렇다면　　④ 왜냐하면

[23~25] 다음 글을 읽고 물음에 답하시오.

근래에는 아직 초등학교에도 입학하지 않은 어린아이들이 부모와 똑같은, 혹은 더 많은 양의 소금을 섭취하고 있다고 한다. 이는 대단히 ㉠심각한 문제이다. 아이들은 어른들보다 혈액량이 적어 똑같은 양의 소금을 섭취하더라도 혈액 속 염화 나트륨의 비율이 어른들보다 훨씬 높아지기 때문이다.

이뿐만 아니라 어릴 때부터 소금을 많이 먹으면 혀가 ㉡둔감해져 점점 더 짜고 자극적인 맛을 찾게 된다. 짠맛은 중추를 자극한다. 만약 계속해서 소금을 과하게 섭취한다면 아이들은 이런 쾌감을 유지하기 위해 배가 고프지 않더라도 음식을 계속 먹는 '음식 중독'에 걸릴 수 있다. 결국 폭식증이나 비만에 시달리게 되는 것이다.

문제는 여기서 그치지 않는다. 영국의 한 대학 연구팀에서 4세에서 18세까지 아동 및 청소년 1,688명을 일주일간 관찰한 결과, 짜게 먹는 아이일수록 음료를 많이 마신다는 사실을 ㉢발견했다. 소금이 체세포의 수분을 빼앗아 그만큼 갈증이 나기 때문이다. 그런데 대부분의 아이들은 갈증을 달래기 위해 건강에 좋은 음료가 아니라, 단맛이 강한 탄산음료를 찾는다. 탄산음료 속에 녹아 있는 탄수화물은 비만을 더욱 ㉣부추길 수 있다.

소금은 분명 맛있는 유혹이지만, 너무 많이 섭취하면 우리의 세포를 죽이고 건강을 위협한다. 건강을 생각한다면 지금이라도 당장 소금 섭취를 줄여야 한다.

– 클라우스 오버바일, 「소금의 덫」 –

23 윗글을 읽는 방법으로 가장 적절한 것은?

① 주장과 근거를 파악한다.

② 상징적 의미를 추론한다.

③ 경험과 깨달음을 구분한다.

④ 갈등의 해결 과정을 분석한다.

24 윗글에서 글쓴이가 말하고자 하는 바로 가장 적절한 것은?

① 탄산음료는 갈증 해소에 도움이 된다.

② 건강을 위해 소금 섭취를 줄여야 한다.

③ 음식 중독은 사회적으로 심각한 문제이다.

④ 자녀를 위해 부모들이 직접 요리를 해야 한다.

25 ㉠~㉣의 사전적 의미로 적절하지 않은 것은?

① ㉠ : 상태나 정도가 매우 깊고 중대하다.

② ㉡ : 감정이나 감각이 무뎌지다.

③ ㉢ : 아직 알려지지 않은 사실 따위를 찾아내다.

④ ㉣ : 남의 의견을 판단 없이 믿고 따르다.

수 학

제2교시

정답 및 해설 184p

01 다음은 24를 소인수분해하는 과정을 나타낸 것이다. 24를 소인수분해한 것은?

① 2×3

② 2×3^2

③ $2^3 \times 3$

④ $2^3 \times 3^2$

02 다음 수를 작은 수부터 차례대로 나열할 때, 세 번째 수는?

$$-\frac{2}{3}, \quad 4, \quad 3, \quad -5, \quad 11$$

① -5

② $-\frac{2}{3}$

③ 3

④ 4

03 그림은 가로의 길이가 4cm, 세로의 길이가 $a\text{cm}$인 직사각형이다. 이 직사각형의 넓이를 문자를 사용한 식으로 바르게 나타낸 것은?

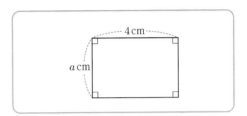

① $(2+a)\text{cm}^2$

② $(4+a)\text{cm}^2$

③ $(2 \times a)\text{cm}^2$

④ $(4 \times a)\text{cm}^2$

04 $a=5$일 때, $2a+3$의 값은?

① 11

② 13

③ 15

④ 17

05 다음 좌표평면 위에 있는 점 A의 좌표는?

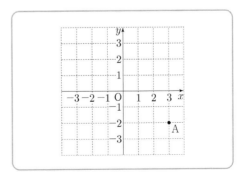

① $A(3, -2)$

② $B(2, 3)$

③ $C(-3, 2)$

④ $D(-3, -2)$

06 그림과 같이 평행한 두 직선 l, m이 다른 한 직선 n과 만날 때, $\angle x$의 크기는?

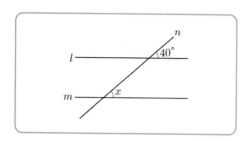

① 40°
② 60°
③ 80°
④ 100°

07 다음은 어느 반 학생 30명의 하루 수면 시간을 조사하여 나타낸 도수분포표이다. 하루 수면 시간이 6시간 미만인 학생 수는?

수면 시간(시간)	도수(명)
4^{이상} ~ 5^{미만}	5
5 ~ 6	3
6 ~ 7	4
7 ~ 8	15
8 ~ 9	3
합계	30

① 5명
② 6명
③ 7명
④ 8명

08 순환소수 $0.\dot{2}$를 기약분수로 나타낸 것은?

① $\dfrac{1}{9}$
② $\dfrac{2}{9}$
③ $\dfrac{1}{3}$
④ $\dfrac{4}{9}$

09 $2a \times 3a^2$을 간단히 한 것은?

① $2a$
② $3a^2$
③ $5a^3$
④ $6a^3$

10 일차부등식 $20x \geq 40$을 풀면?

① $x > 2$
② $x \geq 2$
③ $x \leq 2$
④ $x < 2$

11 그림은 일차함수 $y = -\dfrac{3}{2}x + 3$의 그래프이다. 이 일차함수의 그래프의 y절편은?

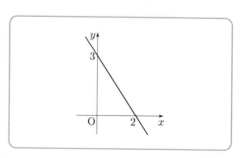

① -3
② 2
③ 3
④ 6

12 그림과 같이 $\overline{AB} = \overline{AC}$인 이등변삼각형 ABC에서 ∠A의 이등분선과 변 BC의 교점을 D라고 하자. $\overline{BD} = 4\text{cm}$일 때, $\overline{BC}$의 길이는?

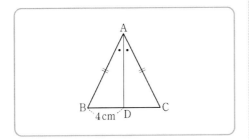

① 7cm　　　　② 8cm

③ 9cm　　　　④ 10cm

13 그림에서 △ABC ∽ △DEF일 때, $\overline{DE}$의 길이는?

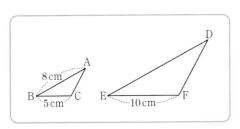

① 12cm　　　　② 14cm

③ 16cm　　　　④ 18cm

14 그림과 같이 주머니 속에 모양과 크기가 같은 흰 공 3개, 검은 공 5개가 들어 있다. 이 주머니에서 임의로 한 개의 공을 꺼낼 때, 흰 공이 나올 확률은?

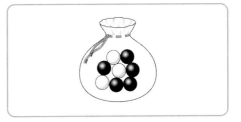

①$\dfrac{3}{8}$　　　　②$\dfrac{1}{2}$

③$\dfrac{5}{8}$　　　　④$\dfrac{3}{4}$

15 $2\sqrt{5} + 3\sqrt{5}$를 간단히 한 것은?

① $5\sqrt{5}$　　　　② $6\sqrt{5}$

③ $7\sqrt{5}$　　　　④ $8\sqrt{5}$

16 이차방정식 $(x-7)^2 = 0$의 근은?

① 4　　　　② 5

③ 6　　　　④ 7

17 이차함수 $y=\dfrac{1}{4}x^2$의 그래프에 대한 설명으로 옳은 것은?

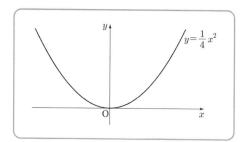

① 위로 볼록하다.

② y축을 축으로 한다.

③ 점 $(-1, 2)$를 지난다.

④ 꼭짓점의 좌표는 $\left(\dfrac{1}{4}, 0\right)$이다.

18 그림과 같이 직각삼각형 ABC에서 $\overline{AB}=13$, $\overline{BC}=12$, $\overline{CA}=5$일 때, $\cos B$의 값은?

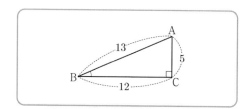

① $\dfrac{5}{13}$

② $\dfrac{5}{12}$

③ $\dfrac{12}{13}$

④ $\dfrac{12}{5}$

19 그림과 같이 원 O의 중심에서 두 현 AB, CD에 내린 수선의 발을 각각 M, N이라고 하자. $\overline{AB}=\overline{CD}=8\,\text{cm}$, $\overline{OM}=5\,\text{cm}$일 때, $\overline{ON}$의 길이는?

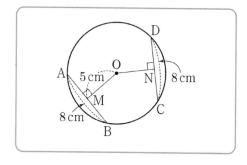

① 5cm

② 6cm

③ 7cm

④ 8cm

20 자료는 학생 5명의 수학 점수를 조사하여 나타낸 것이다. 이 자료의 중앙값은?

(단위 : 점)

80	75	85	95	90

① 75

② 80

③ 85

④ 90

제3교시　영　어

정답 및 해설 186p

2024년 1회

01 밑줄 친 단어의 뜻으로 가장 적절한 것은?

> Everyone thinks that ice cream is <u>delicious</u>.

① 쉬운　　　　② 가능한
③ 맛있는　　　④ 흥미로운

02 다음 중 두 단어의 의미 관계가 나머지 셋과 다른 것은?

① big – small　　② dry – wet
③ old – young　　④ tall – high

[03～04] 다음 빈칸에 들어갈 말로 가장 적절한 것을 고르시오.

03

> A lot of students ____ standing in line.

① am　　　　② is
③ was　　　④ were

04

> How ____ does it take to go to the train station?

① long　　　② many
③ often　　　④ tall

[05～06] 다음 대화의 빈칸에 들어갈 말로 가장 적절한 것을 고르시오.

05

> A : ____ do you usually get up?
> B : I usually get up at seven.

① How　　　② What
③ When　　　④ Which

06

> A : Can you ride a bike?
> B : _____ .

① Yes, I can　　② No, I don't
③ Yes, you can　④ No, I'm not

07 다음 빈칸에 공통으로 들어갈 말로 가장 적절한 것은?

> • I play the piano in my ____ time.
> • You can have this candy for ____ .

① busy　　　② close
③ free　　　④ hard

08 다음은 가족이 주말에 할 일이다. Tom이 할 일은?

Father	Mother	Tom	Emma
water the plants	clean the windows	do the laundry	bake cookies

① 식물 물 주기　　② 창문 닦기

③ 빨래하기　　④ 쿠키 굽기

09 그림으로 보아 빈칸에 들어갈 말로 가장 적절한 것은?

A : What is the girl doing?
B : She is _____.

① reading a book

② drawing a picture

③ listening to music

④ playing basketball

10 다음 대화가 끝난 후 두 사람이 함께 갈 장소는?

A : I'm worried about my leg.
　　I can't walk easily.
B : Why don't you see a doctor?
A : I think I should. Can you go
　　with me now?
B : Sure.

① 병원　　② 서점

③ 문구점　　④ 우체국

11 다음 대화의 빈칸에 들어갈 말로 가장 적절한 것은?

A : How's the weather outside?
B : It's raining. _____?
A : No, I don't. I have to buy one.

① What time is it

② How have you been

③ Where did you get it

④ Do you have an umbrella

12 다음 대화의 주제로 가장 적절한 것은?

A : We need to change the meeting
　　time. It's too early.
B : I agree. What about 10 a.m.?
A : That's much better.

① 회의 시간 변경　　② 회의 장소 변경

③ 회의 주제 변경　　④ 회의 참가자 변경

13 다음 홍보문을 보고 알 수 <u>없는</u> 것은?

World Food Festival
• Date : April 13th-14th
• Time : 11 a.m.-4 p.m.
• Place : Seaside Park
Come and Enjoy!
Try food from all over the world!

① 행사 날짜　　② 행사 시간

③ 행사 장소　　④ 행사 참가비

14 다음 방송의 목적으로 가장 적절한 것은?

> Hello, everyone. I have something to tell you about tomorrow's lunch menu. The original menu was spaghetti, cake, and orange juice. However, we'll serve milk instead of orange juice. Sorry about the change.

① 기부금 모금

② 학교 규칙 안내

③ 새로운 요리사 소개

④ 점심 메뉴 변경 공지

15 다음 대화에서 B가 수영장에 가지 못하는 이유는?

> A : Steve and I are going to the swimming pool this Saturday. Do you want to join us?
> B : Sorry, but I'm taking a trip with my family this weekend.
> A : Okay. Maybe next time.

① 수학 시험이 있어서

② 가족 여행을 가야 해서

③ 치과 예약이 있어서

④ 축구 경기를 해야 해서

16 다음 Moai에 대한 설명과 일치하지 <u>않는</u> 것은?

> Have you ever heard of the Moai? They are on Easter Island. They are tall, human-shaped stones. Most of them are about four meters tall, and the tallest one is around 20 meters tall. They mainly face towards the village, and some are looking out to sea.

① 이스터섬에 있다.

② 사람 모양의 돌이다.

③ 대부분 높이가 약 20미터이다.

④ 주로 마을 쪽을 보고 있다.

17 다음 글에서 City Flea Market에 대해 언급된 내용이 <u>아닌</u> 것은?

> City Flea Market is a great place for many shoppers. It is open every Saturday. It is in front of the History Museum. You can buy clothes, shoes, books, and toys at low prices in this market.

① 열리는 요일   ② 열리는 장소

③ 주차 정보   ④ 판매 품목

18 다음 글에서 Jimin이 제안한 것으로 가장 적절한 것은?

> My big problem at school is getting poor grades on tests. I never do well on them. So, I asked Jimin for advice. Jimin suggested making a study group. He told me that studying with friends could help me do better on tests.

① 친구들과 함께 공부하기

② 조용한 공부 장소 찾기

③ 시험공부 계획 세우기

④ 선생님께 질문하기

19 다음 그래프로 보아 빈칸에 들어갈 말로 가장 적절한 것은?

Our Classmates' Interests

Others(5%)
Reading books(10%)
Listening to music(15%)
Playing computer games(25%)
Playing sports(45%)

> More than forty percent of the students in our class are interested in _____ .

① playing sports

② playing computer games

③ listening to music

④ reading books

20 다음 글의 흐름으로 보아 어울리지 <u>않는</u> 문장은?

> Last year, I went to a mountain. ① I took a cable car to the middle of the mountain. ② My father bought a new car. ③ Then, I hiked to the top. ④ At the top, I found that the trees were red and yellow. It was amazing and exciting to see beautiful autumn leaves.

21 밑줄 친 <u>It</u>이 가리키는 것으로 가장 적절한 것은?

> Do you like walking? How many steps do you walk in a day? Walking can offer lots of health benefits to people of all ages. <u>It</u> may help prevent certain diseases, so you can live a long life. It also doesn't require any special equipment and can be done anywhere.

① Equipment

② Life

③ Stress

④ Walking

22 도서관 이용 시 주의해야 할 사항으로 언급되지 않은 것은?

> Library Rules :
> • Return books on time.
> • Do not make loud noises.
> • Do not eat any food.

① 제시간에 책 반납하기
② 시끄럽게 하지 않기
③ 음식 먹지 않기
④ 책에 낙서하지 않기

23 다음 글의 주제로 가장 적절한 것은?

> Do you know what to do when there is a fire? You should shout, "Fire!" You need to cover your face with a wet towel. You have to stay low and get out. Remember to use the stairs, not the elevator. Also, you need to call 119 as soon as possible.

① 건강한 식생활 방법
② 지진의 원인과 대처법
③ 화재 발생 시 행동 요령
④ 전자 제품 사용 시 유의점

24 다음 글을 쓴 목적으로 가장 적절한 것은?

> My name is John Brown. I'd like to report a problem on Main Street. This morning I saw that the traffic lights were broken. I'm afraid this might cause an accident. Please come and check right away.

① 사과하려고　　② 신고하려고
③ 축하하려고　　④ 홍보하려고

25 다음 글의 바로 뒤에 이어질 내용으로 가장 적절한 것은?

> Yoga is a mind and body practice that can build strength and balance. It may also help manage pain and reduce stress. There are a lot of types of yoga. Let's take a look at the various types of yoga.

① 요가의 좋은 점
② 다양한 요가의 유형
③ 요가가 시작된 나라
④ 요가할 때 주의할 점

제4교시

사 회

정답 및 해설 190p |

01 ㉠에 들어갈 자원으로 가장 적절한 것은?

> **○○신문**　　　　　○○○○년 ○○월 ○○일
>
> **첨단 산업에 필수적인 (㉠)**
>
> 원자 번호 21번 스칸듐(Sc), 39번 이트륨(Y), 57~71번까지 총 17개의 원소 그룹을 말한다. 스마트폰, 전기차 배터리 등을 만드는 데 없어서는 안 될 중요한 자원이 되었지만 생산 지역이 한정되어 있고 생산량도 매우 적다.

① 석탄　　　　　　② 철광석

③ 희토류　　　　　④ 천연가스

02 다음에서 설명하는 것으로 가장 적절한 것은?

> • 한 장소를 상징하는 대표적인 건축물이나 조형물 등을 말한다.
> • 주변 경관 중에서 눈에 가장 잘 띄기 때문에 사람들이 자신의 위치를 파악하는 데 도움을 준다.

① 위도　　　　　　② 랜드마크

③ 행정 구역　　　　④ 날짜 변경선

03 다음에서 설명하는 문화 지역으로 가장 적절한 것은?

> • 북부 아프리카, 서남아시아, 중앙아시아 일대에 나타난다.
> • 주로 이슬람교를 믿으며, 유목과 관개 농업을 볼 수 있다.

① 건조 문화 지역　　② 북극 문화 지역

③ 유럽 문화 지역　　④ 오세아니아 문화 지역

04 ㉠에 들어갈 기후로 가장 적절한 것은?

> **○○의 여행 기록**
>
> 오늘은 안데스 산맥 중턱에 위치한 도시인 에콰도르의 키토에 머물고 있다. 이 지역은 적도에 가깝지만 해발 고도가 높아서 일 년 내내 온화한 (㉠)가 나타난다.
>
> 2024.00.00.

① 건조 기후　　　　② 고산 기후

③ 열대 기후　　　　④ 한대 기후

05 다음에서 설명하는 섬으로 옳은 것은?

> • 우리나라에서 가장 동쪽에 위치한 영토이다.
> • 섬 전체가 천연기념물로 지정되어 있다.

① 독도　　　　　　② 마라도

③ 울릉도　　　　　④ 제주도

06 다음에서 설명하는 농업으로 옳은 것은?

> • 열대 기후 지역에서 선진국의 자본과 기술, 원주민의 노동력을 결합하여 상품 작물을 대규모로 재배한다.
> • 주요 작물로는 천연고무, 카카오, 바나나 등이 있다.

① 낙농업　　　　　② 수목 농업

③ 혼합 농업　　　　④ 플랜테이션

07 ㉠에 들어갈 자연재해로 가장 적절한 것은?

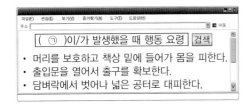

(㉠)이/가 발생했을 때 행동 요령 [검색]
- 머리를 보호하고 책상 밑에 들어가 몸을 피한다.
- 출입문을 열어서 출구를 확보한다.
- 담벼락에서 벗어나 넓은 공터로 대피한다.

① 가뭄　　　　　② 지진
③ 폭설　　　　　④ 홍수

08 ㉠에 들어갈 지형으로 옳은 것은?

조류가 운반하는 모래나 점토가 잔잔한 해안에 퇴적되어 형성되었으며 양식장이나 염전, 생태 학습장이나 관광지로 활용되는 지형은 무엇일까요?

(㉠)입니다.

① 갯벌　　　　　② 고원
③ 피오르　　　　④ 용암 동굴

09 ㉠에 들어갈 내용으로 옳은 것은?

- 서로 다른 두 나라 화폐의 교환 비율을 (㉠)이라고 한다.
- (㉠)은 외국 화폐 1단위와 교환되는 자국 화폐의 가격으로 표시한다.

① 환율　　　　　② 실업률
③ 경제 성장률　　④ 물가 상승률

10 다음 설명에 해당하는 문화의 속성은?

- 한번 만들어진 문화는 고정되는 것이 아니라 시간이 흐름에 따라 끊임없이 변화한다.
- 휴대 전화가 급속하게 보급되면서 공중전화가 점차 사라져 가고 있는 것을 그 예로 들 수 있다.

① 변동성　　　　② 수익성
③ 일회성　　　　④ 희소성

11 다음 퀴즈에 대한 정답으로 옳은 것은?

노동권 침해 사례

회사원 김○○ 씨가 회사에 결혼한다고 말하자 회사는 결혼한 여성은 근무할 수 없다며 사표를 강요하였습니다. 결국 김○○ 씨는 결혼 후 회사를 그만두게 되었습니다. 김○○ 씨의 사례는 어디에 해당할까요?

① 권력 분립　　　② 부당 해고
③ 임금 체불　　　④ 국민 투표

12 다음 설명에 해당하는 것은?

- 선거구를 미리 법률로 확정하는 것이다.
- 특정 정당이나 특정 후보에게 유리하도록 임의로 선거구를 변경하는 것을 막아 선거가 공정하게 치러지도록 보장한다.

① 심급 제도　　　② 지역화 전략
③ 사법부의 독립　④ 선거구 법정주의

13 다음에서 설명하는 정치 주체는?

> • 정치 과정에 참여하는 국가 기관이다.
> • 국회에서 제정한 법률에 근거하여 구체적인 정책을 수립하고 이를 실행에 옮긴다.

① 언론
② 정당
③ 정부
④ 이익 집단

14 다음 심판을 담당하는 기관은?

> 위헌 법률 심판, 헌법 소원 심판, 탄핵 심판, 권한 쟁의 심판, 정당 해산 심판

① 국회
② 지방 법원
③ 헌법 재판소
④ 선거 관리 위원회

15 다음에서 설명하는 것은?

> • 개인이나 단체가 소유한, 경제적 가치가 있는 실물 자산이다.
> • 아파트나 빌딩 등과 같이 움직여 옮길 수 없는 자산이다.

① 예금
② 적금
③ 현금
④ 부동산

16 표는 아이스크림의 가격에 따른 수요량과 공급량을 나타낸 것이다. 이를 통해 알 수 있는 균형 가격은?

가격(원)	1,000	1,500	2,000	2,500	3,000
수요량(개)	300	250	200	150	100
공급량(개)	100	150	200	250	300

① 1,000원
② 1,500원
③ 2,000원
④ 2,500원

17 다음 유적이 처음으로 만들어진 시대는?

> • 명칭 : 탁자식 고인돌
> • 용도 : 주로 지배자의 무덤으로 사용

① 구석기 시대
② 신석기 시대
③ 청동기 시대
④ 철기 시대

18 ㉠에 들어갈 내용으로 옳은 것은?

> 〈조선 후기 ㉠ 의 등장〉
> • 주요 인물 : 정약용, 박지원, 박제가 등
> • 특징 : 현실 문제를 해결하기 위해 토지 제도 개혁, 상공업 발전 등을 주장함.

① 불교
② 도교
③ 실학
④ 풍수지리설

19 다음 퀴즈의 정답으로 옳은 것은?

> 조선 시대에는 영조와 정조가 붕당의 대립을
> 줄이고 왕권을 강화하고자 실시한 정책은 무
> 엇일까요?

① 호패법　　　　② 탕평책
③ 과전법　　　　④ 위화도 회군

20 ㉠에 들어갈 왕은?

> 〈통일 신라 시대 ㉠ 의 정책〉
>
> • 교육 제도 : 국학 설치
> • 지방 제도 : 9주 5소경 설치
> • 토지 제도 : 관료전 지급, 녹읍 폐지

① 세조　　　　② 신문왕
③ 유형원　　　　④ 흥선 대원군

21 다음 설명에 해당하는 내용으로 옳은 것은?

> 청과의 전쟁에 패한 후 청에게 복수하여야
> 한다는 움직임이 일어났다. 이를 주도한 효
> 종은 성곽과 무기를 정비하고 군대를 양성하
> 여 청을 정벌하고자 하였다.

① 북벌 운동　　　　② 화랑도 조직
③ 별무반 편성　　　　④ 광주 학생 항일 운동

22 ㉠에 들어갈 내용으로 가장 적절한 것은?

> 〈신라의 ㉠ 과정〉
>
> 신라와 당의 동맹 → 백제의 멸망 → 고구려
> 의 멸망 → 신라와 당의 전쟁에서 신라 승리

① 삼국 통일　　　　② 신분제 폐지
③ 금속 활자 발명　　　　④ 임진왜란 승리

23 ㉠에 해당하는 나라는?

> 〈학습 주제 : ㉠ 이/가 몽골의 침입에
> 맞서 싸우다.〉
>
> • 강화도 천도　　　• 삼별초의 항쟁
> • 팔만대장경 완성

① 가야　　　　② 발해
③ 고려　　　　④ 조선

24 다음 정책을 추진한 정부는?

> • 한 · 일 국교 정상화　• 베트남 파병
> • 새마을 운동　　　　• 유신 헌법 선포

① 김대중 정부　　　　② 김영삼 정부
③ 노태우 정부　　　　④ 박정희 정부

25 ㉠에 들어갈 답변으로 옳은 것은?

1938년 일제는 인력과 물자를 수탈하기 위해 국가 총동원법을 만들었어요. 이를 근거로 벌어진 상황이 무엇일까요?

(㉠) 입니다.

① 병자호란　　　　② 과거제 시행
③ 서경 천도 운동　　　④ 일본군 '위안부' 동원

제5교시

과 학

정답 및 해설 194p

01 다음 설명에 해당하는 힘은?

> • 액체나 기체 속에서 물체를 밀어 올리는 힘이다.
> • 힘의 크기는 액체나 기체에 잠긴 물체의 부피가 클수록 크다.

① 부력
② 중력
③ 마찰력
④ 탄성력

02 그림은 레이저 빛이 평면거울에 입사하여 반사되는 모습을 나타낸 것이다. 반사각의 크기가 60°일 때, 입사각의 크기는?

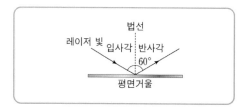

① 40°
② 50°
③ 60°
④ 70°

03 그림과 같이 (+)대전체를 알루미늄 막대에 가까이 하였을 때, 알루미늄 막대의 양 끝 ㉠과 ㉡에 유도되는 전하의 종류가 옳게 짝지어진 것은?

	㉠ ㉡		㉠ ㉡
①	(+) (+)	②	(+) (−)
③	(−) (−)	④	(−) (+)

04 그림은 전류가 흐르는 도선 위에 놓인 나침반의 모습을 나타낸 것이다. 전류가 흐르는 방향을 반대로 하였을 때 나침반의 모습은? (단, 전류에 의한 자기장만 고려한다.)

① ② ③ ④

05 그래프는 일정한 속력으로 운동하는 물체의 시간에 따른 이동 거리를 나타낸 것이다. 이 물체의 속력은?

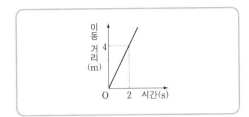

① 2 m/s
② 4 m/s
③ 6 m/s
④ 8 m/s

06 그림은 질량이 같은 물체 A~D의 위치를 나타낸 것이다. A~D 중 중력에 의한 위치 에너지가 가장 큰 것은? (단, 물체의 중력에 의한 위치 에너지는 지면을 기준으로 한다.)

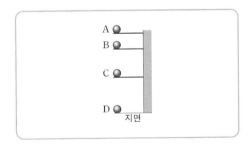

① A
② B
③ C
④ D

07 다음 ㉠에 해당하는 현상은?

> 향수병 마개를 연 채로 놓아두면 향수 입자는 사방으로 퍼진다. 이처럼 물질을 이루는 입자가 스스로 운동하여 퍼져 나가는 현상을 ㉠ (이)라고 한다.

① 융해
② 응결
③ 응고
④ 확산

08 그림은 물질의 상태 변화를 나타낸 것이다. A~D 중 기화에 해당하는 것은?

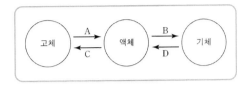

① A
② B
③ C
④ D

09 그림은 암모니아(NH_3)의 분자 모형을 나타낸 것이다. 암모니아 분자 1개를 구성하는 수소 원자(H)의 개수는?

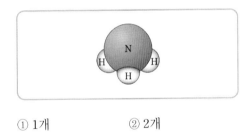

① 1개
② 2개
③ 3개
④ 4개

10 그림은 서로 섞이지 않는 액체 A~D를 컵에 넣고 일정 시간이 지난 뒤의 모습을 나타낸 것이다. A~D 중 밀도가 가장 큰 것은?

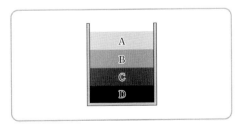

① A
② B
③ C
④ D

11 다음은 과산화 수소를 분해하여 물과 산소가 생성되는 반응의 화학 반응식이다. ㉠에 해당하는 것은?

$$2H_2O_2 \rightarrow 2\boxed{\ ㉠\ } + O_2$$

① N_2　　　　② H_2O

③ CO_2　　　　④ NH_3

12 그래프는 마그네슘을 연소시켜 산화 마그네슘이 생성될 때 마그네슘과 산화 마그네슘의 질량 관계를 나타낸 것이다. 마그네슘 3g을 모두 연소시켰을 때 생성된 산화 마그네슘의 질량은?

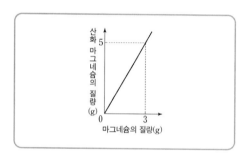

① 2g　　　　② 3g

③ 4g　　　　④ 5g

13 다음은 무궁화에 대한 설명이다. 이 생물이 속하는 계는?

• 광합성을 하여 스스로 양분을 만든다.
• 뿌리, 줄기, 잎, 꽃이 발달한 다세포 생물이다.

① 균계　　　　② 동물계

③ 식물계　　　　④ 원생생물계

14 다음은 생물의 호흡 과정이다. ㉠에 해당하는 것은?

포도당 + 산소 → $\boxed{\ ㉠\ }$ + 물 + 에너지

① 산소　　　　② 질소

③ 헬륨　　　　④ 이산화 탄소

15 사람의 소화계에 속하지 않는 기관은?

① 간　　　　② 위

③ 폐　　　　④ 소장

16 다음 ㉠에 해당하는 것은?

사람 심장의 심방과 심실 사이, 심실과 동맥 사이에는 혈액이 거꾸로 흐르지 않고 한 방향으로만 흐르게 하는 $\boxed{\ ㉠\ }$ 이/가 존재한다.

① 융털　　　　② 판막

③ 폐포　　　　④ 혈구

17 다음 설명에 해당하는 것은?

• 내분비샘에서 만들어져 혈액을 따라 이동한다.
• 혈당량을 조절하는 인슐린, 글루카곤이 그 예이다.

① 물　　　　② 호르몬

③ 무기 염류　　　　④ 바이타민

18 그림은 어떤 동물 세포 1개의 생식세포 형성 과정을 나타낸 것이다. 이와 같은 과정으로 만들어지는 것은?

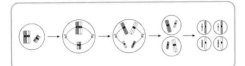

① 정자
② 간 세포
③ 심장 세포
④ 이자 세포

19 그림은 어느 집안의 ABO식 혈액형 가계도를 유전자형으로 나타낸 것이다. ㉠에 해당하는 유전자형은? (단, 돌연변이는 없다.)

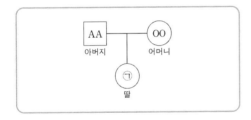

① AO
② BO
③ BB
④ AB

20 지진이 발생할 때 생긴 진동을 분석하여 지구 내부 구조를 연구하는 방법은?

① 화석 연구
② 오존층 연구
③ 지진파 연구
④ 태양풍 연구

21 다음 설명에 해당하는 암석의 종류는?

• 열과 압력을 받아 성질이 변한 암석이다.
• 알갱이들이 재배열되어 줄무늬가 나타나기도 한다.

① 변성암
② 심성암
③ 퇴적암
④ 화산암

22 다음은 월식에 대한 설명이다. 월식이 일어날 수 있는 달의 위치는?

월식은 달이 지구 주위를 공전하는 동안 지구의 그림자 속으로 들어가 어둡게 보이는 현상이다.

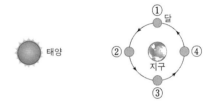

23 그림과 같이 태양계 행성을 물리적 특성에 따라 분류할 때 지구형 행성에 해당하지 <u>않는</u> 행성은?

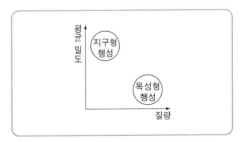

① 금성
② 수성
③ 목성
④ 화성

24 다음 설명에 해당하는 전선은?

• 따뜻한 기단이 찬 기단 위로 타고 올라갈
  때 만들어진다.
• 전선 통과 후 기온이 상승한다.

① 온난 전선   ② 정체 전선

③ 폐색 전선   ④ 한랭 전선

25 그림은 지구에서 6개월 간격으로 별을 관측한
연주 시차를 나타낸 것이다. 연주 시차가 발생
하는 원인은?

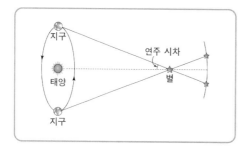

① 별의 공전   ② 지구의 공전

③ 지구의 자전   ④ 태양의 자전

제6교시 선택 과목

도 덕

정답 및 해설 197p

01 다음에서 설명하는 인간의 특성은?

> 사람은 혼자서는 살아가기 어려우므로 다른 사람과 도움을 주고받으며 더불어 살아가고 자 한다.

① 배타적 존재
② 사회적 존재
③ 맹목적 존재
④ 충동적 존재

02 다음 중 도덕 원리에 해당하는 것은?

① 정직해야 한다.
② 장미꽃은 아름답다.
③ 해는 동쪽에서 뜬다.
④ 서울은 대한민국의 수도이다.

03 다음 퀴즈에 대한 정답으로 옳은 것은?

 '이것은 불교의 핵심 원리로서 남을 깊이 사랑하고 가엾게 여기는 마음입니다. 생명 존중을 강조하는 '이것'은 무엇일까요?

① 분노
② 자비
③ 준법
④ 쾌락

04 이웃 간의 갈등을 해결하기 위한 적절한 자세를 〈보기〉에서 고른 것은?

> 〈 보기 〉
> ㄱ. 양보   ㄴ. 배려
> ㄷ. 이기심   ㄹ. 사생활 침해

① ㄱ, ㄴ
② ㄱ, ㄹ
③ ㄴ, ㄷ
④ ㄷ, ㄹ

05 ㉠에 들어갈 내용으로 적절하지 <u>않은</u> 것은?

> **주제 : 자아**
> • 의미 : 자신의 참된 모습
> • 개인적 자아 : (㉠   )

① 소망
② 능력
③ 가치관
④ 사회적 관습

06 다음에서 설명하는 지구 공동체의 도덕 문제는?

> **도덕신문** 20○○년 ○월 ○일
>
> 산업 혁명 이후 대량 생산과 대량 소비를 하는 시대가 열리면서 자연의 파괴가 시작되었다. 공장의 매연과 자동차의 배기가스로 대기가 오염되고, 공장 폐수와 생활 하수로 물이 오염되고 있다.

① 환경 문제
② 종교 문제
③ 인종 차별
④ 아동 학대

07 다음 학생이 추구하는 가치 중 성격이 <u>다른</u> 것은?

① 사랑　　　　② 용돈
③ 감사　　　　④ 진리

08 다음과 관련된 문제를 해결하기 위해 필요한 덕목은?

> 스마트폰에 너무 많은 시간을 빼앗겨 학교생활까지 지장을 받을 뿐만 아니라 중독으로 이어지는 경우도 있다.

① 방관　　　　② 자애
③ 절제　　　　④ 정직

09 어느 학생의 서술형 평가 답안이다. 밑줄 친 ㉠~㉣ 중 옳지 <u>않은</u> 것은?

> 문제 : 봉사 활동에 참여하는 바람직한 자세를 서술하시오.
>
> 〈학생 답안〉
> ㉠ 자기의 이익보다는 공익을 추구해야 하고, ㉡ 보수나 대가를 바라지 않아야 한다. 그리고 ㉢ 다른 사람의 명령에 따라 억지로 참여해야 하며, ㉣ 일회성으로 끝나지 않고 꾸준히 참여해야 한다.

① ㉠　　　　　② ㉡
③ ㉢　　　　　④ ㉣

10 진정한 우정을 맺기 위한 방법으로 적절한 것은?

① 학생 1　　　　② 학생 2
③ 학생 3　　　　④ 학생 4

11 다음에서 설명하는 인권의 특징은?

> 모든 사람은 인종, 피부색, 언어, 종교 등과 관계없이 누구나 동등하게 권리를 누려야 한다.

① 보편성　　　　② 일회성
③ 폐쇄성　　　　④ 폭력성

12 다음과 관련하여 도덕적 실천 의지를 기르기 위한 노력으로 적절하지 <u>않은</u> 것은?

> 어려움에 처한 사람을 도와야 한다는 것을 알면서도 그냥 지나친다.

① 공감　　　　② 관심
③ 독단　　　　④ 용기

13 ㉠에 들어갈 가치로 적절하지 <u>않은</u> 것은?

① 평등　　　　② 혐오
③ 공정　　　　④ 복지

14 통일을 해야 하는 이유를 〈보기〉에서 고른 것은?

〈보기〉
ㄱ. 분단 비용 지출을 늘리기 위해서
ㄴ. 이산가족의 고통을 해소하기 위해서
ㄷ. 군사적 긴장 관계를 심화시키기 위해서
ㄹ. 문화적·역사적 동질성을 회복하기 위해서

① ㄱ, ㄴ　　　② ㄱ, ㄷ
③ ㄴ, ㄹ　　　④ ㄷ, ㄹ

15 다음에서 문화를 바라보는 관점은?

① 문화 상대주의　② 문화 절대주의
③ 문화 이기주의　④ 자문화 중심주의

16 ㉠에 들어갈 내용으로 적절하지 <u>않은</u> 것은?

탐구 주제 : 환경 친화적인 삶
• 의미 : 주변 환경에 미치는 영향을 생각하여 행동하는 삶
• 실천 방법 : (　　㉠　　)

① 과대 포장 안 하기
② 일회용품 애용하기
③ 장바구니 사용하기
④ 대중교통 이용하기

17 그림에서 전달하려는 내용과 관련된 용어는?

① 익명성　　　② 가치 전도
③ 시민 불복종　④ 회복 탄력성

18 다음에 해당하는 사상가는?

인간의 본성상 자연스럽게 어울려 가족을 이루고, 마을을 이루며, 마을이 커지면서 국가가 형성되었다는 자연발생설을 주장함.

① 칸트　　　　② 롤스
③ 슈바이처　　④ 아리스토텔레스

19 생태 중심주의 자연관을 〈보기〉에서 고른 것은?

〈보기〉
ㄱ. 자연의 무분별한 개발을 강조한다.
ㄴ. 자연을 그 자체로 소중하다고 본다.
ㄷ. 생태계 전체에 대한 배려를 강조한다.
ㄹ. 인간은 자연을 지배할 권리를 지닌 존재라고 본다.

① ㄱ, ㄴ
② ㄱ, ㄹ
③ ㄴ, ㄷ
④ ㄷ, ㄹ

20 다음에서 언어폭력에만 '✔'를 표시한 학생은?

관점＼학생	A	B	C	D
• 꼬집거나 고의로 밀친다.	✔	✔		✔
• 외모를 비하하는 별명을 부른다.	✔		✔	✔
• 거짓 소문으로 상대방을 괴롭힌다.		✔	✔	✔

① A
② B
③ C
④ D

21 다음에서 설명하는 시민의 자질은?

국가의 정책과 법을 만드는 과정에 자발적으로 참여함.

① 주인 의식
② 피해 의식
③ 특권 의식
④ 경쟁 의식

22 다음에 해당하는 세대 간 소통을 위한 방법은?

부모와 자녀는 서로를 이해하기 위해 상대방의 처지에서 생각해 보려고 노력해야 한다.

① 청렴
② 차별
③ 자아도취
④ 역지사지

23 교사의 질문에 대한 대답으로 적절한 것은?

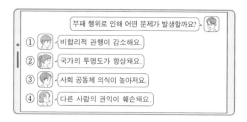

부패 행위로 인해 어떤 문제가 발생할까요?
① 비합리적 관행이 감소해요.
② 국가의 투명도가 향상돼요.
③ 사회 공동체 의식이 높아져요.
④ 다른 사람의 권익이 훼손돼요.

24 과학 기술의 바람직한 활용 방안으로 적절하지 않은 것은?

① 인류 전체의 복지 증진에 기여해야 한다.
② 미래 세대에 대한 책임 의식을 가져야 한다.
③ 어떠한 경우에도 유용성만을 추구해야 한다.
④ 인간의 존엄성과 인권 향상을 위해 노력해야 한다.

25 마음의 평화를 얻기 위한 자세로 적절한 것은?

① 증오심을 표출한다.
② 긍정적 마음을 갖는다.
③ 비관적 태도를 지닌다.
④ 타인의 실수를 용서하지 않는다.

2024년도

제2회

제1교시

국 어

정답 및 해설 202p

01 다음 대화에서 ㉠에 담긴 '민재'의 말하기 의도로 가장 적절한 것은?

> 민재 : 지후야, 내일 축구 경기 잊지 않았지?
> 지후 : 나는 첫 출전이라 팀에 방해가 되는 건 아닌지 걱정이야. 실수라도 하면 어쩌지?
> 민재 : ㉠ <u>지난번에 연습할 때 엄청 잘했잖아. 긴장하지 말고 평소 실력을 발휘하면 잘할 수 있을 거야!</u>
> 지후 : 고마워, 내일 열심히 하자!

① 감사　　② 격려　　③ 사과　　④ 양보

02 다음은 학생의 일기이다. 일기를 쓴 '나'가 보완해야 할 점으로 가장 적절한 것은?

> ○○의 일기
>
> 나는 오늘 국어 시간에 토론에 참여했다. 토론은 '급식 자율배식'에 관한 주제로 진행되었다. 평소 말하기에는 자신이 있었기 때문에 별다른 준비를 하지 않았다. 하지만 막상 토론을 해 보니, 상대방의 주장에 반박할 타당한 근거가 떠오르지 않아 당황스러웠다. 우물쭈물하다가 토론이 끝나 버려 매우 아쉬웠다.

① 토론의 절차와 규칙을 준수한다.
② 상대방을 존중하는 언어를 사용한다.
③ 자신의 감정을 앞세워 상대방을 비판하지 않는다.
④ 상대방의 주장에 반박할 타당한 근거를 미리 마련한다.

03 다음과 관련 있는 언어의 특성으로 가장 적절한 것은?

> '버스'를 '가방'으로, '사람'을 '토끼'로, '책상'을 '비행기'로 바꾸어 말한다면 다른 사람들이 잘 알아들을 수 없을 것이다.

① 언어는 시간의 흐름에 따라 끊임없이 변화한다.
② 언어의 의미와 말소리 사이에는 필연적인 관계가 없다.
③ 언어는 같은 언어를 사용하는 사람들 사이의 약속이다.
④ 언어를 사용하여 새로운 단어나 문장을 끊임없이 만들어 낼 수 있다.

04 밑줄 친 부분이 '한글 맞춤법'에 맞게 표기된 것은?

① <u>된장찌게</u> 가격이 너무 올랐어.
② <u>이따</u> 수업 맞히고 도서관에 가자.
③ 오늘은 <u>웬지</u> 그림을 그리고 싶어.
④ 남은 짐들은 모두 집으로 <u>부쳤어</u>.

05 다음 설명에 해당하는 자음은?

> '잇몸소리'는 혀끝과 윗잇몸이 닿아서 나는 소리이다.

① ㄱ　　　　　　② ㅁ
③ ㅈ　　　　　　④ ㅌ

2024년 2회

06 다음 규정에 맞게 발음하지 <u>않은</u> 것은?

■ 표준 발음법 ■
【제11항】 겹받침 'ㄺ, ㄻ, ㄿ'은 어말 또는 자음 앞에서 각각 [ㄱ, ㅁ, ㅂ]으로 발음한다. 다만, 용언의 어간 말음 'ㄺ'은 'ㄱ' 앞에서 [ㄹ]로 발음한다.

① 굵고[굴:꼬]　　② 맑게[막께]

③ 읊고[읍꼬]　　④ 젊지[점:찌]

07 밑줄 친 단어의 품사가 ㉠과 같은 것은?

그곳의 경치는 ㉠ 아름답다.

① 밥이 정말 맛있다.

② 새로 산 신발이 나에게 작다.

③ 사진을 보니 옛 추억이 생각난다.

④ 학생들이 운동장에서 축구를 한다.

08 다음 설명에 해당하는 예로 적절하지 <u>않은</u> 것은?

주어와 서술어의 관계가 두 번 이상 나타나는 문장을 '겹문장'이라고 한다.

① 토끼가 들판에서 풀을 뜯는다.

② 바람이 불고 나무가 흔들린다.

③ 나는 겨울이 오기를 기다린다.

④ 비가 와서 우리는 소풍을 연기했다.

09 다음 개요의 ㉠에 들어갈 내용으로 가장 적절한 것은?

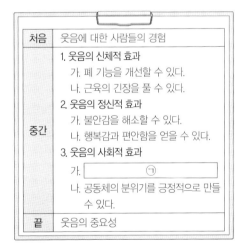

처음	웃음에 대한 사람들의 경험
중간	1. 웃음의 신체적 효과 　가. 폐 기능을 개선할 수 있다. 　나. 근육의 긴장을 풀 수 있다. 2. 웃음의 정신적 효과 　가. 불안감을 해소할 수 있다. 　나. 행복감과 편안함을 얻을 수 있다. 3. 웃음의 사회적 효과 　가. 　㉠ 　나. 공동체의 분위기를 긍정적으로 만들 수 있다.
끝	웃음의 중요성

① 면역력을 강화할 수 있다.

② 스트레스를 해소할 수 있다.

③ 심장 건강을 증진할 수 있다.

④ 타인과의 유대감을 강화할 수 있다.

10 ㉠~㉢에 대한 고쳐쓰기 방안으로 적절하지 <u>않은</u> 것은?

> 지금까지 내가 겪은 많은 일 가운데 가장 기억에 남는 일은 축구부 활동을 ㉠ <u>했다</u>. 나는 초등학교 3학년 때 축구부 감독님께 ㉡ <u>발각</u>되어서 축구부에 들어갔다. ㉢ <u>이번 월드컵에서 우리나라 축구 대표 팀이 좋은 성과를 거두었다.</u> 그런데 초등학교 5학년 때 축구부가 해체되었고, 다시 축구를 하려면 전학을 가서 기숙사 생활을 해야 했다. ㉣ <u>왜냐하면</u> 나는 축구를 그만두게 되었다.

① ㉠ : 문장의 호응을 고려하여 '할 것이다'로 바꾼다.

② ㉡ : 문맥에 어울리지 않으므로 '발탁'으로 바꾼다.

③ ㉢ : 글의 흐름에서 벗어난 내용이므로 삭제한다.

④ ㉣ : 문장이 자연스럽게 연결되도록 '결국'으로 바꾼다.

[11~13] 다음 글을 읽고 물음에 답하시오.

> "아부지!"
>
> 부르는 소리가 들렸다. 만도는 깜짝 놀라며 얼른 뒤를 돌아보았다. 그 순간 만도의 두 눈은 무섭도록 크게 떠지고, 입은 딱 벌어졌다. 틀림없는 아들이었으나, 옛날과 같은 진수는 아니었다. 양쪽 겨드랑이에 지팡이를 끼고 서 있는데, 스쳐가는 바람결에 한쪽 바짓가랑이가 펄럭거리는 것이 아닌가. 만도는 눈앞이 노래지는 것을 어찌지 못했다. 한참 동안 그저 멍멍하기만 하다 코허리가 찡해지면서 두 눈에 뜨거운 것이 핑 도는 것이었다.
>
> "에라이, 이놈아!"

만도의 입술에서 모질게 튀어나온 첫마디였다. 떨리는 목소리였다. 고등어를 든 손이 불끈 주먹을 쥐고 있었다.

"이기 무슨 꼴이고, 이기?"

"아부지!"

"이놈아, 이놈아……."

만도의 들창코가 크게 벌름거리다가 훌쩍 물코를 들이마셨다.

진수의 두 눈에서는 어느 결에 눈물이 꾀죄죄하게 흘러내리고 있었다. 만도는 모든 게 진수의 잘못이기나 한 듯 험한 얼굴로,

"가자, 어서!"

무뚝뚝한 한마디를 던지고는 성큼성큼 앞장서 가는 것이었다.

(중략)

개천 둑에 이르렀다. 외나무다리가 놓여 있는 그 시냇물이다. 진수는 슬그머니 걱정이 되었다. 물은 그렇게 깊은 것 같지 않지만, 밑바닥이 모래흙이어서 지팡이를 짚고 건너가기가 만만할 것 같지 않기 때문이다. 외나무다리 위로는 도저히 건너갈 재주가 없고……. 진수는 하는 수 없이 둑에 퍼지고 앉아서 바짓가랑이를 걷어 올리기 시작했다. 만도는 잠시 멀뚱히 서서 아들의 하는 양을 내려다보고 있다가,

"진수야, 그만두고 자아, 업자."

하는 것이었다.

"업고 건너면 일이 다 되는 거 아니가. 자아, 이거 받아라."

고등어 묶음을 진수 앞으로 민다.

"……."

진수는 퍽 난처해하면서, 못 이기는 듯이 그것을 받아 들었다. 만도는 등어리[1]를 아들 앞에 갖다 대고 하나밖에 없는 팔을 뒤로 버쩍 내밀며,

"자아, 어서!"

진수는 지팡이와 고등어를 각각 한 손에 쥐고, 아버지의 등어리로 가서 슬그머니 업혔다. 만도는 팔뚝을 뒤로 돌리면서 아들의 하나뿐인 다리를 꼭 안았다. 그리고,

"팔로 내 목을 감아야 될 끼다."

했다. 진수는 무척 황송한 듯 한쪽 눈을 찍 감으면서, 고등어와 지팡이를 든 두 팔로 아버지의 굵은 목줄기²⁾를 부둥켜안았다. 만도는 아랫배에 힘을 주며, '끙!' 하고 일어났다. 아랫도리가 약간 후들거렸으나, 걸어갈 만은 했다. 외나무다리 위로 조심조심 발을 내디디며 만도는 속으로,

'이제 새파랗게 젊은 놈이 벌써 이게 무슨 꼴이고? 세상을 잘못 만나서 진수 니 신세도 참 똥이다, 똥!'

이런 소리를 주워섬겼고³⁾, 아버지의 등에 업힌 진수는 곧장 미안스러운 얼굴을 하며,

'나꺼정 이렇게 되다니 아부지도 참 복도 더럽게 없지.

차라리 내가 죽어 버렸더라면 나았을 낀데……'

하고 중얼거렸다.

㉠ 만도는 아직 술기가 약간 있었으나, 용케 몸을 가누며 아들을 업고 외나무다리를 조심조심 건너가는 것이었다. 눈앞에 우뚝 솟은 용머리재가 이 광경을 가만히 내려다보고 있었다.

– 하근찬, 「수난이대」–

――――――――――――

1) 등어리: '등'의 방언.
2) 목줄기: '목덜미'의 방언.
3) 주워섬기다: 들은 대로 본 대로 이러저러한 말을 아무렇게나 늘어놓다.

11 윗글에 나타난 인물들의 심리 상태로 적절하지 <u>않은</u> 것은?

① 만도는 처음에 진수의 모습을 보고 매우 놀란다.

② 진수는 만도가 자신을 업는 것에 대해 미안해한다.

③ 만도는 현재 진수의 상황에 대해 안타까워하고 있다.

④ 진수는 자신을 외면하는 만도에게 증오심을 느끼고 있다.

12 윗글에서 알 수 있는 내용으로 적절하지 <u>않은</u> 것은?

① 만도는 진수의 아버지이다.

② 진수는 외나무다리를 보고 난감해한다.

③ 진수는 지팡이를 내려놓고 만도의 등에 업혔다.

④ 만도는 한쪽 팔이 없고, 진수는 한쪽 다리가 없다.

13 윗글의 내용을 고려할 때, ㉠에 대한 설명으로 가장 적절한 것은?

① 만도와 진수의 대립 양상을 드러낸다.

② 현실을 회피하려는 만도의 심정을 강조한다.

③ 등장인물이 난관을 극복해 나가는 모습을 보여 준다.

④ 현재 상황에 대한 인물들의 냉소적인 태도를 암시한다.

[14~16] 다음 글을 읽고 물음에 답하시오.

먼 훗날 당신이 찾으시면
그때에 내 말이 '잊었노라'

당신이 속으로 나무라면
'무척 그리다가 잊었노라'

그래도 당신이 나무라면
'믿기지 않아서 잊었노라'

오늘도 어제도 아니 잊고
먼 훗날 그때에 '잊었노라'

– 김소월, 「먼 후일」–

14 윗글에 대한 설명으로 가장 적절한 것은?

① 의인화한 소재들을 나열하고 있다.

② 시적 상황을 가정하여 표현하고 있다.

③ 의문문의 형식을 사용하여 표현하고 있다.

④ 화자의 감정을 자연물에 이입시키고 있다.

15 윗글에서 운율을 형성하는 요소로 적절하지 않은 것은?

① 각 행을 세 마디로 끊어 읽을 수 있다.

② 각 연을 동일한 글자로 시작하고 있다.

③ 동일한 시어를 반복적으로 사용하고 있다.

④ 유사한 문장 구조가 여러 번 나타나고 있다.

16 윗글에 나타난 화자의 주된 정서로 가장 적절한 것은?

① 임에 대한 그리움

② 이웃에 대한 연민

③ 이상향에 대한 동경

④ 자신에 대한 부끄러움

[17~19] 다음 글을 읽고 물음에 답하시오.

북곽 선생이 소스라치게 놀라 달아나는데, 혹 사람들이 ㉠ 자기를 알아볼까 겁을 먹고는 한 다리를 목에 걸어 귀신 춤을 추고 귀신 웃음소리를 내었다. 문을 박차고 달아나다가 그만 들판의 움 속에 빠졌는데, 그 안에는 똥이 그득 차 있었다. 겨우 버둥거리며 붙잡고 나와 머리를 내밀고 살펴보니 이번엔 범이 앞길을 막고 떡 버티고 서 있다. 범이 얼굴을 찌푸리며 구역질을 하고, 코를 가리고 머리를 돌리면서 한숨을 쉬며,

"㉡ 선비, 어이구. 지독한 냄새로다."
하였다. 북곽 선생은 머리를 조아리고 엉금엉금 기어서 앞으로 나가 세 번 절하고 꿇어앉아 머리를 들며,

"범 님의 덕이야말로 참으로 지극합니다. 군자들은 범의 빠른 변화를 본받고, 제왕은 범의 걸음걸이를 배우며, 사람의 자제들은 범의 효성을 본받고, 장수들은 범의 위엄을 취합니다. 범의 이름은 신령한 용과 함께 나란하여, 구름은 용을 따르고 바람은 범을 따릅니다. 인간 세상의 천한 사람이 감히 범 님의 영향 아래에 있습니다."
하니 범이 호통을 치며,

"가까이 오지도 마라. ㉢내 일찍이 들으매 선비 유 자는 아첨 유 자로 통한다더니 과연 그렇구나. 네가 평소에는 천하의 나쁜 이름이란 이름은 모두 끌어모았다가 함부로 우리 범에게 덮어씌우더니, 이제 사정이 급해지니까 면전에서 낯간지러운

아첨을 하는구나. 그래, 누가 네 말을 곧이듣겠느냐?"

(중략)

북곽 선생은 자리를 옮겨 엎드리고 엉거주춤 절을 두 번하고는 머리를 거듭 조아리며,

"옛글에 이르기를, '비록 악한 사람이라도 목욕재계[1]하면 하느님도 섬길 수 있다.'라고 했으니, ㉣ 이 천한 신하, 감히 범 님의 다스림을 받고자 합니다."

하고는 숨을 죽이고 가만히 들어 보니, 오래도록 범의 분부가 없었다. 두렵기도 하고 황송하기도 하여 손을 맞잡고 머리를 조아리며 우러러 살펴보니, 날이 밝았고 범은 이미 가 버렸다.

[A]
　아침에 김을 매러 가는 농부가 있어서,
　"북곽 선생께서 어찌하여 이른 아침부터 들판에 절을 하고 계십니까?"
　하고 물으니 북곽 선생은, "내가 『시경』[2]에 있는 말을 들었으니, '하늘이 높다 이르지만 감히 등을 굽히지 않을 수 없고 땅이 두텁다 이르지만 살금살금 걷지 않을 수 없네.' 하였다네."
　라며 대꾸했다.

– 박지원, 「호질」

1) 목욕재계 : 부정(不淨)을 타지 않도록 깨끗이 목욕하고 몸가짐을 가다듬는 일.
2) 『시경』 : 오경(五經)의 하나. 중국 최고(最古)의 시집으로, 주나라 초부터 춘추 시대까지의 시 311편을 수록함.

17 윗글의 내용으로 적절하지 <u>않은</u> 것은?

① 북곽 선생은 귀신 춤을 추며 달아났다.
② 북곽 선생의 몸에서는 지독한 냄새가 풍겼다.
③ 범은 북곽 선생의 말을 곧이곧대로 받아들였다.
④ 범은 북곽 선생에게 인사도 없이 사라져 버렸다.

18 [A]에 드러난 '북곽 선생'의 태도로 가장 적절한 것은?

① 허세를 부리고 있다.
② 농부를 칭찬하고 있다.
③ 잘못을 자책하고 있다.
④ 범에게 고마워하고 있다.

19 ㉠~㉣ 중 가리키는 대상이 나머지와 다른 것은?

① ㉠　　　② ㉡
③ ㉢　　　④ ㉣

[20~22] 다음 글을 읽고 물음에 답하시오.

[A]
해양 쓰레기의 60에서 80퍼센트는 플라스틱이 차지하고 있다. 플라스틱 쓰레기는 바다를 떠다니다가 잘게 부서져 새와 바다거북, 돌고래와 같은 동물들에게 해를 끼치고 있다. (㉠) 흉물스럽게 버려진 플라스틱 쓰레기는 자연 경관을 해쳐 관광 산업에도 피해를 주며, 선박의 안전도 위협한다. 그뿐만 아니라, 사람의 눈에 잘 보이지 않는 미세 플라스틱은 물고기의 내장이나 싱싱한 굴 속에도 유입되어 우리의 식탁에 오른다. 결국은 우리의 건강까지 위협하는 것이다.

지질 시대에 만들어진 석유는 지구가 매우 오랜 기간에 걸쳐 만들어 낸 소중한 자원이다. 하지만 우리는 이 소중한 석유를 겨우 10분가량 사용할 플라스틱으로 만들었다가, 다시 수백 년 동안 분해되지 않는 쓰레기로 만들고 있다. 길바닥에 나뒹구는 쓰레기로, 바다를 떠다니는 해양 쓰레기로, 매립장에 가득 쌓인 쓰레기로 말이다. 지금까지 사람들이

만들어 낸 모든 플라스틱 쓰레기는 썩지 않고 이 지구 어딘가에 존재하고 있다. 그런데도 계속해서 플라스틱을 이렇게 편하게 쓰고 쉽게 버려도 될까? 손이 닿는 곳이면 어디에나 있는 플라스틱을 전혀 사용하지 않고 생활하기는 어렵겠지만, 줄일 수 있다면 줄여 보자. 특히 짧은 시간 사용하고 버리는 일회용 플라스틱 제품은 더더욱 선택하지 말자.

– 박경화, 「플라스틱은 전혀 분해되지 않았다」–

20 윗글에서 알 수 있는 글쓴이의 핵심 주장으로 가장 적절한 것은?

① 일회용품을 많이 사용하자.
② 국내외의 해양 생물을 보호하자.
③ 플라스틱의 생산을 전면 금지하자.
④ 플라스틱 사용을 줄이려고 노력하자.

21 다음은 윗글의 [A]를 정리한 내용이다. ㉮에 들어갈 수 없는 것은?

> • 플라스틱 쓰레기로 인한 다양한 문제점
> – 플라스틱 쓰레기는 [㉮]

① 쉽게 분해되어 토양을 오염시킨다.
② 자연 경관을 해쳐 관광 산업에 피해를 준다.
③ 바다거북, 돌고래와 같은 동물들에게 해를 끼친다.
④ 해산물에 유입되어 식탁에 올라 인간의 건강을 위협한다.

22 ㉠에 들어갈 말로 가장 적절한 것은?

① 결코　　　　② 또한
③ 그렇지만　　④ 왜냐하면

[23~25] 다음 글을 읽고 물음에 답하시오.

소리를 들으면 모양이나 색깔을 보는 사람들이 있어요. 바로 공감각자들이지요. 공감각이란 어떤 하나의 감각이 다른 영역의 감각을 일으키는 것을 말해요.

영국 화가 데이비드 호크니의 그림 〈풍덩〉을 감상하면 공감각을 이해할 수 있습니다. 호크니는 수영장에서 다이빙할 때 들리는 '풍덩' 소리를 그림에 표현했거든요. 귀로 듣는 '풍덩' 소리를 어떻게 눈으로 보게 했을까요? 색채와 기법, 구도 등 여러 요소로 조화를 이루어 그것을 가능하게 했지요.

먼저 (㉠)을/를 살펴볼까요? 수영장의 파란색 물과 다이빙 보드의 노란색이 무척 선명하게 보이는군요. 유화 물감 대신 아크릴 물감을 사용했기 때문이지요. 아크릴 물감은 유화 물감보다 빨리 마르고 색채도 더 선명하고 강렬합니다.

다음은 기법입니다. 물보라가 ㉡ 일어나는 부분만 붓으로 흰색을 거칠게 칠하고 다른 부분은 롤러를 사용해 파란색으로 매끈하게 칠했네요. 선명한 아크릴 물감, 거칠고 매끈한 붓질의 대비가 다이빙할 때의 '풍덩' 소리와 물보라를 강조하고 있지요.

끝으로 구도인데요. 캘리포니아의 집, 수영장의 수평선, 다이빙 보드의 대각선이 야자수 줄기의 수직선과 대비를 이루네요. 거실 유리창에는 맞은편 건물이 비치고요. 한낮의 눈부신 햇살과 무더위, 정적을 나타낸 것이지요.

– 이명옥, 「그림에서 들려오는 소리」–

23 윗글에서 알 수 있는 데이비드 호크니의 그림 〈풍덩〉에 대한 설명으로 적절한 것은?

① 파도가 치는 소리를 그림에 표현했다.

② 유화 물감을 사용하여 색을 선명하게 표현했다.

③ 롤러를 사용해 물보라를 노란색으로 매끈하게 칠했다.

④ 수영장의 수평선이 야자수 줄기의 수직선과 대비를 이룬다.

24 ㉠에 들어갈 단어로 적절한 것은?

① 색채   ② 소리

③ 질감   ④ 향기

25 밑줄 친 부분이 ㉡과 같은 의미로 쓰인 것은?

① 나는 오늘 아침 일찍 <u>일어났다</u>.

② 물에 세제를 풀자 거품이 <u>일어났다</u>.

③ 민수가 외출하기 위해 자리에서 <u>일어났다</u>.

④ 그는 감기에 걸렸지만 금방 털고 <u>일어났다</u>.

제2교시

수 학

정답 및 해설 206p |

01 다음은 84를 소인수분해하는 과정을 나타낸 것이다. 84를 소인수분해한 것은?

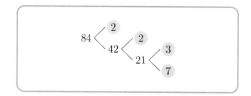

① 3×7

② $2 \times 3 \times 7$

③ $2^2 \times 3 \times 7$

④ $2^3 \times 3 \times 7$

02 다음 중 수의 대소 관계가 옳은 것은?

① $-4 > -3$

② $-\dfrac{1}{2} < \dfrac{5}{2}$

③ $0 > (-3)^2$

④ $5 < 4$

03 그림은 밑변의 길이가 6cm, 높이가 $a$cm인 직각삼각형이다. 이 직각삼각형의 넓이를 문자를 사용하여 나타낸 식으로 옳은 것은?

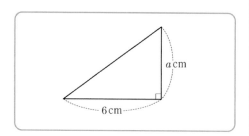

① $\dfrac{(6+a)}{2}$cm^2

② $\dfrac{(6 \times a)}{2}$cm^2

③ $(6+a)$cm^2

④ $(6 \times a)$cm^2

04 일차방정식 $3x-5=3+x$의 해는?

① 1

② 2

③ 3

④ 4

05 다음은 어느 학생이 집에서부터 5km 떨어진 도서관까지 자전거를 타고 가는 동안 시간에 따른 이동 거리를 나타낸 그래프이다. 이 학생이 집을 출발한 후 10분 동안 이동한 거리는?

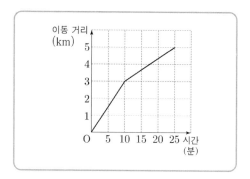

① 1km

② 2km

③ 3km

④ 4km

06 그림과 같이 평행한 두 직선 l, m이 다른 한 직선 n과 만날 때, $\angle x$의 크기는?

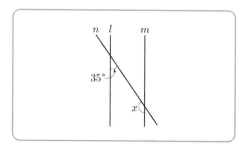

① 135°

② 140°

③ 145°

④ 150°

07 다음은 어느 반 학생 25명의 통학 시간을 조사하여 나탄내 히스토그램이다. 통학 시간이 30분 미만인 학생 수는?

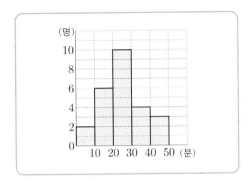

① 18명   ② 19명

③ 20명   ④ 21명

08 분수 $\dfrac{x}{2^2 \times 7}$ 를 유한소수로 나타낼 수 있을 때, x의 값이 될 수 있는 가장 작은 자연수는?

① 1   ② 3

③ 5   ④ 7

09 $(2x^3)^2$을 간단히 한 것은?

① $2x^5$ ② $2x^6$

③ $4x^5$ ④ $4x^6$

10 $(5a-2b)+(2a+3b)$를 간단히 한 것은?

① $7a-b$ ② $7a+b$

③ $8a-b$ ④ $8a+b$

11 일차부등식 $5x-20 \geq 0$의 해를 수직선 위에 나타낸 것은?

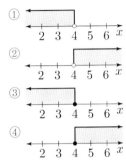

12 그림은 연립방정식 $\begin{cases} x+y=3 \\ 3x-y=1 \end{cases}$의 해를 구하기 위하여 두 일차방정식의 그래프를 좌표평면 위에 나타낸 것이다. 이 연립방정식의 해는?

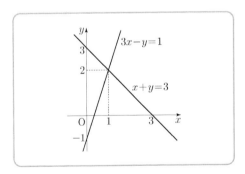

① $x=0, y=3$ ② $x=1, y=0$

③ $x=1, y=2$ ④ $x=2, y=1$

2024년 2회

13 그림과 같이 삼각형 ABC에서 변 BC에 평행한 직선이 두 변 AB, AC와 만나는 점을 각각 D, E라고 하자. $\overline{AC}=15\text{cm}$, $\overline{AD}=4\text{cm}$, $\overline{AE}=6\text{cm}$일 때, x의 값은?

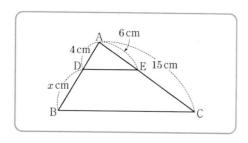

① 6   ② 7
③ 8   ④ 9

14 그림과 같이 1에서 10까지의 자연수가 각각 적힌 공 10개가 들어 있는 주머니가 있다. 이 주머니에서 공 한 개를 꺼낼 때, 4의 배수 또는 6의 배수가 나오는 경우의 수는?

① 1   ② 2
③ 3   ④ 4

15 $7\sqrt{5}-4\sqrt{5}$를 간단히 한 것은?

① $3\sqrt{5}$ ② $4\sqrt{5}$
③ $5\sqrt{5}$ ④ $6\sqrt{5}$

16 이차방정식 $(x-2)(x+5)=0$의 한 근이 -5일 때, 다른 한 근은?

① 1   ② 2
③ 3   ④ 4

17 이차함수 $y=(x-2)^2$의 그래프에 대한 설명으로 옳은 것은?

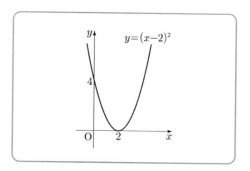

① 위로 볼록하다.
② 점 $(4, 0)$을 지난다.
③ 꼭짓점의 좌표는 $(2, 0)$이다.
④ 직선 $y=2$를 축으로 한다.

18 그림과 같이 직각삼각형 ABC에서 $\overline{AB}=10cm$, $\overline{BC}=6cm$, $\overline{CA}=8cm$ 일 때, $\tan B$의 값은?

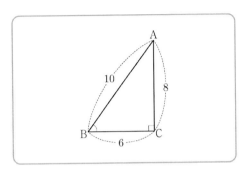

① $\dfrac{3}{5}$　　　　② $\dfrac{3}{4}$

③ $\dfrac{4}{5}$　　　　④ $\dfrac{4}{3}$

19 그림과 같이 원 O 위에 서로 다른 네 점 A, B, C, D가 있다. 호 AB에 대한 원주각 $\angle ACB=40°$일 때, $\angle ADB$의 크기는?

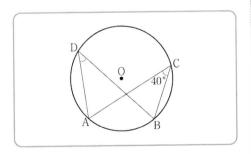

① 40°　　　　② 45°

③ 50°　　　　④ 55°

20 자료는 학생 4명이 주말 동안 봉사 활동에 참여한 시간을 조사하여 나타낸 것이다. 이 자료의 평균은?

(단위: 시간)

(단위 : 시간)

4	5	7	8

① 5시간　　　　② 6시간

③ 7시간　　　　④ 8시간

제3교시

영 어

정답 및 해설 208p

01 다음 밑줄 친 단어의 뜻으로 가장 적절한 것은?

> I feel shy when I speak in front of people.

① 고마운　　　　② 신나는

③ 피곤한　　　　④ 부끄러운

02 다음 밑줄 친 두 단어의 의미 관계와 다른 것은?

> Don't make a loud noise in our quiet area.

① rich － poor　　② kind － nice

③ clean － dirty　　④ full － empty

[03~04] 다음 빈칸에 들어갈 말로 가장 적절한 것을 고르시오.

03

> There ____ many wonderful places in Korea.

① are　　　　② be

③ is　　　　④ was

04

> I called him yesterday, ____ he didn't answer.

① but　　　　② of

③ to　　　　④ with

[05~06] 다음 대화의 빈칸에 들어갈 말로 가장 적절한 것을 고르시오.

05

> A : ____ color do you like more, yellow or blue?
> B : I prefer blue to yellow.

① How　　　　② Where

③ Which　　　④ Why

06

> A : What's the matter, John? Are you okay?
> B : I hurt my back when I lifted a box yesterday.
> A : _____.

① That's too bad

② I'm afraid I can't

③ I look forward to it

④ Turn off the water

07 다음 빈칸에 공통으로 들어갈 말로 가장 적절한 것은?

• Please take a ___ at this picture.
• He will ___ after my dog when I'm away.

① buy　　② look
③ tell　　④ wear

08 다음은 Julia의 내일 일정표이다. 내일 오후 8시에 할 일은?

8:00 a.m.	12:00 p.m.	4:00 p.m.	8:00 p.m.
exercise at the gym	have lunch with Mike	go shopping with Mary	do English homework

① 체육관에서 운동하기
② Mike와 점심 먹기
③ Mary와 쇼핑하기
④ 영어 숙제 하기

09 그림으로 보아 빈칸에 들어갈 말로 가장 적절한 것은?

A : What is the girl doing?
B : She is ___ a ball.

① buying　　② kicking
③ throwing　　④ washing

10 다음 대화가 끝난 후 오후에 두 사람이 함께 할 일은?

A : Are you free this afternoon?
B : Yeah, why?
A : I was thinking we could go to the library and study together.
B : Okay. That sounds like a good plan.

① 집에서 숙제하기
② 서점에서 책 읽기
③ 학교에서 수업 듣기
④ 도서관에서 공부하기

11 다음 대화의 빈칸에 들어갈 말로 가장 적절한 것은?

A : What should we do for Jane's birthday?
B : Let's have dinner at her favorite restaurant.
A : _____.

① He must be tired
② Nice to meet you
③ That's a good idea
④ It's not your fault

12 다음 대화의 주제로 가장 적절한 것은?

> A : Sam, what do you do in your free time?
> B : I like watching movies. What about you?
> A : I enjoy playing the guitar.

① 여가 활동   ② 영화 예매
③ 음악 감상   ④ 여행 계획

13 다음 홍보문을 보고 알 수 없는 것은?

> **Summer Science Camp**
> • Place : National Science Museum
> • Date : August 10th-11th, 2024
> • To sign up, visit www.sciencecamp.org.
> Meet and learn from real scientists!

① 행사 장소   ② 행사 날짜
③ 참가 인원   ④ 신청 방법

14 다음 방송의 목적으로 가장 적절한 것은?

> Good evening, ladies and gentlemen. The musical is going to start soon. Please turn off your phones. Also, please avoid taking photos during the show. We hope you have a wonderful time!

① 관람 예절 안내   ② 예매 방법 설명
③ 장소 변경 공지   ④ 출연 배우 소개

15 다음 대화에서 A가 동아리 활동에 참여하지 못하는 이유는?

> A : I won't be able to make it to our club meeting today.
> B : Oh no, I'm sorry to hear that. Why not?
> A : I have a bad cold.

① 감기에 걸려서
② 날씨가 너무 추워서
③ 콘서트에 가야 해서
④ 친구와 약속이 있어서

16 다음 Songkran에 대한 설명과 일치하지 않는 것은?

> Songkran, a big festival in Thailand, is held in April. This festival celebrates the traditional Thai New Year. You can enjoy a big water fight at the festival. You can also try traditional Thai food.

① 태국에서 4월에 열리는 큰 축제이다.
② 태국의 전통적인 새해맞이 행사이다.
③ 축제 기간 동안 소싸움을 즐길 수 있다.
④ 태국 전통 음식을 맛볼 수 있다.

17 다음 글에서 Siberian tiger에 대해 언급된 내용이 <u>아닌</u> 것은?

> The Siberian tiger is the biggest cat in the world. It lives in cold places in eastern Russia. It has orange fur with black stripes. It likes to eat big animals like deer. A hungry tiger can eat almost 30 kilograms in one night.

① 서식지   ② 수명

③ 털 무늬   ④ 먹이

18 다음 글에서 Yumi가 제안한 것으로 가장 적절한 것은?

> These days, I often forget things that I need to do. For example, I forgot to bring my soccer uniform today. I asked Yumi for advice. She suggested making a list of things to do. It might be helpful.

① 축구 연습하기

② 운동복 구매하기

③ 전문가와 상담하기

④ 할 일 목록 작성하기

19 그래프로 보아 빈칸에 들어갈 말로 가장 적절한 것은?

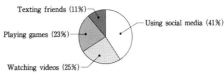

Our Students' Favorite Smartphone Activities

Texting friends (11%)
Using social media (41%)
Playing games (23%)
Watching videos (25%)

> More students at our school like ___ than watching videos on their smart phones.

① using social media

② calling friends

③ playing games

④ texting friends

20 다음 글의 흐름으로 보아 어울리지 <u>않는</u> 문장은?

> My favorite season is summer. ① I love going to the beach and playing in the sand. ② Swimming in the sea feels great. ③ I also enjoy eating ice cream to cool down. ④ Earth's ice is melting fast. Summer is the best time to have fun.

21 다음 글에서 밑줄 친 They가 가리키는 것으로 가장 적절한 것은?

> Imagine you are on the 10th floor. Can you see ants on the street? Of course not. But eagles can. They are great hunters because of their powerful eyes. They can see rabbits up to 3.2 kilometers away.

① ants   ② eagles

③ rabbits   ④ kilometers

22 다음 글에서 동물원 안전 수칙으로 언급되지 않은 것은?

> Zoo Safety Rules:
> • Don't feed the animals.
> • Don't enter any cages.
> • Keep your voice down.

① 먹이 주지 않기

② 사진 찍지 않기

③ 우리에 들어가지 않기

④ 목소리 낮춰 말하기

23 다음 글의 주제로 가장 적절한 것은?

> I'll share some tips on how I reduce my stress. First, I go outside for a walk. When I get some fresh air, I feel better. I also listen to my favorite music. It helps me relax. I hope these tips can help you feel less stressed.

① 올바른 걷기 자세

② 대기 오염의 심각성

③ 클래식 음악의 역사

④ 스트레스를 줄이는 방법

24 다음 글을 쓴 목적으로 가장 적절한 것은?

> I ordered a black cap from your website on July 3rd. But the cap I got is brown, not black. I'm sending the wrong cap back to you. Please return my money when you receive the brown cap.

① 주문하려고   ② 교환하려고

③ 환불을 요청하려고 ④ 분실 신고 하려고

25 다음 글의 바로 뒤에 이어질 내용으로 가장 적절한 것은?

> We can learn many useful things by reading. Reading good books helps us build thinking skills and understand others' feelings. What kinds of books should we read, then? Here is how to choose the right books.

① 다양한 독서 방법

② 잘못된 의사소통 사례

③ 창의적인 사람의 특징

④ 적절한 책을 고르는 방법

사 회

제4교시

정답 및 해설 213p

01 ㉠에 들어갈 내용으로 옳은 것은?

- 주제 : (㉠) 차이에 따른 인간 생활
- 사례 : 미국의 실리콘 밸리와 인도는 약 12 시간의 시차가 나는데, 이러한 지리적 특성이 인도의 정보 기술 산업 발달에 큰 몫을 하였다. 양쪽의 밤낮이 반대가 되어 작업을 끊임없이 할 수 있기 때문이다.

① 경도
② 기온
③ 해류
④ 강수량

02 밑줄 친 ㉠에 해당하는 기후는?

○○에게, 오늘도 ㉠이곳은 덥단다.
사회 선생님께서 ㉠이곳은 가장 추운 달의 평균 기온이 18℃ 이상이고 연중 덥고 습하다고 하셨어. 하지만 괜찮아! 낮에 쏟아진 스콜이 더위를 식혀 주니까.

① 냉대 기후
② 한대 기후
③ 지중해성 기후
④ 열대 우림 기후

03 지도에 표시된 (가) 지역에 대한 설명으로 적절하지 않은 것은?

① 용암 동굴인 만장굴이 있다.
② 화강암 산지인 설악산이 있다.
③ 작은 화산체인 오름이 분포한다.
④ 화산 지형인 성산 일출봉이 있다.

04 ㉠에 들어갈 내용으로 가장 적절한 것은?

- 건조 기후 지역은 강수량보다 증발량이 많아 (㉠)이/가 부족한 현상이 나타난다.
- 국제 하천 주변의 일부 국가들은 용수 확보를 위해 (㉠)을/를 둘러싼 갈등을 겪고 있다.

① 슬럼
② 해식애
③ 현무암
④ 물 자원

05 다음에서 설명하는 것은?

> 국경을 넘어 제품 기획과 생산, 판매 활동을 하는 기업으로 두 개 이상의 국가에 자회사, 영업소, 생산 공장을 운영함.

① 노동조합
② 민주주의
③ 석회동굴
④ 다국적 기업

06 ㉠에 들어갈 검색어로 옳은 것은?

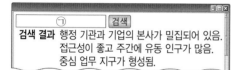

㉠	검색

검색 결과 행정 기관과 기업의 본사가 밀집되어 있음. 접근성이 좋고 주간에 유동 인구가 많음. 중심 업무 지구가 형성됨.

① 도심
② 비무장 지대
③ 개발 제한 구역
④ 세계 자연 유산

07 다음에서 설명하는 환경 문제는?

> 대기 중에 온실가스의 양이 많아지면서 온실 효과가 과도하게 나타나 지구의 평균 기온이 높아지는 현상

① 인구 공동화
② 전자 쓰레기
③ 지구 온난화
④ 해양 쓰레기

08 다음에서 설명하는 지역화 전략은?

> • 사례 : 보성 녹차, 성주 참외, 의성 마늘 등
> • 의미 : 특정 상품을 생산지의 기후와 지형, 토양 등 지역의 자연환경과 독특한 재배 방법으로 생산하고 품질이 우수했을 때 원산지의 지명을 상표권으로 인정하는 제도

① 인플레이션
② 생태 발자국
③ 지리적 표시제
④ 기후 변화 협약

09 다음에서 설명하는 개념은?

> • 의미 : 지위나 사회 환경의 변화로 다시 새로운 지식과 기술, 생활 양식 등을 배우는 것
> • 사례 : 직장이 바뀌어서 새로운 지식과 기술을 익히는 것, 우리나라에 이민 온 외국인이 한국 문화를 배우는 것

① 재사회화
② 귀속 지위
③ 역할 갈등
④ 지방 자치 제도

10 다음에서 강조하는 문화의 속성은?

> 문화는 선천적으로 타고나는 것이 아니라 후천적으로 배우는 것이다. 한국 사람이 한국어로 말할 수 있는 것은 후천적으로 한국어를 배웠기 때문이다.

① 수익성
② 안전성
③ 학습성
④ 희소성

11 ⊙에 들어갈 내용으로 옳은 것은?

> 국회는 국민이 직접 뽑은 대표들로 구성된 국민의 대표 기관이며, (⊙)을 제정·정한다.

① 관습   ② 도덕

③ 법률   ④ 종교 규범

12 민주 선거의 기본 원칙으로 옳지 <u>않은</u> 것은?

① 비밀 선거   ② 제한 선거

③ 직접 선거   ④ 평등 선거

13 다음에서 설명하는 것은?

> • 급을 달리하는 법원에서 여러 번 재판을 받을 수 있도록 하는 제도이다.
> • 우리나라에서는 일반적으로 하나의 사건에 대해 세 번까지 재판을 받을 수 있다.

① 심급 제도

② 선거 공영제

③ 선거구 법정주의

④ 국민 참여 재판 제도

14 표는 라면의 가격에 따른 수요량과 공급량을 나타낸 것이다. 라면의 균형 가격과 균형 거래량은?

가격(원)	1,000	2,000	3,000	4,000
수요량(개)	250	200	150	100
공급량(개)	50	100	150	200

	균형 가격	균형 거래량
①	1,000원	250개
②	2,000원	100개
③	3,000원	150개
④	4,000원	200개

15 다음에서 설명하는 것은?

> 일을 할 수 있는 능력이 있고 일을 하고자 하는 마음도 있지만 일자리가 없어서 일을 하지 못하는 상태

① 신용   ② 실업

③ 환율   ④ 물가 지수

16 '노동 3권' 중 ⊙에 들어갈 내용으로 옳은 것은?

> 헌법 제33조 ① 근로자는 근로 조건의 향상을 위하여 자주적인 단결권·단체 교섭권 및 ⊙ 을 가진다.

① 자유권   ② 평등권

③ 국민 투표권   ④ 단체 행동권

17 다음 유물을 처음으로 제작한 시대의 생활 모습으로 옳지 <u>않은</u> 것은?

〈주먹도끼〉

① 사냥을 하였다.
② 동굴에서 살았다.
③ 뗀석기를 사용하였다.
④ 철제 농기구를 제작하였다.

18 ㉠에 들어갈 내용으로 옳은 것은?

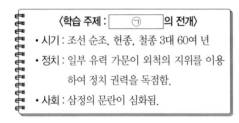

〈학습 주제 : ____㉠____ 의 전개〉
• 시기 : 조선 순조, 헌종, 철종 3대 60여 년
• 정치 : 일부 유력 가문이 외척의 지위를 이용하여 정치 권력을 독점함.
• 사회 : 삼정의 문란이 심화됨.

① 골품제
② 세도 정치
③ 제가 회의
④ 병참 기지화 정책

19 ㉠에 해당하는 나라는?

* ____㉠____ 의 역사

고이왕		무령왕		성왕
주변의 마한 소국 병합	→	22담로 설치	→	사비 천도

① 고려
② 백제
③ 옥저
④ 고조선

20 ㉠에 해당하는 인물은?

(㉠)은/는 옛 고구려 장군 출신으로 고구려 유민과 말갈인 일부를 이끌고 지린성 동모산 근처에 도읍을 정하고 발해를 건국하였다.

① 원효
② 대조영
③ 정약용
④ 흥선 대원군

21 다음에서 설명하는 역사서는?

고려 인종의 명을 받아 김부식이 유교적 입장에서 편찬한 역사서로, 주로 신라, 고구려, 백제에 대한 역사를 기록하고 있다.

① 천마도
② 농사직설
③ 삼국사기
④ 대동여지도

22 ㉠에 들어갈 내용으로 옳은 것은?

〈조선 시대 세종의 업적〉
• 국방 : 4군 6진 개척
• 문화 : 자격루 제작, 훈민정음 창제
• 정치 : 경연의 활성화, (㉠)

① 집현전 설치
② 화랑도 조직
③ 유신 헌법 제정
④ 한국 광복군 창설

23 ㉠에 해당하는 지역은?

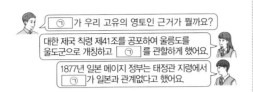

㉠ 가 우리 고유의 영토인 근거가 뭘까요?

대한 제국 칙령 제41조를 공포하여 울릉도를 울도군으로 개칭하고 ㉠ 를 관할하게 했어요.

1877년 일본 메이지 정부는 태정관 지령에서 ㉠ 가 일본과 관계없다고 했어요.

① 독도   ② 강화도

③ 거문도   ④ 제주도

24 ㉠에 해당하는 인물은?

한국사 인물 검색   ㉠

검색 결과

임진왜란 때 조선 수군의 승리를 이끈 장군

··· 연관 검색어: 거북선, 한산도, 명량, 노량

① 강감찬   ② 김유신

③ 윤봉길   ④ 이순신

25 다음에서 설명하는 사건은?

- 배경 : 3 · 15 부정 선거(1960년)
- 과정 : 학생과 시민들이 전국적인 시위를 전개함.
- 결과 : 이승만이 대통령직에서 물러남.

① 3 · 1 운동

② 4 · 19 혁명

③ 6 · 25 전쟁

④ 광주 학생 항일 운동

과 학

제5교시

정답 및 해설 217p |

01 그림과 같이 수평면에서 물체를 끌어당겨 움직일 때 접촉면에서 물체의 운동 방향과 반대 방향으로 작용하는 힘 A는?

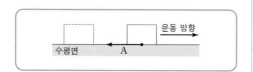

① 부력　　　　　② 중력
③ 마찰력　　　　④ 탄성력

02 그림은 횡파의 모습을 나타낸 것이다. ㉠에 해당하는 것은?

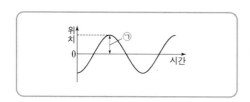

① 주기　　　　　② 진폭
③ 파장　　　　　④ 진동수

03 표는 니크롬선에 걸리는 전압을 2V씩 높이면서 측정한 전류의 세기를 나타낸 것이다. 이 니크롬선의 저항은? (단, 니크롬선을 제외한 모든 저항은 무시한다.)

전압(V)	2	4	6
전류(A)	1	2	3

① 0.5 Ω　　　　② 1 Ω
③ 2 Ω　　　　　④ 4 Ω

04 다음 설명에 해당하는 열의 이동 방법은?

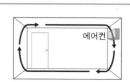

- 에어컨을 켜니 방 전체가 시원해진다.
- 액체나 기체 입자가 직접 이동하여 열을 전달한다.

① 단열　　　　　② 대류
③ 복사　　　　　④ 전도

05 무게가 20N인 물체를 지면으로부터 5m 높이까지 일정한 속력으로 들어 올렸을 때 중력에 대하여 한 일의 양은? (단, 공기의 저항은 무시한다.)

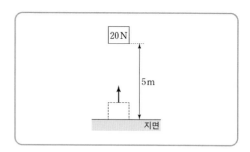

① 25 J　　　　　② 50 J
③ 75 J　　　　　④ 100 J

06 다음 설명에서 ㉠에 공통으로 해당하는 것은?

> • 물체의 위치 에너지와 운동 에너지의 합을 ㉠ 에너지라고 한다.
> • 공기의 저항이 없으면 자유 낙하하는 물체의 ㉠ 에너지는 일정하다.

① 빛　　　　　　② 열
③ 전기　　　　　④ 역학적

07 그림과 같이 피스톤을 눌러 기체의 부피를 변화시켰을 때 주사기 속 기체의 압력과 입자 사이의 거리 변화로 옳은 것은? (단, 온도는 일정하고 기체의 출입은 없다.)

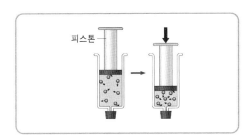

　　　압력　　　입자 사이의 거리
① 감소　　　　변화 없음
② 감소　　　　　증가
③ 증가　　　　변화 없음
④ 증가　　　　　감소

08 그림의 상태 변화 A~D 중 쇳물이 식어 단단한 철이 되는 현상에 해당하는 것은?

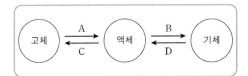

① A　　　　　　② B
③ C　　　　　　④ D

09 다음 설명에서 ㉠에 공통으로 해당하는 것은?

> • ㉠ 은/는 물질을 이루는 기본 성분이다.
> • 일부 금속 ㉠ 은/는 특정한 불꽃 반응 색을 나타낸다.

① 원소　　　　　② 분자
③ 혼합물　　　　④ 화합물

10 표는 물질 A~D의 질량과 부피를 나타낸 것이다. 밀도가 가장 큰 것은?

물질	A	B	C	D
질량(g)	10	20	30	50
부피(mL)	10	10	20	20

① A　　　　　　② B
③ C　　　　　　④ D

11 다음 화학 반응식에서 수소 분자 3개와 질소 분자 1개가 모두 반응할 때 생성되는 암모니아 분자의 개수는?

$$3H_2 + N_2 \rightarrow 2NH_3$$

① 2개　　　　　② 3개
③ 4개　　　　　④ 5개

12 표는 구리가 연소할 때 반응한 구리와 생성된 산화 구리(Ⅱ)의 질량을 나타낸 것이다. ㉠에 해당하는 것은?

구리(g)	4	8	12
산화 구리(Ⅱ)(g)	5	㉠	15

① 8

② 10

③ 12

④ 14

13 다음은 식물의 광합성 과정이다. ㉠에 해당하는 것은?

$$\boxed{㉠} + 물 \xrightarrow{\text{빛에너지}} 포도당 + 산소$$

① 녹말

② 수소

③ 질소

④ 이산화 탄소

14 다음 설명에 해당하는 생물계는?

다른 생물로부터 양분을 얻는 생물 무리로, 버섯과 곰팡이가 포함된다.

① 균계

② 동물계

③ 식물계

④ 원핵생물계

15 생물을 구성하는 단계 중 ㉠에 공통으로 해당하는 것은?

• $\boxed{㉠}$ 은/는 생명체를 구성하는 기본 단위이다.
• 모양과 기능이 비슷한 $\boxed{㉠}$ 이/가 모여 조직을 이룬다.

① 세포

② 기관

③ 기관계

④ 개체

16 그림의 A~D 중 다음 설명에 해당하는 것은?

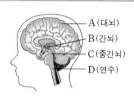

• 좌우 두 개의 반구로 이루어져 있다.
• 기억, 추리, 판단, 학습 등의 정신 활동을 담당한다.

① A

② B

③ C

④ D

17 다음 설명에서 ㉠에 해당하는 것은?

$\boxed{㉠}$ 은/는 폐를 구성하는 얇은 공기 주머니로 모세 혈관이 표면을 둘러싸고 있다.

① 융털

② 이자

③ 폐포

④ 네프론

18 그림은 체세포 분열 과정의 일부를 나타낸 것이다. 전기 단계에서 세포 1개 당 염색체 수가 4개일 때, 1개의 딸세포 A의 염색체 수는? (단, 돌연변이는 없다.)

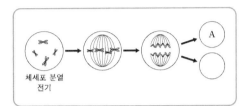

체세포 분열
전기

① 1개   ② 2개
③ 4개   ④ 8개

19 그림은 어느 집안의 특정 형질에 대한 유전자형을 가계도로 나타낸 것이다. ㉠에 해당하는 유전자형은? (단, 돌연변이는 없다.)

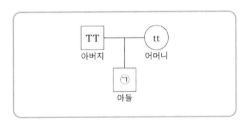

TT 아버지   tt 어머니

㉠ 아들

① TT   ② Tt
③ tt   ④ TTtt

20 다음은 지권의 층상 구조에 대한 설명이다. ㉠에 해당하는 것은?

> ㉠ 은 지구 내부 구조에서 가장 두꺼운 층이고 지구 전체 부피의 약 80%를 차지하고 있다.

① 지각   ② 맨틀
③ 외핵   ④ 내핵

21 다음 현상이 나타나는 원인은?

> 어느 날 밤 우리나라 북쪽 하늘을 2시간 동안 관찰하였더니 북극성을 중심으로 북두칠성이 시계 반대 방향으로 30° 정도 이동하였다.

① 달의 공전   ② 달의 자전
③ 지구의 공전   ④ 지구의 자전

22 다음 설명에 해당하는 태양계의 행성은?

> • 과거에 물이 흘렀던 흔적이 있다.
> • 얼음과 드라이아이스로 된 극관이 있다.

① 금성   ② 화성
③ 목성   ④ 토성

23 그림은 염분이 35.0psu인 해수 1000g에 녹아 있는 염류의 양을 나타낸 것이다. ㉠에 해당하는 염류는?

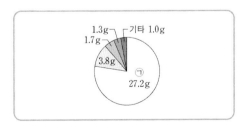

1.3g   기타 1.0g
1.7g
3.8g
㉠
27.2g

① 황산 칼슘   ② 염화 나트륨
③ 염화 마그네슘   ④ 황산 마그네슘

73

24 그림은 기온에 따른 포화 수증기량 곡선을 나타낸 것이다. 공기 A~D 중 포화 상태인 것을 모두 고른 것은?

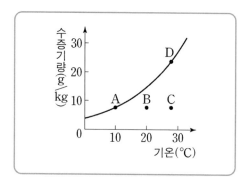

① A, B   ② A, D

③ B, C   ④ C, D

25 표는 별 A~D의 겉보기 등급과 절대 등급을 나타낸 것이다. 지구에서 맨눈으로 보았을 때 가장 밝게 보이는 별은?

별	A	B	C	D
겉보기 등급	−2.0	−1.0	1.0	2.0
절대 등급	1.0	2.0	−2.0	−1.0

① A   ② B

③ C   ④ D

제6교시 선택 과목

도 덕

정답 및 해설 220p

01 ㉠에 들어갈 용어로 가장 적절한 것은?

(㉠)은/는 옳고 그름을 판단할 수 있는 기준을 제공하고, 옳은 일을 자발적으로 실천할 수 있도록 돕는다.

① 강요
② 도덕
③ 본능
④ 욕망

02 다음 대화에서 교사가 사용한 도덕 원리 검사 방법은?

선생님, 제가 새치기를 한 것은 바쁜 일이 있었기 때문이에요. 학생

바쁘다고 모든 사람이 새치기를 한다면 어떤 결과가 따르겠니? 교사

① 사실 관계 검사
② 정보 원천 검사
③ 증거 확인 검사
④ 보편화 결과 검사

03 행복한 삶을 위한 좋은 습관을 〈보기〉에서 고른 것은?

〈 보기 〉
ㄱ. 시간을 낭비한다.
ㄴ. 독서를 생활화한다.
ㄷ. 사소한 일에도 금방 화를 낸다.
ㄹ. 건강을 위해 꾸준히 운동을 한다.

① ㄱ, ㄴ
② ㄱ, ㄷ
③ ㄴ, ㄹ
④ ㄷ, ㄹ

04 다음에서 인권의 특징에만 '✔'를 표시한 학생은?

특징 \ 학생	A	B	C	D
• 인간이라면 누구나 누려야 하는 권리	✔	✔		✔
• 누구도 절대 침해해서는 안 되는 권리	✔		✔	✔
• 인종, 성별에 따라 차별할 수 있는 권리		✔	✔	✔

① A
② B
③ C
④ D

05 ㉠에 들어갈 대답으로 적절하지 않은 것은?

바람직한 삶의 목적을 설정할 때 고려할 점은 무엇일까?
㉠

① 사회에 도움을 줄 수 있어야 해.
② 그 자체로 의미 있고 옳은 것이어야 해.
③ 돈을 많이 벌 수 있다면 법을 어겨도 돼.
④ 다른 사람에게 고통과 피해를 주지 않아야 해.

06 다음에서 설명하는 폭력의 유형은?

> 수치심을 느끼게 하는 사진, 동영상을 인터넷이나 사회 관계망 서비스(SNS)에 퍼뜨리는 행위

① 절도
② 약물 중독
③ 신체 폭력
④ 사이버 폭력

07 도덕 추론 과정에서 ㉠에 들어갈 용어는?

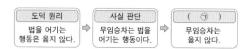

도덕 원리	사실 판단	(㉠)
법을 어기는 행동은 옳지 않다.	무임승차는 법을 어기는 행동이다.	무임승차는 옳지 않다.

① 가치 갈등
② 고정 관념
③ 도덕 판단
④ 이해 조정

08 다음 퀴즈에 대한 정답으로 옳은 것은?

'그'는 고대 그리스의 철학자로서 우리가 궁극적으로 추구하는 것은 행복이라고 하였습니다. 행복은 도덕적 행동을 습관화할 때 얻을 수 있음을 강조한 이 사상가는 누구일까요?

① 순자
② 로크
③ 슈바이처
④ 아리스토텔레스

09 다음에서 설명하는 개념은?

> 친구 사이에서 느끼는 따듯하고 친밀한 정서적 유대감

① 효
② 우정
③ 경로
④ 자애

10 ㉠에 들어갈 내용으로 적절하지 <u>않은</u> 것은?

> **탐구 주제: 세계 시민**
> • 의미 : 지구촌의 문제에 관심을 가지고, 이를 해결하기 위해 적극적으로 노력하는 사람
> • 세계 시민이 갖추어야 할 도덕적 가치: (㉠)

① 인류애
② 연대 의식
③ 차별 의식
④ 평화 의식

11 이웃과의 관계에서 필요한 도덕적 자세를 〈보기〉에서 고른 것은?

> ──〈 보기 〉──
> ㄱ. 서로 대화하고 소통한다.
> ㄴ. 서로 양보하는 자세를 갖는다.
> ㄷ. 갈등이 생기면 자신의 이익만을 내세운다.
> ㄹ. 상호 간에 관심을 갖고 사생활을 침해한다.

① ㄱ, ㄴ
② ㄱ, ㄹ
③ ㄴ, ㄷ
④ ㄷ, ㄹ

12 정보 통신 매체 활용을 위한 덕목으로 적절하지 <u>않은</u> 것은?

① 절제
② 존중
③ 책임
④ 해악

13 (가)에 들어갈 인물은?

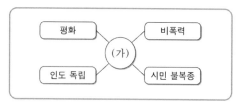

① 간디
② 공자
③ 노자
④ 칸트

14 다문화 사회에서의 바람직한 태도로 적절한 것은?

① 우리 문화만을 고집한다.

② 인류의 보편적 가치를 추구한다.

③ 다른 문화에 대해 편견을 갖는다.

④ 문화가 다르다는 이유로 차별한다.

15 ㈀에 들어갈 내용으로 적절하지 않은 것은?

① 미움과 원한 표출하기

② 용서와 사랑 실천하기

③ 감정과 욕구 조절하기

④ 몸과 마음 건강하게 하기

16 교사의 질문에 적절한 대답을 한 학생은?

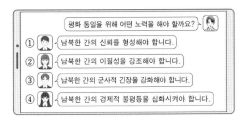

17 평화적 갈등 해결 방법을 〈보기〉에서 고른 것은?

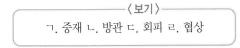

① ㄱ, ㄴ   ② ㄱ, ㄹ

③ ㄴ, ㄷ   ④ ㄷ, ㄹ

18 다음은 서술형 평가 문제와 학생 답안이다. 밑줄 친 ㈀~㈃ 중 적절하지 않은 것은?

> 문제: 과학 기술의 바람직한 활용 방안을 서술하시오.
>
> 〈학생 답안〉
> 과학 기술을 활용할 때는 ㈀ 인간 존엄성과 인권 향상에 기여해야 하며, ㈁ 무분별한 과학 지상주의를 지양해야 한다. 또한 ㈂ 인간의 복지를 증진하는 방향인지 숙고하며, ㈃ 미래 세대는 제외하고 현재 세대에 미치는 영향만을 고려해야 한다.

① ㈀   ② ㈁

③ ㈂   ④ ㈃

19 다음에서 설명하는 용어는?

① 배려   ② 청렴

③ 부패   ④ 소외

20 통일 한국이 추구해야 할 가치에 해당하지 않는 것은?

① 독재   ② 민주

③ 자주   ④ 정의

21 다음에 해당하는 국제 사회의 문제는?

> 세계 각국은 지구 온난화 방지를 위해 온실
> 가스 배출량을 제한하고, 해로운 쓰레기가
> 국제적으로 이동하는 것을 규제하는 협약을
> 체결했다.

① 빈부 격차 ② 성 상품화

③ 종교 갈등 ④ 환경 파괴

22 (가)에 들어갈 내용으로 적절한 것은?

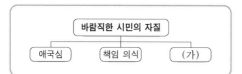

① 무관심 ② 혐오감

③ 참여 의식 ④ 특권 의식

23 도덕적 성찰의 방법으로 적절하지 않은 것은?

① 학생 1 ② 학생 2

③ 학생 3 ④ 학생 4

24 바람직한 국가의 역할로 옳은 것만을 〈보기〉
에서 모두 고른 것은?

> ─────〈보기〉─────
> ㄱ. 공정한 법과 제도 마련
> ㄴ. 국민의 생명과 재산 보호
> ㄷ. 사회적 차별과 갈등 조장
> ㄹ. 인간다운 삶을 위한 복지 제도 운영

① ㄱ, ㄴ ② ㄴ, ㄷ

③ ㄷ, ㄹ ④ ㄱ, ㄴ, ㄹ

25 환경 친화적 삶을 위한 실천 태도로 적절하지
않은 것은?

① 일회용품 사용 줄이기

② 식사 후 음식 많이 남기기

③ 가까운 거리를 이동할 때 걷기

④ 사용하지 않는 전기 플러그 뽑아 두기

2023년도

제1회

01 다음 대화에서 ㉠에 담긴 '나윤'의 의도로 적절한 것은?

> 강현 : 나윤아, 다음 주에 학생회에서 자선 바자회 행사를 주최한다고 하는데, 우리 반이 참가할 필요가 있을까?
>
> 나윤 : 응, 바자회 행사의 의의를 생각하면 참가하는 게 좋을 거 같아.
>
> 강현 : 왜 그렇게 생각해? 수익금을 학급비로 쓸 수 있게 해 주는 것도 아니라던데.
>
> 나윤 : 바자회에서 쓰지 않는 물건을 서로 사고팔면, 자원도 재활용되고 저렴한 가격에 물건을 구입해서 좋잖아. 수익금을 학급비로 쓸 수는 없지만 그걸로 불우이웃을 도울 예정이래. ㉠ 그러니 바자회에 참가하는 게 좋지 않겠니?
>
> 강현 : 네 말을 듣고 보니 그렇네. 나도 집에 가서 바자회에 낼 만한 물건을 찾아봐야겠어.

① 감사   ② 설득

③ 위로   ④ 칭찬

02 다음과 같이 말했을 때, 공감하며 반응한 대화로 가장 적절한 것은?

> 나 이번에 진짜 열심히 공부했는데 시험을 너무 못 봤어. 내 장래 희망을 이루기 위해서는 성적을 올려야 하는데 오히려 떨어졌어. 어떡하지?

① 지나간 시험을 말해서 뭐 하냐? 시험은 끝났으니까 그만 얘기해.

② 그랬구나. 열심히 준비했는데 결과가 좋지 않아서 너무 속상하겠다.

③ 이번 시험 쉬웠는데, 넌 공부를 했는데도 성적이 떨어졌다니 이해가 안 된다.

④ 아이참, 너 때문에 나까지 우울해진다. 나 배고프니까 떡볶이나 먹으러 가자.

03 다음에서 설명하는 언어의 특성에 해당하는 예로 적절하지 <u>않은</u> 것은?

> 언어는 시간의 흐름에 따라 새로 생기거나, 소리나 뜻이 변하거나, 예전에 사용하던 말이 사라지기도 한다.

① '스마트폰'은 새로운 물건이 만들어지면서 새로 생긴 말이다.

② '어리다'는 의미가 '어리석다'에서 '나이가 적다'로 변하였다.

③ '천(千, 1000)'을 뜻하는 고유어 '즈믄'은 현재 거의 쓰이지 않는다.

④ 우리가 '나비[나비]'라고 부르는 곤충을 영어에서는 'butterfly[버터플라이]'라고 부른다.

04 밑줄 친 모음이 사용된 단어는?

> 국어의 모음에는 발음할 때 입술이나 혀가 고정되어 움직이지 않는 단모음과, 입술 모양이나 혀의 위치가 달라지는 <u>이중 모음</u>이 있다.

① 개미   ② 나라
③ 수레   ④ 예의

05 다음 규정에 맞게 발음하지 <u>않은</u> 것은?

> ▪표준 발음법▪
> 【제10항】겹받침 'ㄳ', 'ㄵ', 'ㄼ, ㄽ, ㄾ', 'ㅄ'은 어말 또는 자음 앞에서 각각 [ㄱ, ㄴ, ㄹ, ㅂ]으로 발음한다.

① 넓다[넙따]   ② 앉다[안따]
③ 없다[업따]   ④ 핥다[할따]

06 밑줄 친 품사의 특성으로 적절한 것은?

> • 가을 하늘이 <u>파랗다</u>.
> • <u>예쁜</u> 동생이 태어났다.
> • 아이들이 <u>즐겁게</u> 뛰놀고 있다.

① 사물의 이름을 나타낸다.
② 대상의 움직임을 나타낸다.
③ 대상의 상태나 성질을 나타낸다.
④ 놀람, 느낌, 부름, 대답을 나타낸다.

07 밑줄 친 부분의 문장 성분이 ㉠과 같은 것은?

> ㉠ <u>하얀</u> 꽃잎이 바닥에 쌓였다.

① 꽃이 <u>활짝</u> 피었다.
② 동생이 <u>우유를</u> 마신다.
③ 소년은 <u>어른이</u> 되었다.
④ 가을은 <u>독서의</u> 계절이다.

08 밑줄 친 부분의 표기가 바른 것은?

① 어서 <u>오십시요</u>.
② 손을 <u>깨끗히</u> 씻자.
③ 나는 <u>몇일</u> 동안 책만 읽었다.
④ 그가 배낭을 <u>메고</u> 공원에 간다.

[09～10] 다음 글을 읽고 물음에 답하시오.

> 그날은 가만히 있어도 땀이 날 정도로 무척 더웠다. 나는 빨리 집에 들어가 씻고 싶다는 생각뿐이었다. 나는 걸음을 재촉하여 집 근처에 도착했다.
>
> [A] 그런데 골목길 한 구석에서 주인을 잃은 강아지가 나를 애처롭게 바라보고 있었다. 모르는 척 집에 들어 가려고 했지만 문득 떠오른 병아리 '민들레' 때문에 나는 발을 뗄 수 없었다.
>
> 초등학교 2학년 때, 어느 따스한 봄날이었다. 학교 앞에서 한 할머니께서 병아리를 ㉠ <u>파는</u> 것을 보았다. 노란 털로 ㉡ <u>덮여</u> 있는 병아리가 정말 귀여웠다. ㉢ <u>병아리는</u> 아직 다 자라지 않은 어린 닭

으로 닭의 새끼를 말한다. 나는 병아리를 키우게 해 달라고 엄마를 졸랐다. 내가 너무 간절했기 때문인지 처음에는 반대하셨던 엄마도 ② 절대 허락해 주셨고, 그렇게 해서 나와 병아리 '민들레'의 인연이 시작되었다.

09 다음은 [A]를 영상으로 만들기 위한 계획이다. ㉮에 들어갈 구성 요소로 알맞은 것은?

번호	장면 그림	구성 요소	내용
S#1		장면 내용	강아지가 소녀를 바라보고 있음.
		배경 음악	잔잔한 분위기의 음악
		㉮	힘없는 강아지 소리

① 대사   ② 효과음

③ 내레이션   ④ 촬영 방법

10 ㉠~②에 대한 고쳐쓰기 방안으로 적절하지 않은 것은?

① ㉠: 높임 표현이 잘못되었으므로 '파시는' 으로 고친다.

② ㉡: 맞춤법에 어긋나므로 '덮여'로 고친다.

③ ㉢: 글의 통일성을 해치므로 삭제한다.

④ ②: 문장 호응이 맞지 않으므로 '결코'로 바꾼다.

[11~13] 다음 글을 읽고 물음에 답하시오.

"아름아, 뭐 하니?"

어머니가 문 사이로 고개를 디밀었다.

'헉, 깜짝이야.'

나는 짜증을 냈다.

"엄마! 노크!"

어머니는 '아차.' 하다, 도리어 큰소리를 냈다.

"노크는 무슨 노크. 지금 방송 시작하는데, 안 봐?"

"벌써 할 때 됐어요?"

"응, 광고 하고 있어. 빨리 나와."

나도 방송국 웹 사이트에 들어가 예고편을 봤다. 설렘과 어색함, 신기함과 민망함이 섞여 복잡한 마음이 들었지만, 사실 동영상을 보고 제일 먼저 든 생각은 이거였다.

'아, 나는 저거보단 훨씬 괜찮게 생겼는데……'

카메라에 비친 내 모습이 실제보다 못해 억울하고 섭섭한 거였다. 연예인들도 실제로 보면 두 배는 더 예쁘고 멋지다는데, 아마 이런 경우를 두고 하는 말인 듯했다. 그러니 일반인들은 오죽할까. 더구나 방송 한 번에 이리 심란한 기분이라니, 연예인이 되려면 자기를 보통 좋아하지 않고선 힘들겠구나 싶은 마음도 들었다. 문밖에 선 어머니가 "근데" 하고 덧붙였다.

"왜 그렇게 놀라? 뭐 이상한 거 보고 있었던 거 아냐?"

나는 부루퉁히 꿍얼댔다.

"내가 뭐 야빠 줄 아나……."

어머니가 눈을 동그랗게 뜨고 다그쳤다.

"야빠? 아빠가 그래?"

나는 그렇긴 뭐가 그렇냐며, 곧 나갈 테니 얼른 문 닫으라 편잔을 줬다. 어머니는 끝까지 의심을 거두지 못한 얼굴로 자리를 떴다. 나는 인터넷 뉴스 창을 닫고, 방송국 홈페이지에 들어가 동영상을 한 번 더 돌려 봤다.

"실제 나이 17세. 신체 나이 80세. 누구보다 빨리 자라, 누구보다 아픈 아이 아름. 각종 합병증에 시달리면서도 웃음을 잃지 않는 아름에게 어느 날

시련이 닥쳐오는데⋯⋯."

다시 봐도 낯선 영상이었다. 17. 80. 합병증. 웃음⋯⋯.

하나하나 짚어 보면 다 맞는 말인데, 그게 그렇게 알뜰하게 배열된 걸 보니 사실이 사실 같지 않았다.

'괜히 하자고 한 걸까?'

막상 완성된 영상이 전파를 타고 전국에 송출될 생각을 하니 걱정스러웠다. 내가 모르는 이들에게 나를 보여 준다는 게 언짢기도 했다. 정확한 건 본방송이 끝난 후에 알게 될 터였다.

– 김애란, 「두근두근 내 인생」 –

11 윗글의 서술상 특징으로 가장 적절한 것은?

① 이야기의 진행에 따라 서술자가 달라진다.
② 서술자가 모든 인물의 속마음을 알고 있다.
③ 서술자인 '나'가 자신의 생각을 직접 이야기한다.
④ 작품 밖 서술자가 인물의 행동을 관찰하고 있다.

12 '아름'의 심리에 대한 설명으로 적절하지 않은 것은?

① 노크하지 않은 엄마에게 짜증이 났다.
② 방송 예고편을 보고 마음이 복잡했다.
③ 영상 속 자신의 모습을 보고 만족했다.
④ 모르는 사람들이 자신을 볼 것이 언짢았다.

13 다음 감상에 대한 설명으로 가장 적절한 것은?

> 나는 본방송을 앞둔 아름이의 마음이 이해돼. 왜냐하면 나도 퀴즈 프로그램에 출연한 적이 있었거든. 방송 시작 전까지 긴장되기도 하고 설레기도 했어.

① 중심 소재의 상징적 의미를 찾았다.
② 작품의 사회·문화적 배경을 분석했다.
③ 작품에 나타나는 중심 갈등을 파악했다.
④ 자신의 경험을 바탕으로 인물에게 공감했다.

[14~16] 다음 글을 읽고 물음에 답하시오.

> [A] 길이 끝나는 곳에서도
> 길이 있다
> 길이 끝나는 곳에서도
> 길이 되는 사람이 있다
> ㉠ 스스로 봄 길이 되어
> 끝없이 걸어가는 사람이 있다
> ㉡ 강물은 흐르다가 멈추고
> ㉢ 새들은 날아가 돌아오지 않고
> ㉣ 하늘과 땅 사이의 모든 꽃잎은 흩어져도
> 보라
> 사랑이 끝난 곳에서도
> 사랑으로 남아 있는 사람이 있다
> 스스로 사랑이 되어
> 한없이 봄 길을 걸어가는 사람이 있다
>
> – 정호승, 「봄 길」 –

14 윗글에 대한 설명으로 적절하지 않은 것은?

① 색채 대비를 통해 선명한 이미지를 제시한다.

② 현실 상황을 여러 자연물에 빗대어 표현한다.

③ 비슷한 문장 구조를 반복하여 의미를 강조한다.

④ 단정적인 어조를 통해 화자의 강한 믿음을 드러낸다.

15 ㉠~㉣ 중 함축적 의미가 다른 것은?

① ㉠   ② ㉡
③ ㉢   ④ ㉣

16 다음을 참고할 때, [A]와 같은 표현이 쓰인 것은?

> 시에서 역설이란 겉으로는 뜻이 모순되고 이치에 맞지 않는 것 같지만, 그 속에 진리를 담고 있는 표현을 말한다.

① 이것은 소리 없는 아우성
② 돌담에 속삭이는 햇발같이
③ 나는 나룻배 / 당신은 행인
④ 젖지 않고 가는 삶이 어디 있으랴

[17~19] 다음 글을 읽고 물음에 답하시오.

허생은 집에 비가 새고 바람이 드는 것도 아랑곳하지 않고 글 읽기만 좋아하였다. 그래서 아내가 삯바느질을 해서 그날그날 겨우 입에 풀칠을 하는 처지였다.

어느 날 허생의 아내가 배고픈 것을 참다못해 훌쩍훌쩍 울며 푸념을 하였다.

"당신은 평생 과거도 보러 가지 않으면서 대체 글은 읽어 뭘 하시렵니까?"

그러나 허생은 아무렇지도 않게 껄껄 웃으며 말하였다.

"내가 아직 글이 서툴러 그렇소."

"그럼 공장이[1] 노릇도 못 한단 말입니까?"

"배우지 않은 공장이 노릇을 어떻게 한단 말이오?"

"그러면 장사치 노릇이라도 하시지요."

"가진 밑천이 없는데 장사치 노릇을 어떻게 한단 말이오?"

[A] ┌ 그러자 아내가 왈칵 역정[2]을 내었다.
    │ "당신은 밤낮 글만 읽더니, 겨우 '어떻게 한단 말이오.' 소리만 배웠나 보구려. 공장이 노릇도 못 한다, 장사치 노릇도 못 한다, 그럼 하다못해 도둑질이라도 해야 할 것 아니오?"
    └

허생이 이 말을 듣고 책장을 덮어 치우고 벌떡 일어났다.

"아깝구나! 내가 애초에 글을 읽기 시작할 때 꼭 십 년을 채우려 했는데, 이제 겨우 칠 년밖에 안 되었으니 어쩔거나!"

[중간 줄거리] 허생은 아내의 성화에 집을 나와, 서울에서 가장 부자라는 변 씨를 찾아가 만 냥을 빌렸다. 그러고는 여러 지역으로 이동하는 길목이 있는 안성으로 가서 과일을 몽땅 사들이기 시작했다.

얼마 안 가서 나라 안의 과일이란 과일은 모두 동이 나버렸다. 잔치나 제사를 지내려고 해도 과일이 없으니 상을 제대로 차릴 수가 없었다. 이렇게 되니, 과일 장수들은 너나 없이 허생한테 몰려와서 제발 과일 좀 팔라고 통사정을 하였다.

결국 허생은 처음 값의 열 배를 받고 과일을 되팔았다.

"허허, 겨우 만 냥으로 나라의 경제를 흔들어 놓았으니, ㉠ 이 나라 형편이 어떤지 알 만하구나."

– 박지원, 「허생전」 –

---

1) 공장이 : 예전에 물건 만드는 것을 직업으로 하던 사람.
2) 역정 : 몹시 언짢거나 못마땅하여 내는 화.

2023년 1회

17 윗글에서 '허생'에 대한 설명으로 적절하지 않은 것은?

① 집안일에 무관심했다.

② 해마다 과거 시험에 떨어졌다.

③ 계획했던 글공부를 마치지 못했다.

④ 과일을 독점 판매하여 이익을 얻었다.

18 [A]에서 '아내'가 '허생'에게 역정을 내는 이유로 가장 적절한 것은?

① 장사를 하겠다고 해서

② 돈을 벌어 오지 않아서

③ '아내'의 무능함을 비난해서

④ 글공부를 열심히 하지 않아서

19 ㉠의 의미로 가장 적절한 것은?

① 예의범절이 무너지고 있구나.

② 신분 질서가 흔들리고 있구나.

③ 나라의 경제 구조가 취약하구나.

④ 관리들의 부정부패가 심각하구나.

[20~22] 다음 글을 읽고 물음에 답하시오.

중국 신장의 요구르트, 스페인 랑하론의 하몬, 우리나라 구례 양동 마을의 된장. 이 음식들의 공통점은 무엇일까? 이것들은 모두 발효 식품으로, 세계의 장수 마을을 다룬 어느 방송에서 각 마을의 장수 비결로 꼽은 음식들이다.

발효 식품은 건강식품으로 널리 알려져 있다. 또한 다양한 발효 식품이 특유의 맛과 향으로 사람들의 입맛을 사로잡고 있다. 앞에서 소개한 요구르트, 하몬, 된장을 비롯하여 달콤하고 고소한 향으로 우리를 유혹하는 빵, 빵과 환상의 궁합을 자랑하는 치즈 등을 그 예로 들 수 있다. 이렇게 몸에도 좋고 맛도 좋은 식품을 만들어 내는 발효란 무엇일까? 그리고 발효 식품은 왜 건강에 좋을까? 먼저 발효의 개념을 알아보고, 우리나라의 전통 발효 식품을 중심으로 발효 식품의 우수성을 자세히 알아보자.

발효란 곰팡이나 효모와 같은 미생물이 탄수화물, 단백질 등을 분해하는 과정을 말한다. 미생물이 유기물에 작용하여 물질의 성질을 바꾸어 놓는다는 점에서 발효는 부패와 비슷하다. 하지만 ㉠ 발효는 우리에게 유용한 물질을 만드는 반면에, 부패는 우리에게 해로운 물질을 만들어 낸다는 점에서 차이가 있다. 그래서 발효된 물질은 사람이 안전하게 먹을 수 있지만, 부패한 물질은 식중독을 일으킬 수 있어서 함부로 먹을 수 없다.

____㉡____, 발효를 거쳐 만들어지는 전통 음식에는 무엇이 있을까? 가장 대표적인 전통 음식으로 김치를 꼽을 수 있다. 김치는 채소를 오랫동안 저장해 놓고 먹기 위해 조상들이 생각해 낸 음식이다. 김치는 우리가 채소의 영양분을 계절에 상관없이 섭취할 수 있도록 해 주고, 발효 과정에서 더해진 좋은 성분으로 우리의 건강을 지키는 데도 도움을 준다.

– 진소영, 「맛있는 과학 44–음식 속의 과학」 –

20 윗글에서 설명하는 중심 내용으로 가장 적절한 것은?

① 김치 담그는 방법
② 발효 식품의 우수성
③ 식중독 예방의 중요성
④ 여러 나라의 장수 비결

21 ㉠에 사용된 설명 방법으로 적절한 것은?

① 과정   ② 대조
③ 예시   ④ 정의

22 이어질 내용을 고려할 때, ㉡에 들어갈 말로 적절한 것은?

① 그래도   ② 그러나
③ 그렇다면   ④ 왜냐하면

[23~25] 다음 글을 읽고 물음에 답하시오.

더위는 우리가 근본적인 고민을 하도록 만든다. 당장의 더위를 해결하지 않는 이상 그 어떤 것도 중요하지 않음을 몸소 경험함으로써 우리는 알게 모르게 이 시대의 문제를 마주하게 된다. 그렇다. 기후 변화는 현대의 큰 문제이다. 모든 이의 피부에 와 닿는 가장 심각한 전 지구적 문제, 나와 무관하다며 모든 것을 무시해 버려도 끝내 외면할 수 없는 생존의 문제이다.

국제 생태 발자국 네트워크(GFN)라는 단체가 운영하는 '지구 생태 용량 과용의 날'이라는 것이 있다. 지구의 일 년 치 자원을 12월 31일에 다 쓰는 것으로 가정하고 실제로 자원이 모두 소모되는 날을 측정하는 것이다. 이 날이 2015년에는 8월 13일이었는데 2016년에는 8월 8일로 5일 앞당겨졌다. 또한 우리가 현재처럼 자원을 소비하면서 자원을 지속적으로 사용할 수 있는 상태를 유지하기 위해서는 지구가 3.3개 필요하다고 한다. 한마디로 ⎡ ㉠ ⎤고 할 수 있다.

그런데도 우리는 더위 앞에서 에너지 사용량을 줄이는 데까지 생각이 미치지 못한다. ㉡ 더위에 대응하는 근본적인 대책에 관해 우리 모두 관심이 적다. 우리 모두가 이렇게 위험성을 인식하지 못하고 있는 사실이 이 더위보다 충격적이라 할 수 있다. 지금부터라도 기후 변화가 중요한 문제임을 인식하고 자원을 아껴 사용해야 할 것이다. 그리고 지속적으로 발전할 수 있는 녹색 성장을 준비해야 할 것이다.

– 김산하, 「김산하의 야생 학교」 –

23 위와 같은 글을 읽는 방법으로 가장 적절한 것은?

① 육하원칙에 따라 사건을 요약한다.
② 등장인물 간의 갈등 원인을 찾아본다.
③ 주장과 근거를 중심으로 내용을 파악한다.
④ 시간의 흐름에 따른 대상의 변화를 정리한다.

24 글의 맥락을 고려할 때, ㉠에 들어갈 내용으로 가장 적절한 것은?

① 미세 먼지로 대기 오염이 심하다

② 에너지의 사용량과 그 증가량이 심하다

③ 오랜 가뭄으로 물 부족 문제가 심각하다

④ 해양 오염으로 동물들의 생존 문제가 심각하다

25 ㉡에 해당하는 글쓴이의 생각으로 적절하지 않은 것은?

① 더위에 익숙해지도록 한다.

② 지구의 자원을 아껴 사용한다.

③ 기후 변화의 위험성을 인식한다.

④ 지속 가능한 녹색 성장을 준비한다.

제2교시

수 학

정답 및 해설 227p |

01 다음은 54를 소인수분해하는 과정을 나타낸 것이다. 54를 소인수분해한 것은?

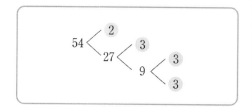

① 2×3^2
② $2^2 \times 3^2$
③ 2×3^3
④ $2^2 \times 3^3$

02 다음 수를 작은 수부터 차례대로 나열할 때, 넷째 수는?

$$3, \quad -7, \quad \frac{1}{2}, \quad -1, \quad 1$$

① -1
② $\frac{1}{2}$
③ 1
④ 3

03 $a=2$일 때, $3a+1$의 값은?

① 3
② 5
③ 7
④ 9

04 일차방정식 $4x-4=x+2$의 해는?

① 1
② 2
③ 3
④ 4

05 순서쌍 $(2, -3)$을 좌표평면 위에 나타낸 점은?

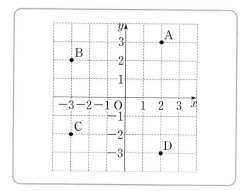

① A
② B
③ C
④ D

06 그림과 같이 평행한 두 직선 l, m이 다른 한 직선 n과 만날 때, $\angle x$의 크기는?

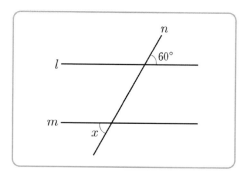

① $30°$
② $40°$
③ $50°$
④ $60°$

07 다음은 학생 20명을 대상으로 1분 동안의 윗몸 일으키기 기록을 줄기와 잎 그림으로 나타낸 것이다. 윗몸 일으키기 기록이 40회 이상인 학생의 수는?

윗몸 일으키기 기록

(1│2는 12회)

줄기	잎
1	2 4 6
2	1 2 5 5 6 7
3	2 3 3 7
4	5 7 9 9
5	3 6 9

① 4 　　　　　　② 5

③ 6 　　　　　　④ 7

08 순환소수 $0.\dot{5}$를 기약분수로 나타낸 것은?

① $\dfrac{1}{3}$ 　　　　　　② $\dfrac{4}{9}$

③ $\dfrac{5}{9}$ 　　　　　　④ $\dfrac{2}{3}$

09 $a^2 \times a^2 \times a^3$을 간단히 한 것은?

① a^7 　　　　　　② a^8

③ a^9 　　　　　　④ a^{10}

10 다음 문장을 부등식으로 옳게 나타낸 것은?

> 한 권에 700원인 공책 x권의 가격은 3500원 이상이다.

① $700x \geq 3500$ 　　　② $700x > 3500$

③ $700x \leq 3500$ 　　　④ $700x < 3500$

11 그림은 일차함수 $y = 2x + k$의 그래프이다. 상수 k의 값은?

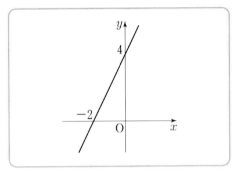

① 2 　　　　　　② 3

③ 4 　　　　　　④ 5

12 그림과 같이 $\overline{AB} = \overline{AC}$인 이등변삼각형 ABC에서 ∠A의 이등분선과 $\overline{BC}$의 교점을 D라고 하자. $\overline{BC} = 10\text{cm}$일 때, $\overline{BD}$의 길이는?

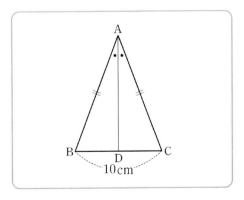

① 4cm 　　　　　　② 5cm

③ 6cm 　　　　　　④ 7cm

13 그림에서 두 원기둥 A와 B는 서로 닮음이고 밑면의 반지름의 길이가 각각 2cm, 3cm이다. 원기둥 A의 높이가 4cm일 때, 원기둥 B의 높이는?

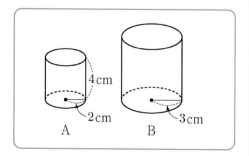

① 6cm   ② 6.5cm

③ 7cm   ④ 7.5cm

14 그림과 같이 1에서 10까지의 자연수가 각각 적힌 공 10개가 들어 있는 주머니가 있다. 이 주머니에서 공 한 개를 꺼낼 때, 짝수가 적힌 공이 나올 확률은?

① $\dfrac{1}{5}$ ② $\dfrac{3}{10}$

③ $\dfrac{2}{5}$ ④ $\dfrac{1}{2}$

15 $\sqrt{8}=a\sqrt{2}$일 때, a의 값은?

① 1   ② 2

③ 3   ④ 4

16 이차방정식 $x^2-5x+6=0$의 한 근이 2이다. 다른 한 근은?

① 3   ② 4

③ 5   ④ 6

17 이차함수 $y=-(x-1)^2+1$의 그래프에 대한 설명으로 옳은 것은?

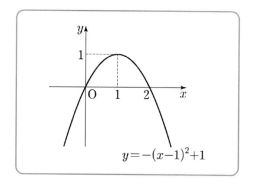

① 아래로 볼록하다.

② 점 $(0, 2)$를 지난다.

③ 직선 $x=0$을 축으로 한다.

④ 꼭짓점의 좌표는 $(1, 1)$이다.

18 직각삼각형 ABC에서 $\overline{AB}=5$, $\overline{BC}=4$, $\overline{AC}=3$일 때, $\tan B$의 값은?

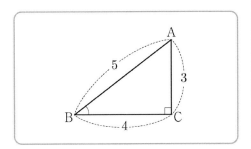

① $\dfrac{3}{5}$ ② $\dfrac{3}{4}$

③ $\dfrac{4}{5}$ ④ $\dfrac{4}{3}$

19 그림과 같이 원 O에서 호 AB에 대한 중심각 $\angle AOB=80°$일 때, 호 AB에 대한 원주각 $\angle APB$의 크기는?

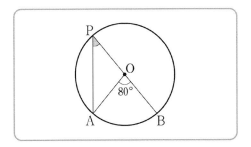

① $30°$ ② $40°$

③ $50°$ ④ $60°$

20 다음 자료는 학생 5명이 방학 동안 읽은 책의 권수를 조사하여 나타낸 것이다. 이 자료의 중앙값은?

(단위 : 권)

3	0	3	1	2

① 0 ② 1

③ 2 ④ 3

제3교시

영 어

정답 및 해설 229p |

01 다음 밑줄 친 단어의 뜻으로 가장 적절한 것은?

> My sister is really <u>funny</u>. She makes me laugh a lot.

① 슬픈　　　　② 게으른
③ 수줍은　　　④ 재미있는

02 다음 중 두 단어의 의미 관계가 나머지 셋과 <u>다른</u> 것은?

① pass － fail　　② sit － stand
③ say － tell　　④ begin － end

[03～04] 다음 빈칸에 들어갈 말로 가장 적절한 것을 고르시오.

03

> Mr. Kim _____ my Korean teacher last year.

① is　　　　② are
③ was　　　④ were

04

> It was raining, _____ I took my umbrella.

① if　　　　② or
③ so　　　　④ for

[05～06] 다음 대화의 빈칸에 들어갈 말로 가장 적절한 것을 고르시오.

05

> A : _____ were you late for school?
> B : Because I missed the bus.

① Why　　　② What
③ When　　　④ Where

06

> A : I am not feeling well. I think I have a cold.
> B : _____.

① That's too bad
② Yes, I'd love to
③ You're welcome
④ Thank you for your help

07 다음 빈칸에 공통으로 들어갈 말로 가장 적절한 것은?

- Some shops _____ on Sundays.
- My school is very _____ to the post office.

① free   ② next
③ close   ④ among

08 다음 대화에서 A가 찾아가려는 곳의 위치로 옳은 것은?

A : Excuse me, how can I get to the library?
B : Go straight two blocks and turn right. It's on your left.
A : Thank you.

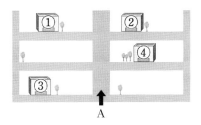

09 그림으로 보아 빈칸에 들어갈 말로 가장 적절한 것은?

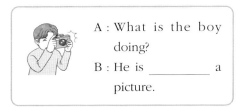

A : What is the boy doing?
B : He is _____ a picture.

① buying   ② taking
③ sitting   ④ playing

10 다음 대화에서 두 사람이 할 운동으로 가장 적절한 것은?

A : What are you going to do on sports day?
B : I am going to play soccer.
A : Me, too. I'm really looking forward to it.
B : Good luck. Let's do our best.

① 농구   ② 수영
③ 야구   ④ 축구

11 다음 대화의 빈칸에 들어갈 말로 가장 적절한 것은?

A : Are you happy with your school uniform, Jane?
B : _____.
A : Why not?
B : I don't like the color.

① Yes, I really like it

② I'm really happy for you

③ No, I'm not very happy with it

④ You should bring your own lunch

12 다음 대화의 주제로 가장 적절한 것은?

> A : My father's birthday is coming. What should I get for him?
> B : How about a nice tie?
> A : That sounds good. I think he needs one.

① 생일 선물　　② 시험 성적
③ 여가 활동　　④ 여행 계획

13 다음 홍보문을 보고 알 수 없는 것은?

> **City Library Book Camp**
> **Date** : May 6th (Saturday), 2023
> **Time** : 9:00 a.m. - 11:00 a.m.
> **Place** : City Library
> **Activities** :
> 　- Talking about books
> 　- Meeting authors

① 참가 인원　　② 행사 일시
③ 행사 장소　　④ 활동 내용

14 다음 방송의 목적으로 가장 적절한 것은?

> Good morning, everyone. I would like to give you some safety tips in case of a fire. Make sure you cover your mouth with a wet cloth. Also, use stairs instead of elevators.

① 기상 악화 예보
② 일정 변경 공지
③ 건물 내 시설 소개
④ 화재 안전 수칙 안내

15 다음 대화에서 회의 시간을 바꾸려는 이유는?

> A : We need to change the time for tomorrow's meeting. It's too early.
> B : I agree. How about 10 a.m.?
> A : That's much better.

① 늦게 도착해서
② 교통 체증이 심해서
③ 회의 시간이 길어서
④ 너무 이른 시간이어서

16 cookie cup에 관한 다음 글의 내용과 일치하지 <u>않는</u> 것은?

> Here's an eco-friendly item! It's a cookie cup. It is a cookie made in the shape of a cup. After using the cup, you can just eat it instead of throwing it away. By doing this, you can make less trash.

① 친환경 제품이다.
② 유리로 만든다.
③ 먹을 수 있다.
④ 쓰레기를 줄일 수 있다.

17 다음 글의 흐름으로 보아 어울리지 <u>않는</u> 문장은?

> I want to win the school singing contest. ⓐ I love singing. ⓑ And I think I have a good voice. ⓒ I'm a really poor tennis player. ⓓ However, I am too shy to sing in front of many people. How can I feel more comfortable singing on stage?

① ⓐ   ② ⓑ

③ ⓒ   ④ ⓓ

18 다음 글에서 Gina가 제안한 것으로 가장 적절한 것은?

> Gina and I saw a little dog on our way to school. The dog seemed to have a broken leg, and we were worried about it. Gina suggested that we take it to an animal doctor.

① 아침 일찍 일어나기

② 개를 공원에서 산책시키기

③ 친구와 함께 공부하기

④ 개를 수의사에게 데려가기

19 그래프로 보아 빈칸에 들어갈 말로 가장 적절한 것은?

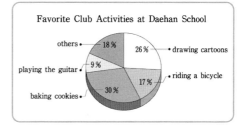

> The most popular club activity among the students at Daehan school is _____.

① drawing cartoons

② riding a bicycle

③ baking cookies

④ playing the guitar

20 다음 글에서 David에 대해 언급된 내용이 <u>아닌</u> 것은?

> My name is David. I am good at painting. I want to be a famous artist like Vincent Van Gogh. My favorite painting is *The Starry Night*. Please visit my blog and check out my artwork.

① 잘하는 것   ② 출신 학교

③ 장래 희망   ④ 가장 좋아하는 그림

21 다음 밑줄 친 It이 가리키는 것으로 가장 적절한 것은?

> Bees are very helpful to humans. First, bees give us honey. Honey is a truly wonderful food. It is good for our health and tastes good. Second, bees help produce many fruits like apples and peaches.

① bird   ② honey

③ apple   ④ peach

22 수업 규칙으로 언급되지 않은 것은?

> **Class Rules**
> - Help each other.
> - Take notes in class.
> - Bring your textbooks.

① 활동 시간 지키기   ② 서로 도와주기

③ 수업 중 필기하기   ④ 교과서 가져오기

23 다음 글의 주제로 가장 적절한 것은?

> Today, I will talk about what makes a good leader. First, a good leader is friendly and easy to talk to. Second, a good leader gives advice to people. Lastly, a good leader listens to others carefully.

① 조언의 필요성

② 좋은 리더의 특징

③ 아침 식사의 중요성

④ 운동을 해야 하는 이유

24 다음 편지의 목적으로 가장 적절한 것은?

> Thank you for inviting me to your home last Friday. I had a really good time and the food was great. The bulgogi was very delicious. Also, thank you for showing me how to cook tteokbokki.

① 감사   ② 거절

③ 불평   ④ 사과

25 다음 글의 바로 뒤에 이어질 내용으로 가장 적절한 것은?

> Smartphones can cause some health problems. One problem is dry eyes because we don't often blink when using smartphones. Another problem is neck pain. Looking down at one can cause neck pain. Here are some tips to solve these problems.

① 스마트폰 요금제를 선택하는 방법

② 스마트폰 종류별 특징과 수리 방법

③ 스마트폰을 저렴하게 구입하는 다양한 방법

④ 스마트폰 사용으로 인한 건강 문제 해결 방법

제4교시 사 회

정답 및 해설 233p |

01 ㉠에 들어갈 내용으로 옳은 것은?

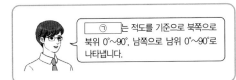

㉠ 는 적도를 기준으로 북쪽으로 북위 0°~90°, 남쪽으로 남위 0°~90°로 나타냅니다.

① 경도
② 위도
③ 랜드마크
④ 도로명 주소

02 ㉠에 들어갈 기후로 옳은 것은?

• 건조 기후는 연 강수량을 기준으로 ㉠ 와 스텝 기후로 구분한다.
• ㉠ 지역은 스텝 기후 지역보다 강수량이 적으며, 오아시스나 관개 수로를 이용해 밀, 대추야자 등을 재배한다.

① 사막 기후
② 툰드라 기후
③ 열대 우림 기후
④ 서안 해양성 기후

03 다음 설명에 해당하는 지형은?

석회암이 지하수에 녹으며 형성된 지형으로, 종유석, 석순, 석주 등이 나타난다.

① 갯벌
② 오름
③ 주상 절리
④ 석회동굴

04 다음 설명에 해당하는 자원의 특성은?

자원이 지구상에 고르게 분포하지 않고 일부 지역에 집중되어 분포하는 특성이다.

① 창의성
② 편재성
③ 학습성
④ 공유성

05 ㉠에 들어갈 내용으로 옳은 것은?

㉠ 은/는 여성 100명에 대한 남성의 수를 말한다. 일부 국가에서는 남아 선호 사상 등으로 인해 ㉠ 불균형의 문제가 발생하기도 한다.

① 관습
② 도덕
③ 문화
④ 성비

06 다음 설명에 해당하는 것은?

자신이 그 집단에 속해 있다는 소속감과 '우리'라는 공동체 의식이 강한 집단이다.

① 내집단
② 외집단
③ 역할 갈등
④ 역할 행동

07 다음 설명에 해당하는 정치 주체는?

> 이해관계를 같이하는 사람들이 자신들의 특수한 이익을 실현하기 위해 만든 단체이다.

① 개인　　　　② 대통령
③ 감사원　　　④ 이익 집단

08 ㉠에 들어갈 내용으로 옳은 것은?

← 긴급 재난 문자

열대 지역 바다에서 발생한 ㉠ 이/가 한반도로 북상 중입니다. 강풍과 폭우 피해에 유의하시기 바랍니다.

① 황사　　　　② 가뭄
③ 태풍　　　　④ 폭설

09 ㉠, ㉡에 해당하는 것으로 옳은 것은?

> 국가의 주권이 미치는 범위를 영역이라고 하며, ㉠ 와/과 영해의 수직 상공을 ㉡ (이)라고 한다.

	㉠	㉡
①	영토	영공
②	영공	영토
③	영토	배타적 경제 수역
④	영공	배타적 경제 수역

10 다음에서 설명하고 있는 것은?

> • 의미 : 한 개인이 자신이 속한 사회의 언어, 규범, 가치관 등을 배워 나가는 과정
> • 기능 : 자신만의 독특한 개성과 자아를 형성함.

① 선거　　　　② 사회화
③ 신급 제도　　④ 빈부 격차

11 ㉠, ㉡에 해당하는 것으로 옳은 것은?

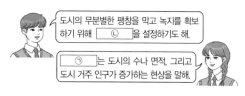

도시의 무분별한 팽창을 막고 녹지를 확보하기 위해 ㉡ 을 설정하기도 해.

㉠ 는 도시의 수나 면적, 그리고 도시 거주 인구가 증가하는 현상을 말해.

	㉠	㉡
①	도시화	도심
②	인구 공동화	도심
③	도시화	개발 제한 구역
④	인구 공동화	개발 제한 구역

12 다음 설명에 해당하는 국가 기관은?

> 법을 해석하고 적용하여 분쟁을 해결해 주는 역할을 한다.

① 법원　　　　② 국세청
③ 기상청　　　④ 금융 감독원

13 다음 설명에 해당하는 것은?

> 개인과 개인 사이에서 일어난 법률관계에 관한 다툼을 해결하기 위한 재판이다.

① 선거 재판　　　② 행정 재판

③ 민사 재판　　　④ 형사 재판

14 그래프와 같이 수요 곡선이 오른쪽으로 이동 했을 때, 균형 가격과 균형 거래량의 변화로 옳은 것은? (단, 다른 조건은 일정함.)

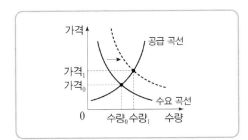

	균형 가격	균형 거래량
①	상승	감소
②	상승	증가
③	하락	감소
④	하락	증가

15 다음에서 설명하고 있는 제도는?

> • 의미 : 국가 기관에서 선거 과정을 관리하고 선거 운동 비용의 일부를 국가와 지방 자치 단체가 부담하는 제도
> • 목적 : 선거 운동의 과열과 부정 선거 방지, 후보자에게 선거 운동의 균등한 기회 보장

① 의원 내각제　　　② 주민 투표제

③ 선거 공영제　　　④ 주민 소환제

16 ㉠, ㉡에 들어갈 경제 활동으로 옳은 것은?

> • (㉠) : 필요한 재화나 서비스를 만들어 내거나 그 가치를 높이는 활동
> • (㉡) : 필요한 재화나 서비스를 구매하여 사용하는 활동

	㉠	㉡		㉠	㉡
①	소비	생산	②	분배	생산
③	생산	분배	④	생산	소비

17 다음에서 설명하는 유물이 처음으로 제작된 시대는?

비파형 동검

> 만주와 한반도 지역의 비파형 동검은 중국식 동검과 모양이 다르고, 칼날과 손잡이를 따로 만들어 조립한 것이 특징이다.

① 구석기 시대　　　② 신석기 시대

③ 청동기 시대　　　④ 철기 시대

18 다음 정책을 시행한 고구려의 왕은?

> • 남진 정책을 추진함.
> • 수도를 평양으로 옮김.
> • 백제의 수도 한성을 함락함.

① 진흥왕　　　　② 장수왕

③ 충선왕　　　　④ 선덕여왕

19 다음 설명에 해당하는 고려 후기 정치 세력은?

> • 명분과 도덕을 중시하는 성리학을 공부함.
> • 공민왕의 개혁에 참여하며 정치 세력을 형성함.
> • 대표적 인물: 정몽주, 정도전 등

① 사림　　　　② 진골

③ 6두품　　　④ 신진 사대부

20 밑줄 친 ㉠에 해당하는 나라는?

대조영이 세운 ㉠나라에 대해 알고 있니?

음, 9세기 전반에는 고구려의 옛 땅을 대부분 회복하고 전성기를 이루어 당으로부터 해동성국이라 불리었어.

① 발해　　　　② 신라

③ 고조선　　　④ 후백제

21 ㉠에 들어갈 책으로 옳은 것은?

> **질문** ㉠ 에 대해 알려 주세요.
>
> **답변** 조선 태조에서 철종까지의 역사적 사실을 기록한 책으로, 1997년 유네스코 세계 기록 유산으로 등재되었습니다.

① 농사직설　　　② 동의보감

③ 고려사절요　　④ 조선왕조실록

22 다음 설명에 해당하는 민족 운동은?

> • 일제 강점기 최대 규모의 민족 운동임.
> • 대한민국 임시 정부 수립의 계기가 됨.

① 3 · 1 운동　　　② 새마을 운동

③ 국채 보상 운동　④ 물산 장려 운동

23 밑줄 친 ㉠에 해당하는 법은?

> 광해군 시기에 ㉠ 공납의 폐단을 극복하고 국가 재정을 확보하고자 경기도에서 처음 시행한 법이다. 집집마다 토산물을 납부하게 한 방식을 바꾸어 토지를 기준으로 하여 쌀로 납부하도록 하였다.

① 대동법　　　　② 유신 헌법

③ 노비안검법　　④ 국가 총동원법

24 ㉠에 들어갈 내용으로 옳은 것은?

> 〈수행 평가 계획서〉
> • 주제 : ㉠ 시기 이순신의 활약
> • 조사할 내용 – 한산도 대첩
>   – 옥포 해전

① 병자호란　　　② 신미양요

③ 임진왜란　　　④ 정묘호란

25 다음 설명에 해당하는 정부는?

> 분단 이후 최초로 남과 북의 정상이 평양에서 만나 6 · 15 남북 공동 선언을 발표하였다(2000년). 이 선언에서 남과 북은 경제, 문화 등 교류와 협력을 활성화하고 이산 가족 문제 등을 조속히 풀어 나가기로 합의하였다.

① 전두환 정부　　　② 노태우 정부

③ 김영삼 정부　　　④ 김대중 정부

2023년 1회

제5교시

과 학

정답 및 해설 236p

01 그림의 용수철은 무게 1N의 추를 매달 때마다 1cm씩 늘어난다. 이 용수철에 추 A를 매달았더니 3cm 늘어났다. 추 A의 무게는?

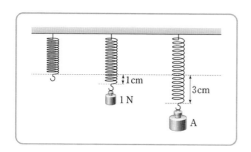

① 1 N
② 2 N
③ 3 N
④ 4 N

02 다음 중 가장 진동수가 큰 파동은?

①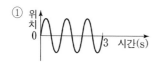

②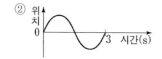

③

④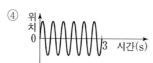

03 그림은 온도가 다른 두 물체 A와 B를 접촉시켜 놓았을 때 시간에 따른 온도 변화를 나타낸 것이다. 이에 대한 설명으로 옳은 것은? (단, 외부와의 열 출입은 없다.)

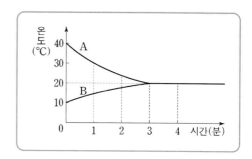

① 열평형 온도는 20℃이다.
② 1분일 때 열은 B에서 A로 이동한다.
③ 2분일 때 A의 온도는 B의 온도보다 낮다.
④ 열평형에 도달할 때까지 걸린 시간은 2분이다.

04 표는 가전제품의 소비 전력을 나타낸 것이다. 두 가전제품을 동시에 1시간 동안 사용했을 때 소비된 총 전기 에너지의 양은?

가전제품	소비 전력
선풍기	50W
텔레비전	100W

① 70 Wh
② 150 Wh
③ 300 Wh
④ 600 Wh

05 그림과 같이 A 지점에서 자유 낙하시킨 공이 B 지점을 지날 때 감소한 위치 에너지가 10J 이었다면 증가한 운동 에너지의 크기는? (단, 공기저항은 무시한다.)

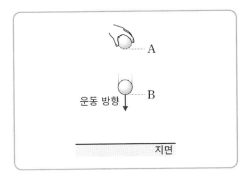

① 1J
② 5J
③ 10J
④ 20J

06 그림은 밀폐된 주사기의 피스톤을 눌러 변화된 모습을 나타낸 것이다. 주사기 속 공기의 변화에 대한 설명으로 옳은 것은?

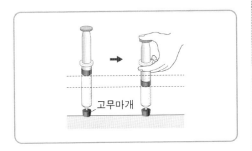

① 질량이 증가한다.
② 부피가 줄어든다.
③ 입자 수가 증가한다.
④ 입자들 사이의 거리가 멀어진다.

07 다음 설명에 해당하는 물질의 상태 변화는?

> • 차가운 음료가 담긴 컵의 표면에 물방울이 맺힌다.
> • 추운 겨울날 실내에 들어가면 안경이 뿌옇게 흐려진다.

① 기화
② 응고
③ 액화
④ 융해

08 그림은 리튬 원자(Li)가 리튬 이온(LI$^+$)이 되는 과정을 모형으로 나타낸 것이다. 리튬 원자가 잃은 전자의 개수는?

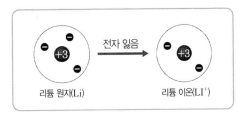

① 1개
② 2개
③ 4개
④ 8개

09 그림은 1기압에서 고체 팔미트산의 가열 시간에 따른 온도 변화를 나타낸 것이다. A~D 중 팔미트산의 녹는점에 해당하는 온도는?

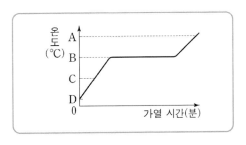

① A
② B
③ C
④ D

10 그림은 여러 물질을 컵에 넣었을 때의 모습을 나타낸 것이다. 물질이 뜨거나 가라앉는 까닭을 설명할 수 있는 물질의 특성은?

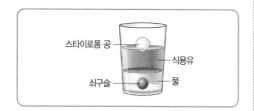

스타이로폼 공
식용유
쇠구슬
물

① 밀도
② 녹는점
③ 어는점
④ 끓는점

11 그림은 수증기(H_2O)를 생성하는 반응의 부피 모형과 화학 반응식을 나타낸 것이다. 수소(H_2) 기체 2L가 모두 반응할 때 생성되는 수증기(H_2O)의 부피는? (단, 온도와 압력은 일정하다.)

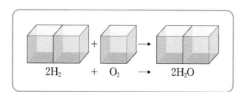

$2H_2$ + O_2 → $2H_2O$

① 2L
② 3L
③ 6L
④ 7L

12 그림은 생물을 5가지의 계로 분류한 것이다. 다음 중 식물계에 속하는 생물은?

식물계 균계 동물계
원생생물계
원핵생물계

① 대장균
② 소나무
③ 아메바
④ 호랑이

13 그림은 검정말을 이용한 식물의 광합성 실험 장치를 나타낸 것이다. 광합성을 통해 검정말이 생성한 기체는?

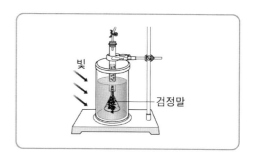

빛
검정말

① 산소
② 수소
③ 염소
④ 이산화 탄소

14 다음 중 몸속에 침입한 세균을 잡아먹는 혈액의 성분은?

① 혈장
② 백혈구
③ 적혈구
④ 혈소판

15 그림은 사람의 소화 기관을 나타낸 것이다. A~D 중 이자액을 만들어 십이지장으로 분비하는 기관은?

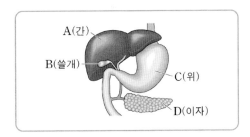

① A ② B
③ C ④ D

16 다음 중 사람의 배설계에 속하지 <u>않는</u> 기관은?

① 방광 ② 심장
③ 콩팥 ④ 오줌관

17 그림과 같이 순종의 황색 완두와 순종의 녹색 완두를 교배하였다. 이때 자손 1대에서 얻은 100개의 완두 중 황색 완두의 개수는? (단, 돌연변이는 없다.)

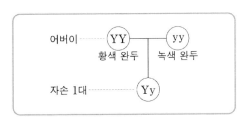

① 25개 ② 50개
③ 75개 ④ 100개

18 단세포 생물인 짚신벌레 1마리가 한 번의 체세포 분열을 마쳤다. 이때 짚신벌레의 개체 수는?

① 2마리 ② 4마리
③ 6마리 ④ 8마리

19 그림은 등속 운동을 하는 물체의 시간에 따른 속력을 나타낸 것이다. 이 물체가 0~4초 동안 이동한 거리는?

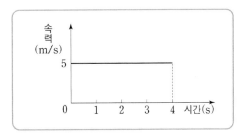

① 5 m ② 10 m
③ 20 m ④ 40 m

20 그림과 같이 광물에 묽은 염산을 떨어뜨려 거품이 발생하는 것으로 알 수 있는 광물의 특성은?

① 광택 ② 굳기
③ 자성 ④ 염산 반응

21 그림은 달의 공전을 나타낸 것이다. A 위치에서 관측할 때 (가)~(라) 중 보름달의 위치는?

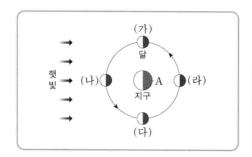

① (가)　　　　　② (나)

③ (다)　　　　　④ (라)

22 다음 설명에 해당하는 태양계의 행성은?

• 목성형 행성이다.
• 대적점이 있다.
• 태양계 행성 중 반지름이 가장 크다.

① 수성　　　　　② 금성

③ 목성　　　　　④ 토성

23 그림은 해수의 층상 구조를 나타낸 것이다. A~D의 해수에 대한 설명으로 옳은 것은?

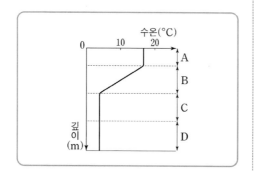

① A는 바람에 의해 혼합된다.
② B는 위아래로 잘 섞인다.
③ C의 수온이 가장 높다.
④ D에 도달하는 태양 에너지가 가장 많다.

24 그림의 A~D는 우리나라 주변의 기단을 나타낸 것이다. 다음 중 우리나라의 한여름 날씨에 주로 영향을 주는 고온 다습한 기단은?

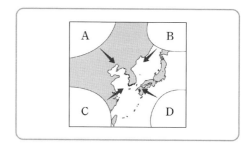

① A　　　　　② B

③ C　　　　　④ D

25 표는 별 A~D의 겉보기 등급과 절대 등급을 나타낸 것이다. 지구로부터의 거리가 10 pc에 있는 별은?

구분	겉보기 등급	절대 등급
A	1.0	−1.0
B	1.0	−2.0
C	1.0	1.0
D	1.0	2.0

① A　　　　　② B

③ C　　　　　④ D

제6교시 선택 과목

도 덕

정답 및 해설 239p

2023년 1회

01 다음에서 설명하는 개념은?

> 인간으로서 마땅히 지켜야 할 도리를 의미한다.

① 도덕 ② 도구
③ 욕구 ④ 혐오

02 세대 간 갈등 해결을 위해 필요한 자세가 <u>아닌</u> 것은?

① 공감 ② 비난
③ 격려 ④ 소통

03 다음에서 설명하는 개념은?

> 전 세계의 교류가 일상화되어 정치, 경제, 사회, 문화 등 여러 분야에서 서로 연결되는 현상

① 세계화 ② 이질화
③ 분업화 ④ 개인화

04 다음에서 설명하는 도덕 원리 검사 방법은?

> • 입장을 바꿔서 도덕 원리를 적용해 보는 것이다.
> • "친구를 괴롭혀도 괜찮다."라고 주장하는 학생에게 "그럼, 다른 친구가 너를 괴롭혀도 괜찮겠니?"라고 역할을 바꿔 묻는 방법이다.

① 사실 관계 검사 ② 정보 원천 검사
③ 역할 교환 검사 ④ 반증 사례 검사

05 과학 기술의 발달로 인한 문제점은?

① 교통수단의 발달로 이동 시간이 줄었다.
② 통신 기술의 발달로 연락이 편리해졌다.
③ 의료 기술의 발달로 건강이 증진되었다.
④ 촬영 장비의 발달로 불법 촬영이 증가했다.

06 ㉠에 들어갈 용어로 알맞은 것은?

선생님, (㉠)이/가 무슨 뜻인가요?

그것은 인간이라면 누구나 소중한 존재로 대우받아야 한다는 뜻이야.

① 진로 탐색 ② 인종 차별
③ 인간 존엄성 ④ 집단 이기주의

07 부패 방지를 위한 노력으로 적절하지 <u>않은</u> 것은?

① 뇌물 수수를 허용한다.
② 청렴 교육을 실시한다.
③ 공익 신고자를 보호한다.
④ 부패에 대한 처벌을 강화한다.

08 ㉠에 들어갈 검색어로 옳은 것은?

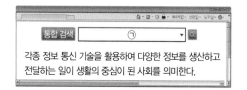

통합 검색 [㉠]

각종 정보 통신 기술을 활용하여 다양한 정보를 생산하고 전달하는 일이 생활의 중심이 된 사회를 의미한다.

① 농업 사회
② 중세 사회
③ 산업화 사회
④ 정보화 사회

09 진정한 친구의 모습으로 알맞은 것은?

① 뒤에서 친구를 험담한다.
② 친구에게 무례하게 대한다.
③ 친구를 믿어 주고 배려한다.
④ 친구의 나쁜 행동을 방관한다.

10 교사의 질문에 대한 대답으로 적절하지 <u>않은</u> 것은?

이웃 관계에서 필요한 도덕적 자세는 무엇일까요?

① 만나면 먼저 반갑게 인사해요.
② 무거운 짐을 들고 있을 때 도와줘요.
③ 밤늦은 시간에 시끄럽게 노래를 불러요.
④ 어려운 상황에 놓인 이웃을 위해 봉사해요.

11 폭력이 비도덕적인 이유는?

① 타인에게 고통을 주기 때문이다.
② 인간의 존엄성을 보장하기 때문이다.
③ 안전한 사회를 만들 수 있기 때문이다.
④ 타인의 자유를 존중할 수 있기 때문이다.

12 평화적 갈등 해결 방법으로 옳지 <u>않은</u> 것은?

① 협상
② 조정
③ 폭력
④ 중재

13 ㉠에 들어갈 용어로 옳은 것은?

정의로운 사회란 공정한 사회 규칙이나 제도를 마련하여 사회 구성원을 (㉠) 없이 대우하는 사회를 뜻한다.

① 배려
② 존중
③ 차별
④ 책임

14 다음에서 설명하는 용어로 옳은 것은?

> • 부모에 대한 자녀의 도리
> • 부모를 공경하고 사랑하는 것

① 효도　　　　　　② 절약

③ 청결　　　　　　④ 우애

15 ㉠에 들어갈 용어로 옳은 것은?

> **탐구 주제: (㉠) 실천 방법 찾기**
>
> 발표 내용
> • 1모둠 : 길거리의 꽃을 함부로 꺾지 않는다.
> • 2모둠 : 타인의 생명을 하찮게 여기는 말을 하지
> 않는다.
> • 3모둠 : 자신을 사랑하고 자신의 몸이 다치지 않
> 도록 조심한다.

① 환경오염　　　　② 고정관념

③ 유언비어　　　　④ 생명 존중

16 공정한 경쟁이 필요한 이유로 옳은 것을 〈보기〉
에서 고른 것은?

> ─────〈 보기 〉─────
> ㄱ. 개인과 사회 전체의 발전을 위해
> ㄴ. 안정된 사회 질서를 무너뜨리기 위해
> ㄷ. 서로 신뢰할 수 있는 사회를 만들기 위해
> ㄹ. 부유한 사람에게 더 유리한 기회를 주기
> 위해

① ㄱ, ㄴ　　　　　② ㄱ, ㄷ

③ ㄴ, ㄹ　　　　　④ ㄷ, ㄹ

17 ㉠에 공통으로 들어갈 용어로 적절한 것은?

> **발표 주제 : 생태 중심주의**
>
> 인간도 (㉠)의 일부분입니다. (㉠)은/는
> 모든 생명체가 서로 영향을 주고받으며 함께 살아
> 가는 거대한 생태계입니다.

① 기계　　　　　　② 학문

③ 기술　　　　　　④ 자연

18 통일 한국의 바람직한 모습으로 적절한 것은?

① 세계 평화를 위협해야 한다.

② 국민의 인권을 보장해야 한다.

③ 보편적 가치를 무시해야 한다.

④ 문화적으로 폐쇄된 국가여야 한다.

19 환경 친화적 소비 생활의 모습으로 적절하지
않은 것은?

① 물건 과대 포장하기

② 먹을 만큼만 주문하기

③ 친환경 마크 제품 구매하기

④ 일회용 컵 대신 개인 컵 사용하기

20 ㉠에 공통으로 들어갈 용어로 적절한 것은?

> (㉠)(이)란 자신의 생각과 의지대로 살아갈 수 있는 권리이다. 국가는 (㉠)을/를 보장해야 한다. 국민들은 직업이나 종교 등 삶의 방식을 스스로 선택할 수 있어야 한다.

① 명상　　　　② 자유
③ 지식　　　　④ 방관

21 다음 대화 중 양심에 대한 설명으로 옳지 <u>않은</u> 것은?

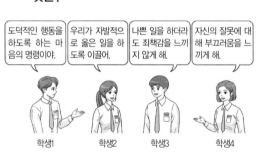

도덕적인 행동을 하도록 하는 마음의 명령이야.

우리가 자발적으로 옳은 일을 하도록 이끌어.

나쁜 일을 하더라도 죄책감을 느끼지 않게 해.

자신의 잘못에 대해 부끄러움을 느끼게 해.

학생1　　학생2　　학생3　　학생4

① 학생1　　　　② 학생2
③ 학생3　　　　④ 학생 4

22 삶의 목적을 설정해야 하는 이유로 옳지 <u>않은</u> 것은?

① 자신의 삶을 의미 있게 살기 위해
② 자신의 행동에 대한 책임을 지지 않기 위해
③ 삶 속에서 부딪히는 어려움을 극복해 내기 위해
④ 외부의 유혹에도 흔들리지 않는 삶을 살기 위해

23 다음 강연자가 설명하는 사회는?

> 이 사회는 서로 다른 생활 양식을 가진 사람들이 함께 살면서 다양한 문화가 공존하는 사회입니다.

① 독재 사회　　　　② 다문화 사회
③ 이기주의 사회　　④ 물질주의 사회

24 다음에서 설명하는 개념은?

> 도덕적으로 옳다고 여기는 것을 굳게 믿고, 그것을 실천하려는 의지

① 이기심　　　　② 무관심
③ 비도덕성　　　④ 도덕적 신념

25 ㉠에 들어갈 용어로 가장 적절한 것은?

㉠

현재보다 더 나은 미래를 바라고 믿는 마음

뜻하는 일이 잘 이루어질 것이라는 긍정적인 생각

① 고통　　　　② 한계
③ 분노　　　　④ 희망

2023년도

제2회

제1교시

국 어

정답 및 해설 242p |

01 다음 대화에서 ㉠에 들어갈 말로 적절하지 않은 것은?

 내일이 동아리 첫 모임이라 자기소개를 해야 하는데 긴장해서 제대로 말을 못할까 봐 불안해.

 ㉠

① 너무 떨릴 때는 심호흡을 해 봐.

② 말할 내용을 반복해서 연습해 봐.

③ 동아리에 가입하는 방법을 찾아봐.

④ 말할 때 참고할 수 있는 메모를 준비해 봐.

02 다음 면담을 원활하게 진행하기 위해 보완할 점으로 적절한 것은?

> 간호사가 장래 희망인 나는 진로 정보를 얻기 위해 동네 병원의 간호사님께 미리 연락드려 방문 날짜와 시간을 정한 후, 병원을 방문하여 면담을 하였다. 간호사님께서 나에게 필요한 말씀을 알아서 해 주실 거라 생각해서 별다른 준비를 하지 않았다. 그런데 내 예상과는 달리 면담이 원활하게 진행되지 않았고, 결국 간호사님의 나이, 사는 곳 등 엉뚱한 질문만 하고 말았다.

① 면담 대상자를 미리 정한다.

② 면담 일정을 사전에 협의한다.

③ 적절한 면담 장소를 선정한다.

④ 면담 목적에 맞는 질문을 준비한다.

03 다음 규정을 참고할 때 표기와 발음이 일치하는 것은?

> **■표준 발음법■**
> 【제8항】받침소리로는 'ㄱ, ㄴ, ㄷ, ㄹ, ㅁ, ㅂ, ㅇ'의 7개 자음만 발음한다.
> 【제9항】받침 'ㄲ, ㅋ', 'ㅅ, ㅆ, ㅈ, ㅊ, ㅌ', 'ㅍ'은 어말 또는 자음 앞에서 각각 대표음 [ㄱ, ㄷ, ㅂ]으로 발음한다.

① 꽃   ② 밖

③ 입   ④ 팥

04 다음에서 설명하는 품사에 해당하는 것은?

> • 사람이나 사물의 이름을 대신 나타낸다.
> • 상황에 따라 가리키는 대상이 달라진다.

① 너   ② 나무

③ 예쁘다   ④ 어머나

05 밑줄 친 부분의 문장 성분이 ㉠과 같은 것은?

> 아기가 ㉠ 방긋방긋 웃는다.

① 물이 얼음이 되었다.

② 친구가 빨리 달린다.

③ 동생이 새 신발을 샀다.

④ 밤하늘에 별이 반짝거린다.

06 ㉠~㉣ 중 한글 맞춤법에 맞게 쓴 것은?

미선이가 연습해 ㉠ 않 와서 전화해 보니 다리를 ㉡ 다쳤데.

저런. 치료가 ㉢ 잘되서 빨리 ㉣ 나았으면 좋겠다.

① ㉠
② ㉡
③ ㉢
④ ㉣

07 다음에 해당하는 단어로 적절한 것은?

> 우리말에 본디부터 있던 말 또는 그것에 기초하여 새로 만들어진 말

① 구름
② 육지
③ 체온계
④ 바이올린

08 ㉠에 해당하는 예로 적절한 것은?

> 세종대왕은 발음 기관의 모양을 본떠 만든 자음 기본자에 획을 더하여 다른 자음자를 만들었다. 이러한 가획의 원리로 창제된 글자에는 ㉠ 이 있다.

① ㄴ
② ㅆ
③ ㅇ
④ ㅋ

09 다음 개요에서 ㉠에 들어갈 세부 내용으로 가장 적절한 것은?

처음	늘 함께 있지만 정작 잘 모르는 머리카락
중간	1. 머리카락의 정의 2. 머리카락의 구조 3. 머리카락의 기능 ………… ㉠
끝	우리 몸에 꼭 필요한 머리카락

① 개인에 따라 성장 속도가 다름.
② 모양에 따라 직모, 파상모, 축모로 나뉨.
③ 두피 온도를 유지할 수 있게 도움을 줌.
④ 모수질, 모피질, 모표피로 구성되어 있음.

10 ㉠~㉣에 대한 고쳐쓰기 방안으로 적절하지 않은 것은?

> ㉠ 한옥의 재료는 나무, 흙, 돌 같은 자연에서 얻은 재료로 자연과 어울리게 지은 집이다. 옛 사람들은 집을 지을 때 함부로 산을 깎거나 물길을 막지 않았고 집을 짓는 재료를 지나치게 ㉡ 다듬지 않았다. ㉢ 서구 문화가 들어오면서 우리나라의 주거 생활 양식도 크게 바뀌었다. 집을 살아 있는 자연의 한 부분으로 여기고, 집이 자연과 조화를 이루어야 한다는 ㉣ 조상들에 생각이 한옥에 고스란히 담겨 있는 것이다.

① ㉠: 문장 호응을 고려하여 '한옥은'으로 고친다.
② ㉡: 의미가 분명히 드러나도록 '다듬어지지'로 고친다.
③ ㉢: 글의 흐름에서 벗어난 내용이므로 삭제한다.
④ ㉣: 조사의 쓰임에 맞도록 '조상들의'로 바꾼다.

[11~13] 다음 글을 읽고 물음에 답하시오.

"느 집엔 이거 없지."

하고 생색 있는 큰소리를 하고는 제가 준 것을 남이 알면은 큰일 날 테니 여기서 얼른 먹어 버리란다. 그리고 또 하는 소리가

"너 봄 ㉠ 감자가 맛있단다."

"난 감자 안 먹는다, 니나 먹어라."

나는 고개도 돌리려고 않고 일하던 손으로 그 감자를 도로 어깨 너머로 쑥 밀어 버렸다.

그랬더니 그래도 가는 기색이 없고 뿐만 아니라 쌔근쌔근 하고 심상치 않게 숨소리가 점점 거칠어진다. 이건 또 뭐야, 싶어서 그때에야 비로소 돌아다보니 나는 참으로 놀랐다. 우리가 이 동리에 들어온 것은 근 삼 년째 되어 오지만 여지껏 가무잡잡한 점순이의 얼굴이 이렇게까지 홍당무처럼 새빨개진 법이 없었다. ㉮ 게다가 눈에 독을 올리고 한참 나를 요렇게 쏘아보더니 나중에는 눈물까지 어리는 것이 아니냐. 그리고 바구니를 다시 집어 들더니 이를 꼭 악물고는 엎어질 듯 자빠질 듯 논둑으로 힁하게[1] 달아나는 것이다.

어쩌다 동리 어른이

"너 얼른 ㉡ 시집을 가야지?"

하고 웃으면

"염려 마세유. 갈 때 되면 어련히 갈라구……."

이렇게 천연덕스리 받는 점순이었다. 본시 부끄럼을 타는 계집애도 아니거니와 또한 분하다고 눈에 눈물을 보일 얼병이[2]도 아니다. 분하면 차라리 나의 등어리를 ㉢ 바구니로 한번 모지게 후려 쌔리고 달아날지언정.

그런데 고약한 그 꼴을 하고 가더니 그 뒤로는 나를 보면 잡아먹으려고 기를 복복 쓰는 것이다.

설혹 주는 감자를 안 받아먹은 것이 실례라 하면 주면 그냥 주었지 "느 집엔 이거 없지."는 다 뭐냐. 그렇잖아도 즈이는 마름[3]이고 우리는 그 손에서 배재[4]를 얻어 ㉣ 땅을 부치므로 일상 굽신거린다. 우리가 이 마을에 처음 들어와 집이 없어서 곤란으로 지날 제 집터를 빌리고 그 위에 집을 또 짓도록 마련해 준 것도 점순네의 호의였다. 그리고 우리 어머니 아버지도 농사 때 양식이 딸리면 점순네한테 가서 부지런히 꾸어다 먹으면서 인품 그런 집은 다시 없으리라고 침이 마르도록 칭찬하고 하는 것이다. 그러면서도 열일곱씩이나 된 것들이 수군수군하고 붙어 다니면 동리의 소문이 사납다고 주의를 시켜 준 것도 또 어머니였다. 왜냐하면 내가 점순이하고 일을 저질렀다가는 점순네가 노할 것이고 그러면 우리는 땅도 떨어지고 집도 내쫓기고 하지 않으면 안 되는 까닭이었다.

– 김유정, 「동백꽃」 –

―――――――――
1) 힁하게 : 지체하지 않고 매우 빨리 가는 모양
2) 얼병이 : 다부지지 못하여 어수룩하고 얼빠져 보이는 사람
3) 마름 : 지주를 대리하여 소작권을 관리하는 사람
4) 배재 : 땅을 소작할 수 있는 권리

11 윗글의 서술자에 대한 설명으로 가장 적절한 것은?

① 서술자가 작품 밖에 위치한다.

② 주인공이 직접 자신의 경험을 이야기한다.

③ 등장인물이 다른 인물의 속마음을 알려 준다.

④ 전지적 서술자가 인물의 심리와 상황을 제시한다.

12 ㉮에 나타난 '점순'의 심리 상태로 적절한 것은?

① 기쁨 　　　　② 분함

③ 고마움 　　　④ 지루함

13 ㉠~㉣ 중 다음 설명에 해당하는 것은?

> • '나'에 대한 '점순'의 애정과 관심
> • '나'와 '점순'이 갈등하게 되는 계기

① ㉠   ② ㉡

③ ㉢   ④ ㉣

③ 문답 구조를 반복하여 운율을 형성하고 있다.

④ 색채 대비를 통해 시적 분위기를 조성하고 있다.

[14~16] 다음 글을 읽고 물음에 답하시오.

> ㉠ 내 고장 칠월은
> 청포도가 익어 가는 시절
>
> 이 마을 전설이 주저리주저리 열리고
> 먼 데 하늘이 꿈꾸며 알알이 들어와 박혀
>
> 하늘 밑 푸른 바다가 ㉡ 가슴을 열고
> 흰 돛단배가 곱게 밀려서 오면
>
> ㉢ 내가 바라는 손님은 고달픈 몸으로
> 청포(靑袍)를 입고 찾아온다고 했으니
>
> 내 그를 맞아 이 포도를 따 먹으면
> ㉣ 두 손은 함뿍 적셔도 좋으련
>
> 아이야 우리 식탁엔 은쟁반에 ┐
> 하이얀 모시 수건을 마련해 두렴 ┘[A]
>
> – 이육사, 「청포도」 –

14 윗글에 대한 설명으로 가장 적절한 것은?

① 계절의 변화에 따라 시상을 전개하고 있다.

② 모순된 표현을 통해 주제를 강조하고 있다.

15 ㉠~㉣ 중 함축적 의미가 밑줄 친 부분과 가장 유사한 것은?

> 이 시는 일제 강점기에 발표되었다. 당시 시대 상황을 고려할 때, 조국 광복을 기다리는 마음을 노래한 시라고 볼 수 있다.

① ㉠   ② ㉡

③ ㉢   ④ ㉣

16 [A]에 드러난 화자의 태도로 가장 적절한 것은?

① 두려움   ② 부끄러움

③ 만족스러움   ④ 정성스러움

[17~19] 다음 글을 읽고 물음에 답하시오.

하루는 길동이 부하들을 모아 놓고 의논했다.
"함경 감사가 탐관오리 짓을 하며 기름을 짜듯 착취를 일삼으니 백성이 견딜 수 없는 상태라고 한다. 더 이상 그대로 두고 지켜볼 수 없으니, 너희들은 나의 지휘대로 움직여라."
길동은 부하들에게 계책을 일러 주고 각자 따로 움직여서 아무 날 밤에 아무 곳에서 만나기로 기약했다. ㉠ 그러고는 그날 밤이 되자 성의 남문 밖에 불을 질렀다.

[중간 줄거리] 백성들이 모두 나와 불길을 잡을 때 길동의 무리는 돈과 곡식, 무기를 훔쳐 달아났다.

함경 감사는 홍길동이 감영¹⁾을 털었음을 깨닫고 군사를 모아 뒤를 쫓기 시작했다. ㉡ 길동은 날이 샐 즈음에 부하들과 함께 둔갑법²⁾과 축지법을 써서 소굴로 돌아왔다. 함경 감영의 돈과 곡식을 많이 훔쳤으니, 행여 길에서 잡힐 수도 있다고 염려해서였다.
㉢ 하루는 길동이 여러 부하를 모아 놓고 의논했다.
"우리가 합천 해인사의 재물을 빼앗고, 함경 감영의 돈과 곡식을 훔쳐 냈다는 소문이 널리 퍼졌다. ㉣ 게다가 감영 곳곳에 내 이름을 붙이고는 찾고 있으니 오래지 않아 잡힐듯하다. 이에 ㉮ 대비책 을 준비했으니, 너희는 내 재주를 지켜보아라."
말을 마치자마자 길동은 풀로 허수아비 일곱을 만들더니, 주문을 외우고 혼백을 불어넣었다. 그러자 일곱 명의 길동이 새로 생겨나서 한곳에 모이더니 한꺼번에 뽐내며 크게 소리를 치고 야단스럽게 지껄이는 것이 아닌가. 부하들이 아무리 살펴보아도 누가 진짜 길동인지 알 수가 없었다. 여덟 길동이 조선 팔도에 하나씩 흩어져서 각각 부하 수백 명씩을 거느리고 다니니, 그중 어디에 진짜 길동이 있는지 모를 지경이었다.

– 허균, 「홍길동전」 –

1) 감영 : 조선 시대에 관찰사가 직무를 보던 관아
2) 둔갑법 : 마음대로 자기 몸을 감추거나 다른 것으로 변하게 하는 술법

17 윗글에 나타난 사회적 모습으로 가장 적절한 것은?

① 주변국과의 교류가 활발했다.
② 신분 차별이 없는 평등한 사회였다.
③ 탐관오리의 횡포로 백성들이 살기 어려웠다.
④ 물자가 풍족하여 남의 재물을 탐하지 않았다.

18 ㉠~㉣ 중 다음 설명에 해당하는 것은?

고전 소설에서는 현실 세계에서 일어날 수 없는, 신비롭고 기이한 일들이 일어나기도 한다.

① ㉠　　　　② ㉡
③ ㉢　　　　④ ㉣

19 ㉮의 내용으로 적절한 것은?

① 함경 감영으로 가서 죄를 자백함.
② 백성들에게 돈과 곡식을 나누어 줌.
③ 군사들에게 들키지 않게 밤에만 다님.
④ 가짜 길동들을 만들어 자신을 찾지 못하게 함.

[20~22] 다음 글을 읽고 물음에 답하시오.

우리 몸의 소화 과정에는 기계적 소화와 화학적 소화가 있다. 먼저, 기계적 소화는 물리적인 운동을 통해 음식물을 잘게 부수는 과정을 말한다. 사과를 먹는 과정을 예로 들어보자.

사과를 한 입 베어 문다. → 잘게 부서진 사과 조각들을 혀로 이리저리 섞으면서 부수는 걸 돕는다. → 잘게 부서진 사과 조각을 꿀꺽 삼킨다. → 사과 조각은 위를 거쳐 소장과 대장으로 내려가고, 장은 아래위로 움직이면서 사과 조각을 다진다. 이러한 일련의 작용을 바로 　　　㉠　　　 소화라 한다.

이와 반대로 ㉡ 화학적 소화란 우리 몸속의 소화 효소를 이용해 물질의 성분을 바꾸는 것을 말한다. 소화 효소는 소화 기관에서 분비되어 음식물의 소화를 돕는 효소인데, 입에서는 침, 위에서는 펩신, 이자에서는 트립신 등이 분비된다. 이러한 소화 효소들이 밖에서 들어온 음식물을 화학적으로 분해하고, 몸의 각 기관에 골고루 보내는 것이다.

– 남종영, 「설탕 중독, 노예가 되어 버린 혀」 –

20 윗글을 읽고 나눈 대화에서 '언니'의 조언으로 적절하지 <u>않은</u> 것은?

동생: 효소, 이자, 펩신 등 생소한 단어가 많아서 글을 이해하기 어려운데 어떻게 하지?
언니: _____

① 사실과 의견을 구분하며 읽어 봐.
② 참고 자료를 읽으며 배경지식을 넓혀 봐.
③ 인터넷이나 도서관에서 모르는 것을 찾아 봐.
④ 단어의 의미를 추측해 본 뒤 사전에서 확인해 봐.

21 ㉠에 들어갈 말로 가장 적절한 것은?

① 기계적　　　　　② 부분적
③ 전체적　　　　　④ 화학적

22 ㉡과 유사한 설명 방법이 사용된 것은?

① 피지가 피부 밖으로 배출되지 못하면 먼지와 함께 굳어 모공 안에 쌓이게 된다.
② 생물은 식물과 동물로 나뉘고, 동물은 다시 절지동물, 연체동물, 척추동물로 나뉜다.
③ 갯벌이란 밀물과 썰물이 드나드는 곳에 펼쳐진 모래 점토질의 평탄한 땅을 말한다.
④ 남극은 거대한 얼음 대륙으로 이루어져 있는 반면, 북극은 거대한 얼음 바다로 되어 있다.

[23~25] 다음 글을 읽고 물음에 답하시오.

야간 경관 조명을 시의 정책으로 적극적으로 추진하여 성공한 대표적인 사례가 프랑스 리옹이다. 1989년 당선된 미셸 느와르 시장은 선거 ㉠ 공약대로 5년간 매년 시 재정의 5%를 야간 경관 조성 사업에 투자하여 150개 건물과 다리에 조명 기기를 설치함으로써 도시 전체를 커다란 조명 예술 작품으로 바꿔 놓았다. 이 계획은 컨벤션 산업과 연계되어 리옹을 세계적인 관광 도시와 국제회의 도시로 ㉡ 부상시키는 데 큰 역할을 하였고, 리옹은 '빛의 도시', '밤이 아름다운 도시'라는 명성을 갖게 되었다.

도시의 야간 조명은 단순히 어둠을 밝히기 위한 수단이 아니라 감성을 자극할 수 있어야 한다. 또한, 조명을 무조건 밝고 화려하게 한다고 좋은 것은 아니다. 요란한 색채의 조명을 서로 경쟁하듯이 밝게만 한다면 마치 테마파크와 같은 장면이 연출될 것이며 깊이 없고 ⓒ 산만한 경관이 만들어질 것이다. 강조할 곳, 연출이 필요한 부분에는 과감하게 조명 시설을 설치하고, 도시 전체적으로는 인공조명을 최소한으로 줄이는 등 적극적이면서 동시에 ⓔ 절제된 조명 계획이 적용되어야 한다. 우리나라 도시도 야간 조명을 이용하여 도시 전체를 하나의 예술 작품으로 만들어 나가는 노력이 필요하다.

– 이진숙, 「밤이 아름다운 도시」 –

23 윗글의 서술상 특징으로 가장 적절한 것은?

① 시각 자료를 활용하였다.
② 관련된 속담을 사용하였다.
③ 구체적 사례를 제시하였다.
④ 전문가의 의견을 인용하였다.

24 윗글에서 글쓴이가 말하고자 하는 바로 가장 적절한 것은?

① 조명은 어둠을 밝히기 위한 수단일 뿐이다.
② 도시 경관 사업에 들어가는 예산을 줄여야 한다.
③ 야간 조명은 밝고 화려한 색채를 사용해야 한다.
④ 조명을 이용하여 도시를 가꾸는 노력이 필요하다.

25 ㉠~㉣의 사전적 의미로 적절하지 않은 것은?

① ㉠: 개인적 다짐이나 목표
② ㉡: 어떤 대상이 더 좋은 위치로 올라섬.
③ ㉢: 어수선하여 질서나 통일성이 없음.
④ ㉣: 정도에 넘지 않게 알맞게 조절하여 제한함.

제2교시

수 학

정답 및 해설 245p |

01 다음은 28을 소인수분해하는 과정을 나타낸 것이다. 28을 소인수분해한 것은?

$$
\begin{array}{r}
2\,)\,\underline{28} \\
2\,)\,\underline{14} \\
7
\end{array}
$$

① 2×7 ② $2^2 \times 7$

③ 2×7^2 ④ $2^2 \times 7^2$

02 $(-2) \times (+3)$을 계산하면?

① -6 ② -1

③ 1 ④ 6

03 $a = -3$일 때, $4 + a$의 값은?

① 1 ② 2

③ 3 ④ 4

04 일차방정식 $1 - 2x = -5$의 해는?

① 1 ② 2

③ 3 ④ 4

05 다음 좌표평면 위의 네 점 A, B, C, D의 좌표를 나타낸 것으로 옳은 것은?

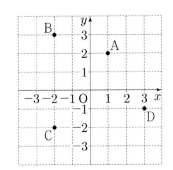

① $A(2, 1)$ ② $B(-2, -2)$

③ $C(-2, 2)$ ④ $D(3, -1)$

06 그림과 같이 원 O에서 $\overset{\frown}{AB} = 6\text{cm}$, $\overset{\frown}{CD} = 12\text{cm}$이고 $\angle COD = 80°$일 때, $\angle x$의 크기는?

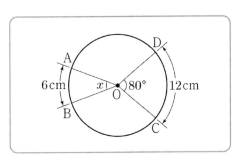

① $40°$ ② $50°$

③ $60°$ ④ $70°$

07 다음은 20가지 과자의 $10g$당 나트륨 함량을 조사하여 나타낸 도수분포표이다. $10g$당 나트륨 함량이 $70mg$ 이상인 과자의 수는?

나트륨 함량(mg)	과자의 수(가지)
$10^{이상} \sim 30^{미만}$	2
$30 \sim 50$	5
$50 \sim 70$	9
$70 \sim 90$	3
$90 \sim 110$	1
합계	20

① 3   ② 4

③ 12   ④ 13

08 분수 $\dfrac{x}{2^2 \times 3 \times 5}$를 유한소수로 나타낼 수 있을 때, x의 값이 될 수 있는 가장 작은 자연수는?

① 1   ② 2

③ 3   ④ 4

09 $(2a)^3$을 간단히 한 것은?

① $2a^3$ ② $4a^3$

③ $6a^3$ ④ $8a^3$

10 연립방정식 $\begin{cases} x+y=6 \\ x=2y \end{cases}$ 의 해는?

① $x=1,\ y=0$ ② $x=2,\ y=1$

③ $x=3,\ y=3$ ④ $x=4,\ y=2$

11 그림은 일차함수 $y=x-3$의 그래프이다. 이 그래프의 y절편은?

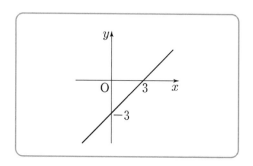

① -3 ② -1

③ 1   ④ 3

12 그림과 같이 삼각형 ABC에서 $\angle A=100^\circ$, $\angle B=40^\circ$이고 $\overline{AB}=7$일 때, x의 값은?

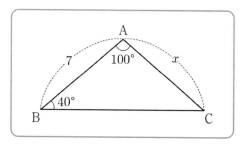

① 5   ② 6

③ 7   ④ 8

13 그림과 같이 $\overline{AC}=24$, $\overline{BC}=30$인 삼각형 ABC에서 변 BC에 평행한 직선이 두 변 AB, AC와 만나는 점을 각각 D, E라고 하자. $\overline{AE}=8$일 때, x의 값은?

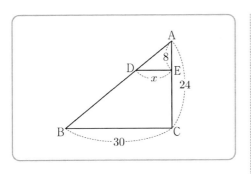

① 8   ② 9

③ 10   ④ 11

14 서로 다른 두 개의 주사위를 동시에 던질 때, 나오는 두 눈의 수의 합이 4가 되는 경우의 수는?

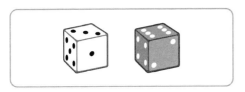

① 1   ② 3

③ 5   ④ 7

15 $\sqrt{(-5)^2}$의 값은?

① -10 ② -5

③ 5 ④ 10

16 이차방정식 $(x-1)(x+4)=0$의 한 근이 -4이다. 다른 한 근은?

① 1   ② 2

③ 3   ④ 4

17 이차함수 $y=\dfrac{1}{2}x^2$의 그래프에 대한 설명으로 옳은 것은?

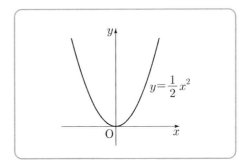

① 위로 볼록하다.

② 점 $(1,\,1)$을 지난다.

③ 직선 $x=1$을 축으로 한다.

④ 꼭짓점의 좌표는 $(0,\,0)$이다.

18 직각삼각형 ABC에서 $\overline{\text{AB}}=17$, $\overline{\text{BC}}=15$, $\overline{\text{AC}}=8$일 때, $\sin B$의 값은?

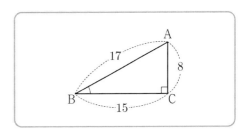

① $\dfrac{8}{15}$ ② $\dfrac{8}{17}$

③ $\dfrac{15}{8}$ ④ $\dfrac{15}{17}$

19 그림에서 두 점 A, B는 점 P에서 원 O에 그은 두 접선의 접점이다. ∠PAB=65°일 때, ∠ABP의 크기는?

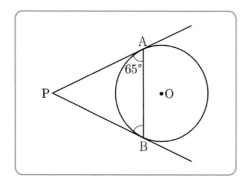

① 55°   ② 60°

③ 65°   ④ 70°

20 다음 자료는 학생 8명의 운동화 크기를 조사하여 나타낸 것이다. 이 자료의 최빈값은?

(단위 : mm)

230	270	265	250
250	250	230	265

① 230mm   ② 250mm

③ 265mm   ④ 270mm

제3교시

영 어

정답 및 해설 247p

01 다음 밑줄 친 단어의 뜻으로 가장 적절한 것은?

> I love my friends. They're very <u>special</u> to me.

① 엄격한　　　② 용감한
③ 특별한　　　④ 현명한

02 다음 중 두 단어의 의미 관계가 나머지 셋과 <u>다른</u> 것은?

① fast − slow　　② large − big
③ late − early　　④ long − short

[03~04] 다음 빈칸에 들어갈 말로 가장 적절한 것을 고르시오.

03

> There _____ a big tree in front of my house.

① be　　　② is
③ are　　　④ were

04

> She didn't eat dessert _____ she was too full.

① to　　　② by
③ from　　　④ because

[05~06] 다음 대화의 빈칸에 들어갈 말로 가장 적절한 것을 고르시오.

05

> A : _____ do you think of my new skirt?
> B : It looks good on you.

① Who　　　② What
③ Where　　④ Which

06

> A : I can't walk. I broke my leg yesterday.
> B : _____.

① Yes, I am
② Nice to meet you
③ You're welcome
④ I'm sorry to hear that

07 다음 빈칸에 공통으로 들어갈 말로 가장 적절한 것은?

> • It's _____ outside. You should wear a coat.
> • He said he had a sore throat. Did he catch a _____?

① cold

② soft

③ tall

④ well

08 다음 대화에서 A가 찾아가려는 곳의 위치로 옳은 것은?

> A : Excuse me, how can I get to City Hall?
> B : Go straight one block and turn right. You'll find it on your left.
> A : Thank you.

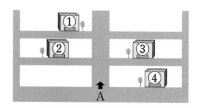

09 그림으로 보아 빈칸에 들어갈 말로 가장 적절한 것은?

> A : What is the boy doing?
> B : He is _____ a bike.

① riding

② eating

③ singing

④ cooking

10 다음 대화가 끝난 후 두 사람이 함께 갈 장소는?

> A : Where are you going, Minsu?
> B : I'm going to the school gym to play basketball.
> A : Really? Can I join you?
> B : Sure. Let's go together.

① 체육관

② 보건실

③ 미술실

④ 도서관

11 다음 대화의 빈칸에 들어갈 말로 가장 적절한 것은?

> A : You look so happy today. What's up?
> B : _____.
> A : Oh, where did you find your dog?
> B : He was in the park near my house.

① I failed the test

② I'm a Canadian

③ I found my missing dog

④ I don't like vegetables

12 다음 대화의 주제로 가장 적절한 것은?

> A : Boram, what's your plan for this vacation?
> B : I plan to take guitar lessons. How about you?
> A : I'm going to visit my grandparents in Jeju-do.

① 친구 관계 ② 방학 계획
③ 생일 선물 ④ 운동 추천

13 다음 홍보문을 보고 알 수 <u>없는</u> 것은?

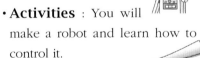

> ***Robot Making Class***
> • **Date** : August 25th, 2023
> • **Place** : Science Room
> • **Activities** : You will make a robot and learn how to control it.

① 수업 날짜 ② 수업 장소
③ 수업료 ④ 수업 활동

14 다음 방송의 목적으로 가장 적절한 것은?

> Hello, students. Tomorrow is Sports Day. Please remember to wear comfortable clothes and shoes. Keep the rules to play safely and fairly. Stay with your classmates during the events. Have fun!

① 지역 특산물 소개
② 체육 대회 유의 사항 설명
③ 백화점 행사 홍보
④ 학교 식당 공사 일정 안내

15 다음 대화에서 A가 Nepal로 여행 가고 싶은 이유는?

> A : I want to travel to Nepal someday.
> B : What makes you want to go there?
> A : I want to climb the wonderful mountains.

① 멋진 산을 오르고 싶어서
② 은하수 사진을 찍고 싶어서
③ 외국인 친구를 사귀고 싶어서
④ 새로운 문화를 경험하고 싶어서

16 White Winter Festival에 관한 다음 글의 내용과 일치하지 <u>않는</u> 것은?

> The White Winter Festival starts in the last week of January and goes on for five days. People can enjoy ice fishing. There is also a snowman building contest. Musicians play live music at night.

① 1월 마지막 주에 시작한다.
② 얼음낚시를 즐길 수 있다.
③ 눈사람 만들기 대회가 있다.
④ 음악가들이 오전에 공연을 한다.

17 다음 글에서 Elena에 대해 언급된 내용이 <u>아닌</u> 것은?

> I'm Elena from France. I want to be a fashion designer someday. I tried on a *hanbok* when I visited Korea in 2023. I loved the style of *hanbok*. My dream is to make such beautiful clothes in the future.

① 출신 국가　　　② 장래 희망
③ 한국 방문 연도　　④ 반려동물

18 다음 글에서 Susan이 제안한 것으로 가장 적절한 것은?

> Susan and I walked home together yesterday. We saw that the walls around the school looked ugly. We wanted to make them pretty and colorful. Susan suggested that we paint pictures on the walls.

① 벽에 그림 그리기
② 밝게 인사하기
③ 청바지 재활용하기
④ 선생님 찾아뵙기

19 그래프로 보아 빈칸에 들어갈 말로 가장 적절한 것은?

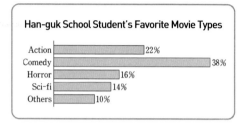

> Han-guk School students like _____ movies the most.

① action　　　　② comedy
③ horror　　　　④ sci-fi

20 다음 글의 흐름으로 보아 어울리지 <u>않는</u> 문장은?

> Jiho's father runs a small restaurant. ① He makes amazing spaghetti. ② Jiho wants to learn how to cook it. ③ So, he's going to practice cooking spaghetti with his father this week. ④ Burgers are his favorite food. He hopes to make delicious spaghetti like his father.

21 밑줄 친 them이 가리키는 것으로 가장 적절한 것은?

> I read the news about newly designed buses. It says people can get on these buses more easily. The buses have no steps and have very low floors. Even a person in a wheelchair can use them without any help.

① books　　　　② buses
③ people　　　　④ windows

22 캠핑 시 주의해야 할 사항으로 언급되지 <u>않은</u> 것은?

> • Don't put up a tent right next to the river.
> • Don't feed wild animals.
> • Don't leave your trash behind.

① 강 바로 옆에 텐트 치지 않기
② 야생 동물에게 먹이 주지 않기
③ 쓰레기 남겨 두지 않기
④ 텐트 안에서 요리하지 않기

23 다음 글의 주제로 가장 적절한 것은?

> Are you feeling down? Here are some tips to help you feel better. First, go outdoors. Getting lots of sunlight makes you feel happy. Another thing you can do is exercise. You can forget about worries while working out.

① 수면과 건강의 관계
② 다양한 호르몬의 역할
③ 지구 온난화의 원인
④ 기분이 나아지게 하는 방법

24 다음 글을 쓴 목적으로 가장 적절한 것은?

> Hello, Mr. Brown. The school concert is coming. My music club members are preparing for the concert. We need a place to practice together. Can we please use your classroom this week?

① 과제를 확인하기 위해서
② 봉사 활동에 지원하기 위해서
③ 교실 사용을 허락받기 위해서
④ 마을 축제에 초대하기 위해서

2023년 2회

25 다음 글의 바로 뒤에 이어질 내용으로 가장 적절한 것은?

> Visiting markets is a good way to learn about the culture of a country. You can meet people, learn history, and taste local food. I'd like to introduce some famous markets around the world.

① 다양한 조리 방법 제안

② 용돈 관리의 중요성 강조

③ 세계의 유명한 시장들 소개

④ 외국어를 배워야 하는 이유 설명

제4교시

사 회

정답 및 해설 251p |

01 ㉠에 들어갈 기후로 옳은 것은?

> • 단원 : 온대 기후 지역의 생활 모습
> • 주제 : (㉠)의 특징
> • 학습 내용
>   – 분포 지역 : 이탈리아, 그리스, 미국 캘리포니아 연안 등
>   – 주민 생활 : 수목 농업(여름), 곡물 농업(겨울)

① 고산 기후   ② 스텝 기후

③ 지중해성 기후   ④ 열대 우림 기후

02 다음 설명에 해당하는 문화 지역으로 가장 적절한 것은?

> • 북반구의 툰드라 지역을 중심으로 분포한다.
> • 순록 유목과 사냥을 바탕으로 생활하는 지역이 있다.

① 건조 문화 지역   ② 인도 문화 지역

③ 북극 문화 지역   ④ 아프리카 문화 지역

03 ㉠, ㉡에 들어갈 지역을 지도의 A~D에서 고른 것은?

> • (㉠) : 한라산, 성산 일출봉, 거문오름 용암동굴계가 유네스코 세계 자연 유산에 등재되었다.
> • (㉡) : 우리나라에서 가장 동쪽에 위치한 섬으로, 동도와 서도 및 여러 개의 바위 섬으로 이루어져 있다.

	㉠	㉡		㉠	㉡
①	A	B	②	A	C
③	B	D	④	C	D

04 ㉠, ㉡에 들어갈 내용으로 옳은 것은?

> • (㉠) 발전 : 강한 바람이 지속적으로 부는 곳에서 바람의 힘을 이용해 전기를 생산한다.
> • (㉡) 발전 : 밀물과 썰물 때의 바다 높이 차이를 이용하여 전기를 생산한다.

	㉠	㉡		㉠	㉡
①	풍력	조력	②	풍력	지열
③	지열	조력	④	지열	풍력

2023년 2회

05 다음 설명에 해당하는 것은?

> 특정한 장소를 상품으로 인식하고, 그 장소의 이미지를 개발하는 지역화 전략이다.

① 역도시화　　　② 장소 마케팅
③ 임금 피크제　　④ 자유 무역 협정

06 밑줄 친 ㉠에 해당하는 지형으로 옳은 것은?

> ○○에게,
> 나는 노르웨이에 여행을 왔어. 오늘 다녀온 곳은 ㉠ 빙하의 침식으로 생긴 골짜기에 바닷물이 들어오면서 형성된 만이야. 경치가 좋아서 여행 온 관광객이 많아.

① 고원　　　　② 사막
③ 산호초　　　④ 피오르

07 다음 설명에 해당하는 것은?

> 기업이 성장하며 기업의 본사, 연구소, 공장 등이 각각의 기능을 수행하는 데 적합한 지역을 찾아 지리적으로 분산되는 것이다.

① 이촌 향도　　② 공간적 분업
③ 인구 공동화　④ 지리적 표시제

08 ㉠에 들어갈 내용으로 가장 적절한 것은?

> (㉠)은/는 주로 석탄을 사용하는 화력 발전소와 노후 경유차의 운행 등으로 발생하며 호흡기에 나쁜 영향을 미칠 수 있다.

① 도시 홍수　　② 미세 먼지
③ 지진 해일　　④ 열대 저기압

09 다음 설명에 해당하는 사회화 기관은?

> • 사회화를 목적으로 만든 공식적인 기관이다.
> • 사회생활에 필요한 지식과 규범, 가치 등을 체계적으로 교육한다.

① 가정　　　　② 직장
③ 학교　　　　④ 대중 매체

10 다음 학생이 지닌 문화 이해의 태도는?

> 우리는 한 사회의 문화를 이해할 때, 그 사회가 처한 특수한 환경과 맥락 속에서 이해해야 합니다.

① 문화 사대주의　　② 문화 상대주의
③ 문화 제국주의　　④ 자문화 중심주의

11 다음 설명에 해당하는 정치 참여 주체는?

> • 의미: 사회 문제를 해결하고 집단의 특수 이익이 아닌 공익을 실현하기 위하여 시민들이 자발적으로 만든 집단
> • 기능: 정부 활동 감시 및 여론 형성, 시민의 정치 참여 유도 등

① 개인　　　　② 기업
③ 이익 집단　　④ 시민 단체

12 ㄱ에 들어갈 내용으로 가장 적절한 것은?

> 우리나라는 (㉠)을/를 위해 선거구 법
> 정주의와 선거 공영제를 시행하고, 선거 관
> 리 위원회를 두고 있다.

① 공정한 선거 운영　② 합리적 자산 관리
③ 효과적 민간 외교　④ 국제 거래 활성화

13 ㄱ에 들어갈 내용으로 옳은 것은?

> • 우리나라의 (㉠)은/는 국가의 대표이
> 자 동시에 행정부 수반으로서의 권한을 갖
> 는다.
> • 국민의 선거를 통해 선출된 우리나라의
> (㉠)은/는 국회에서 의결된 법률안을
> 거부할 수 있다.

① 장관　　　　　② 대통령
③ 국무총리　　　④ 국회의원

14 다음의 권한을 가진 기관으로 옳은 것은?

> • 주로 3심 사건의 최종적인 재판을 담당한
> 다.
> • 명령·규칙 또는 처분이 헌법이나 법률에
> 위반되는지 여부를 최종적으로 심사할 권
> 한을 가진다.

① 감사원　　　　② 대법원
③ 가정 법원　　　④ 지방 의회

15 다음 내용에 해당하는 개념으로 옳은 것은?

> • 시장에서 수요와 공급의 상호 작용에 의해
> 형성된다.
> • 생산자와 소비자의 활동을 어떻게 조절할
> 지 알려 주는 신호등 역할을 한다.

① 기대 수명　　　② 무역 장벽
③ 생애 주기　　　④ 시장 가격

16 ㄱ에 들어갈 내용으로 옳은 것은?

> (㉠)은/는 한 나라의 생산 규모나 국민 전
> 체의 소득을 파악하기에 유용하지만, 소득 분배
> 수준이나 빈부 격차의 정도를 파악하기 힘들다
> 는 한계를 가지고 있어요.

① 실업률　　　　② 물가 지수
③ 인구 밀도　　　④ 국내 총생산

17 다음 유물이 처음 제작된 시대는?

> 역사 유물 카드
>
> • 명칭 : 주먹도끼
> • 발견 지역 : 경기 연천 전곡리
> • 용도 : 사냥, 나무 손질, 고기 자르기 등

① 구석기 시대　　② 신석기 시대
③ 청동기 시대　　④ 철기 시대

2023년 2회

18 밑줄 친 '그'에 해당하는 고구려의 왕은?

> 그는 백제를 공격하여 한강 이북 지역을 차지하였으며, 신라에 침입한 왜를 물리쳤다. 또한 '영락'이라는 연호를 사용하고 스스로 '태왕'이라 칭하였다.

① 인종　　　　② 현종
③ 지증왕　　　④ 광개토 대왕

19 ㉠에 들어갈 인물로 옳은 것은?

역사 스피드 퀴즈

불교 대중화를 위해 '나무아미타불'을 열심히 외우면 극락에 갈 수 있다고 한 신라의 승려는?

① 원효　　　　② 만적
③ 강감찬　　　④ 조광조

20 고려 광종의 정책으로 옳은 것을 〈보기〉에서 고른 것은?

> ――――〈 보기 〉――――
> ㄱ. 서원 정리　　ㄴ. 과거제 실시
> ㄷ. 훈민정음 반포　ㄹ. 노비안검법 시행

① ㄱ, ㄴ　　　② ㄱ, ㄷ
③ ㄴ, ㄹ　　　④ ㄷ, ㄹ

21 다음 설명에 해당하는 조선의 정치 세력은?

> • 훈구 세력의 비리를 비판함.
> • 성종 때 본격적으로 중앙 정계에 진출함.
> • 무오, 갑자, 기묘, 을사사화 등을 겪음.

① 사림　　　　② 개화파
③ 권문세족　　④ 진골 귀족

22 ㉠에 들어갈 전쟁으로 옳은 것은?

질문　　㉠　에 대해 알려 주세요.

답변　청은 군사를 이끌고 조선을 침략하였습니다. 인조는 남한산성으로 들어가 항전하였지만, 청에 항복하였습니다. 소현 세자를 비롯한 많은 백성들이 청으로 끌려갔습니다.

① 병자호란　　② 신미양요
③ 임진왜란　　④ 살수 대첩

23 다음 설명에 해당하는 사건은?

> 1894년 고부에서 농민들이 부당한 세금 징수에 항의하며 봉기하였다. 농민군은 전라도 일대를 장악하고 전주성을 점령하였다. 외세가 개입하자 농민군은 정부와 전주 화약을 맺고 집강소를 설치하였다.

① 3 · 1 운동　　② 국채 보상 운동
③ 서경 천도 운동　④ 동학 농민 운동

24 다음 정책을 시행한 조선의 왕은?

> • 화성 건설
> • 규장각 설치
> • 대전통편 편찬

① 세조   ② 정조

③ 장수왕   ④ 진흥왕

25 다음 설명에 해당하는 사건은?

> 1987년 박종철이 경찰의 고문으로 사망하는 사건이 발생하였다. 이에 국민들은 진상 규명을 요구하였으나 정부가 거부하였다. 그러자 국민들은 정권 퇴진과 대통령 직선제 개헌을 요구하며 전국적으로 시위를 벌였다.

① 북벌론

② 6월 민주 항쟁

③ 애국 계몽 운동

④ 광주 학생 항일 운동

제5교시

과 학

정답 및 해설 255p |

01 그림과 같이 지구 위의 어느 위치에서 공을 놓더라도 공은 지구 중심 방향으로 떨어진다. 이 현상을 나타나게 하는 힘은?

① 부력   ② 중력

③ 마찰력   ④ 탄성력

02 그림과 같이 흰색 종이 위에 빨간색, 초록색, 파란색 빛을 비추었을 때 합성되어 보이는 색 ㉠은?

① 흰색   ② 남색

③ 보라색   ④ 주황색

03 그림은 니크롬선에 걸어 준 전압에 따른 전류의 세기를 나타낸 것이다. 이 니크롬선의 저항은?

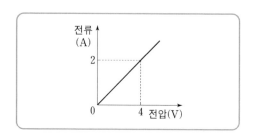

① 1 Ω   ② 2 Ω

③ 3 Ω   ④ 5 Ω

04 표는 여러 가지 물질의 비열을 나타낸 것이다. 각 물질 1kg에 같은 열량을 가했을 때 온도 변화가 가장 큰 물질은?

물체	철	콩기름	에탄올	물
비열(kcal/ $(kg \cdot ℃)$)	0.11	0.47	0.57	1.00

① 철   ② 콩기름

③ 에탄올   ④ 물

05 그림은 레일을 따라 운동하는 쇠구슬의 모습을 나타낸 것이다. 레일 위의 지점 A~D 중 쇠구슬의 운동 에너지가 가장 큰 곳은? (단, 공기 저항과 마찰은 무시한다.)

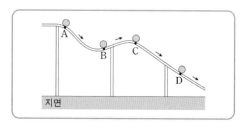

① A　　　　　　② B

③ C　　　　　　④ D

06 표는 물체가 일정한 속력으로 움직이는 동안 시간에 따른 출발점으로부터의 이동 거리를 나타낸 것이다. 이 물체의 속력은?

시간(s)	0	1	2	3	4
이동 거리(m)	0	1	2	3	4

① 1m/s　　　　　② 5m/s

③ 10m/s　　　　④ 20m/s

07 그림과 같이 용기에 들어 있는 기체의 온도를 25℃에서 90℃로 높였을 때 기체의 부피 변화와 기체 입자의 운동 변화로 옳은 것은? (단, 외부 압력은 일정하고 기체의 출입은 없다.)

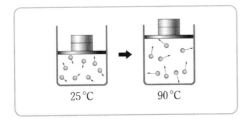

	부피	입자 운동
①	감소	빨라진다
②	감소	느려진다
③	증가	빨라진다
④	증가	느려진다

08 표는 1기압에서 물을 가열하면서 온도를 5분 간격으로 측정하여 기록한 것이다. 물의 끓는점은?

시간(분)	0	5	10	15	20	25	30
온도(℃)	25	51	78	95	100	100	100

① 25℃　　　　　② 51℃

③ 78℃　　　　　④ 100℃

09 다음 설명에 해당하는 원소는?

- 불꽃 반응 색은 노란색이다.
- 염화 나트륨과 질산 나트륨에 공통으로 포함된 원소이다.

① 구리　　　　　② 칼륨

③ 나트륨　　　　④ 스트론튬

10 그림은 여러 가지 고체 물질의 용해도 곡선이다. 다음 중 40℃의 물 100g에 가장 많이 녹을 수 있는 물질은?

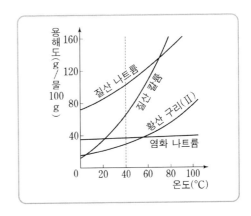

① 질산 나트륨　　② 질산 칼륨

③ 황산 구리(Ⅱ)　　④ 염화 나트륨

11 그림과 같이 구리 8g이 모두 산소와 반응하여 산화 구리(II) 10g이 생성되었다. 이때 반응한 산소의 질량 ㉠은?

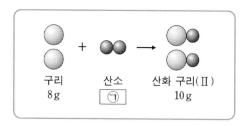

구리 8g

산소 ㉠

산화 구리(II) 10g

① 1g
② 2g
③ 3g
④ 4g

12 다음 중 동물계에 속하는 생물이 <u>아닌</u> 것은?

① 나비
② 참새
③ 개구리
④ 해바라기

13 그림은 질소(N_2) 기체와 수소(H_2) 기체가 반응하여 암모니아 (NH_3) 기체를 생성하는 반응의 부피 모형과 화학 반응식을 나타낸 것이다. ㉠에 알맞은 숫자는? (단, 온도와 압력은 일정하다.)

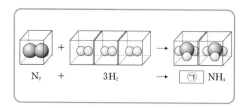

N_2 + $3H_2$ → ㉠ NH_3

① 1
② 2
③ 5
④ 10

14 그림은 식물의 잎에서 일어나는 광합성 과정을 나타낸 것이다. 광합성 결과 생성된 물질 ㉠은?

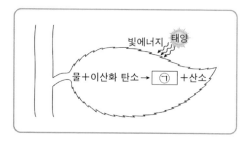

물+이산화 탄소 → ㉠ +산소

① 포도당
② 무기염류
③ 바이타민
④ 아미노산

15 그림은 동물의 구성 단계를 나타낸 것이다. 이 중 연관된 기능을 하는 기관들이 모여 특정한 역할을 하는 단계는?

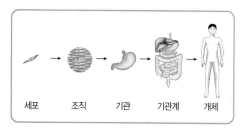

세포   조직   기관   기관계   개체

① 세포
② 조직
③ 기관계
④ 개체

16 그림은 녹말이 포도당으로 분해되는 과정을 나타낸 것이다. 이와 같이 음식물 속의 크기가 큰 영양소가 세포 안으로 흡수될 수 있도록 크기가 작은 영양소로 분해되는 과정은?

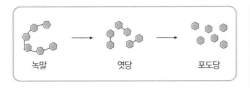

① 배설 ② 순환
③ 소화 ④ 호흡

17 다음 설명에 해당하는 혈관은?

> • 온몸에 그물처럼 퍼져 있는 매우 가느다란 혈관이다.
> • 혈관 벽이 한 겹의 세포층으로 되어 있어 물질 교환이 잘 일어난다.

① 대동맥 ② 대정맥
③ 폐동맥 ④ 모세 혈관

18 그림은 사람 눈의 구조를 나타낸 것이다. A~D 중 시각세포가 있으며 상이 맺히는 곳은?

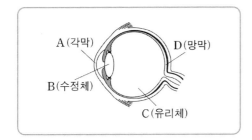

① A ② B
③ C ④ D

19 그림과 같이 순종인 둥근 완두(RR)와 순종인 주름진 완두(㉠)를 교배하여 자손 1대를 얻었다. 이때 유전자형 ㉠은? (단, 돌연변이는 없다.)

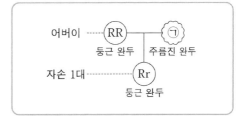

① RR ② Rr
③ rr ④ r

20 다음 중 지구를 둘러싸고 있는 대기이며 여러 가지 기체로 이루어져 있는 지구계의 구성 요소는?

① 기권 ② 수권
③ 지권 ④ 생물권

21 다음 설명에 해당하는 광물의 특성은?

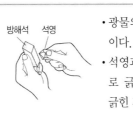

> • 광물의 단단한 정도이다.
> • 석영과 방해석을 서로 긁으면 방해석에 긁힌 자국이 남는다.

① 색 ② 굳기
③ 자성 ④ 염산 반응

22 그림과 같이 지구가 태양 주위를 1년에 한 바퀴씩 도는 운동은?

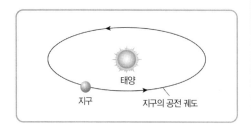

① 일식　　　　② 월식
③ 지구의 공전　④ 지구의 자전

23 다음 중 밀물과 썰물에 의해 해수면의 높이가 주기적으로 높아졌다 낮아졌다 하는 현상은?

① 장마　　　　② 조석
③ 지진　　　　④ 태풍

24 표는 우리나라에 영향을 주는 기단의 성질을 나타낸 것이다. 기단 A~D 중 춥고 건조한 겨울 날씨에 주로 영향을 주는 것은?

기단	A	B	C	D
성질	온난 건조	저온 다습	고온 다습	한랭 건조

① A　　　　② B
③ C　　　　④ D

25 그림은 지구에서 관측한 별의 연주 시차를 나타낸 것이다. 별 A~D 중 지구에서 가장 가까운 것은? (단, 초(")는 연주 시차의 단위이다.)

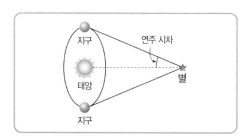

별	연주 시차
A	0.13"
B	0.19"
C	0.38"
D	0.77"

① A　　　　② B
③ C　　　　④ D

제6교시 선택 과목

도 덕

정답 및 해설 258p

01 이웃 간 갈등 해결을 위한 올바른 자세는?

① 불신　　　　② 양보

③ 강요　　　　④ 협박

02 다음에서 설명하는 개념은?

> • 한 번 잃으면 소생할 수 없기에 소중한 것
> • 사람이 살아서 숨 쉬고 활동할 수 있게 하는 힘

① 해킹　　　　② 절망

③ 생명　　　　④ 중독

03 ㉠에 들어갈 대답으로 적절한 것은?

① 같은 잘못을 반복하기 위해서야.

② 인간은 이미 완벽한 존재이기 때문이야.

③ 마음의 건강은 중요하지 않기 때문이야.

④ 반성을 통해 더 나은 사람이 될 수 있기 때문이야.

04 다음 사례에 해당하는 국제 사회의 문제는?

> 지구 한편에서는 수많은 사람들이 먹을 것이 없어 죽어가고 있다. 오랫동안 굶주린 아이들은 영양실조에 걸려 건강이 위태롭다.

① 대기 오염　　　　② 빈곤과 기아

③ 오존층 파괴　　　　④ 사이버 폭력

05 ㉠에 들어갈 적절한 용어는?

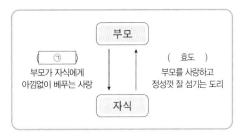

① 소외　　　　② 경쟁

③ 무시　　　　④ 자애

06 올바른 도덕적 신념으로 적절한 것을 〈보기〉에서 고른 것은?

> ─〈보기〉─
> ㄱ. 어려운 사람을 도와야 한다.
> ㄴ. 자신의 행동에 책임을 져야 한다.
> ㄷ. 나보다 약한 사람을 때려도 된다.
> ㄹ. 피부색에 따라 사람을 차별해도 된다.

① ㄱ, ㄴ　　　　② ㄱ, ㄷ

③ ㄴ, ㄹ　　　　④ ㄷ, ㄹ

07 진정한 우정을 맺는 방법으로 가장 적절한 것은?

① 친구와 서로 배려하는 마음을 지닌다.
② 친구와 다투면 다시는 만나지 않는다.
③ 친밀한 사이일수록 예의를 지키지 않는다.
④ 경쟁에서 친구를 이기기 위해 반칙을 한다.

08 다음 대화 중 인권에 대한 설명으로 옳지 <u>않은</u> 것은?

① 학생 1
② 학생 2
③ 학생 3
④ 학생 4

09 바람직한 이성 교제의 자세로 적절하지 <u>않은</u> 것은?

① 서로의 인격을 존중한다.
② 책임감 있는 태도를 가진다.
③ 성별이 다르다는 이유로 차별한다.
④ 상대의 입장을 배려하여 행동한다.

10 다문화 사회에서의 올바른 태도를 〈보기〉에서 고른 것은?

〈보기〉
ㄱ. 우리 문화만을 최고로 여긴다.
ㄴ. 타 문화를 무조건적으로 수용한다.
ㄷ. 보편 규범에 근거하여 문화를 성찰한다.
ㄹ. 인권을 침해하는 문화는 비판적으로 검토한다.

① ㄱ, ㄴ
② ㄱ, ㄷ
③ ㄴ, ㄹ
④ ㄷ, ㄹ

11 ㉠에 들어갈 검색어로 옳은 것은?

① 고정 관념
② 권력 남용
③ 도덕적 상상력
④ 지역 이기주의

12 사회적 약자의 권리를 보장하기 위한 방법으로 적절한 것은?

① 사회적 약자의 의견을 무시한다.
② 사회적 약자를 이유 없이 차별한다.
③ 사회적 약자에 대한 부정적인 편견을 가진다.
④ 사회적 약자의 생활을 지원할 수 있는 제도를 마련한다.

13 ㉠에 들어갈 대답으로 적절한 것은?

우리는 왜 삶의 목적을 세워야 할까?

삶의 목적은 (㉠)

교사   학생

① 자신에게 좌절감을 주기 때문입니다.
② 어려운 일을 극복하는 힘이 되기 때문입니다.
③ 행복을 달성하는 데 방해가 되기 때문입니다.
④ 수동적인 삶의 태도를 갖도록 하기 때문입니다.

14 마음의 고통을 유발하는 원인이 <u>아닌</u> 것은?

① 욕심   ② 집착
③ 걱정   ④ 행복

15 다음 설명에 해당하는 것은?

> 두 가지 이상의 목표나 동기, 감정 등이 서로 충돌하고 대립하는 상태를 의미함.

① 화해   ② 협력
③ 갈등   ④ 평화

16 ㉠에 들어갈 용어로 가장 적절한 것은?

> 학생 : 선생님, 친구의 휴대 전화를 몰래 숨긴 것이 (㉠)인가요? 저는 그냥 장난이었어요.
> 선생님 : 그 친구의 기분을 생각해 보았니?

① 폭력   ② 칭찬
③ 경청   ④ 응원

17 다음에서 설명하는 올바른 갈등 해결의 방법은?

> • 제삼자가 개입하여 갈등을 해결함.
> • 갈등의 당사자들은 제삼자의 해결책을 따라야 함.

① 조롱   ② 중재
③ 비난   ④ 회피

18 교사의 질문에 바르게 답한 학생은?

정보화 사회의 바람직한 행동에는 무엇이 있을까요? 교사

학생 1 — 언어 예절을 지켜요.
학생 2 — 불법 사이트를 개설해요.
학생 3 — 타인의 저작권을 침해해요.
학생 4 — 확인되지 않은 정보를 퍼뜨려요.

① 학생 1   ② 학생 2
③ 학생 3   ④ 학생 4

19 바람직한 애국심을 실천하는 자세로 적절한 것은?

① 자기 나라를 맹목적으로 추종한다.
② 국민으로서 권리와 의무를 실천한다.
③ 법을 어기고 사회 질서를 어지럽힌다.
④ 다른 나라의 문화를 무조건 헐뜯는다.

20 다음에서 설명하는 개념은?

- 의미 : 공정한 절차를 무시하고 부당한 방법으로 자기 이익을 챙기는 행위
- 사례 : 학연, 지연이 있는 사람에게 뇌물이나 친분, 권력 등을 악용하여 부당한 이익을 얻는 일

① 부패
② 사랑
③ 인권
④ 예절

21 평화 통일을 이루기 위한 자세로 적절하지 않은 것은?

① 화해와 공동 번영을 추구한다.
② 통일을 향한 공감대를 형성한다.
③ 상대방을 적대적 대상으로만 바라본다.
④ 상호 간 협력을 통해 신뢰를 회복한다.

22 다음 대화에서 알 수 있는 정의로운 국가가 추구해야 할 가치는?

① 차별
② 복지
③ 억압
④ 혼란

23 과학 기술의 활용으로 인한 문제점을 〈보기〉에서 고른 것은?

〈보기〉
ㄱ. 디지털 범죄가 일어난다.
ㄴ. 환경 파괴 문제를 가속화한다.
ㄷ. 인류의 건강 증진에 이바지한다.
ㄹ. 멀리 있는 사람과 대화가 가능하다.

① ㄱ, ㄴ
② ㄱ, ㄷ
③ ㄴ, ㄹ
④ ㄷ, ㄹ

24 도덕 추론 과정에서 ㉠에 들어갈 용어는?

- 도덕 원리: 절도는 옳지 않다.
  ↓
- (㉠) 판단: 남의 물건을 허락 없이 가져가는 것은 절도이다.
  ↓
- 도덕 판단: 남의 물건을 허락 없이 가져가는 것은 옳지 않다.

① 연대
② 유희
③ 사실
④ 양성

25 환경친화적 소비 생활의 실천 사례에 해당하는 것은?

① 과소비와 충동구매를 생활화하기
② 물품을 구매할 때 장바구니 사용하기
③ 가까운 거리를 이동할 때 자동차 타기
④ 다회용기 대신 일회용 종이컵 사용하기

예상문제

실전

01 다음 괄호 안에 들어갈 친구 2의 위로하는 대답으로 적절한 것은?

> 친구 1 : 어제 하굣길에 차와 부딪칠 뻔했어.
> 친구 2 : (   )

① 나는 어제 버스를 타고 갔어.
② 큰일 날 뻔 했구나. 다행이다.
③ 그렇게 조심성이 없어서 어쩌니?
④ 그 자리에 없었던 게 너무 아쉽다.

02 다음 대화의 밑줄 친 ㉠을 언어 예절에 맞게 고친 것은?

> 엄마 : 혜린아, 이번에 성적이 많이 올랐구나. 축하한다.
> 혜린 : 응, ㉠ 할아버지가 꾸준히 노력하면 반드시 좋은 결과를 얻을 수 있다고 했어. 그래서 꾸준히 노력했더니 정말로 성적이 올랐어.

① 할아버지가 꾸준히 노력하면 반드시 좋은 결과를 얻을 수 있다고 하셨어.
② 할아버지께서 꾸준히 노력하시면 반드시 좋은 결과를 얻으실 수 있다고 했어요.
③ 할아버지께서 꾸준히 노력하시면 반드시 좋은 결과를 얻을 수 있다고 하셨어요.
④ 할아버지께서 꾸준히 노력하면 반드시 좋은 결과를 얻을 수 있다고 하셨어요.

03 다양한 종류의 글쓰기에 대한 설명으로 올바르게 짝지어지지 <u>않은</u> 것은?

① 안내문 – 어떤 대상에 대해 글쓴이가 알고 있는 지식, 정보 등을 전달하는 글
② 보고서 – 직접 경험하였거나 알게 된 정보를 체계적으로 정리하여 알려주는 글
③ 기사문 – 육하원칙에 따라 사실을 그대로 적은 글
④ 건의문 – 개인이나 집단의 요구 사항과 문제 해결 방안을 담은 글

04 보고서를 작성할 때 지켜야 할 요건으로 적절한 것은?

① 인용한 자료의 익명성을 준수한다.
② 사실의 여부가 확인되었다면 주관적인 평가가 허용된다.
③ 조사, 관찰, 실험의 결과를 정확하게 제시한다.
④ 필요에 따라 타인의 연구결과를 적절히 수정해서 사용한다.

05 다음 개요에서 ㉠의 세부 내용으로 가장 적절한 것은?

제목	우리 ○○중학교를 소개합니다.
처음	○○중학교의 위치
중간	• ○○중학교의 연혁 • ○○중학교의 구조 • ○○중학교의 행사 …… ㉠
끝	○○중학교로 오는 길 소개

① ○○중학교의 학생 수
② ○○중학교의 설립 날짜
③ ○○중학교의 학교 축제
④ ○○중학교의 올해 일정

06 다음 밑줄 친 부분의 예로 적절하지 않은 것은?

> 주어가 다른 대상에 의해서 동작이나 행동을 당하는 것을 피동이라 하고, 이를 나타내는 문장을 피동문이라고 한다.

① 할아버지가 할머니에게 손녀를 업혔다.
② 도둑이 경찰에게 잡혔다.
③ 그 문제가 곧 해결된다.
④ 나무꾼이 사슴을 나무 뒤에 숨겼다.

07 다음 문장의 밑줄 친 문장 성분이 다른 하나는?

> 바람에 연이 펄펄 날린다.

① 10월의 가을 하늘은 높다.
② 조금 전까지 눈이 내렸었다.

③ 꽃이 활짝 핀 자태를 뽐냈다.
④ 정답이 틀린 걸 알아차렸다.

08 다음 단어들의 공통적인 특성으로 알맞은 것은?

> 바다, 책상, 행복, 홍길동

① 사람이나 사물의 움직임을 나타낸다.
② 사람이나 사물의 이름을 나타낸다.
③ 사람이나 사물의 상태 혹은 성질을 나타낸다.
④ 사람, 사물, 장소의 이름을 대신하여 나타낸다.

09 다음 규정이 적용되는 예가 아닌 것은?

> 〈표준 발음법 제4장〉
> 제13항 홑받침이나 쌍받침이 모음으로 시작된 조사나 어미, 접미사와 결합되는 경우에는, 제 음가대로 뒤 음절 첫소리로 옮겨 발음한다.

① 헛웃음   ② 앞으로
③ 덮이다   ④ 꽃을

[10~13] 다음 글을 읽고 물음에 답하시오.

(가) 지상에는/아홉 켤레의 신발
　　아니 현관에는 아니 들깐에는
　　아니 어느 시인의 가정에는
　　㉠ 알전등이 켜질 무렵을
　　문수(文數)가 다른 아홉 켤레의 신발을.

　　내 신발은/십구 문 반(十九文半)
　　눈과 얼음의 길을 걸어/그들 옆에 벗으면
　　육 문 삼(六文三)의 코가 납작한
　　귀염둥아 귀염둥아/우리 막내둥아.

　　　　　　　　　　　　　　　　－ 박목월, 「가정」 －

(나) 누님이 편지 보며 하마 울까 웃으실까.
　　눈앞에 삼삼이는 고향 집을 그리시고
　　㉡ 손톱에 꽃물 들이던 그 날 생각하시리.

　　양지에 마주 앉아 실로 찬찬 매어 주던
　　㉢ 하얀 손 가락 가락이 연붉은 그 손톱을
　　지금은 꿈 속에 본 듯 힘줄만이 서노라.

　　　　　　　　　　　　　　　　－ 김상옥, 「봉선화」 －

(다) 가시리 가시리잇고 나는
　　버리고 가시리잇고 나는
　　위 증즐가 대평성대(大平盛代)
　　　　　〈중략〉
　　설온 님 보내옵나니 나는
　　가시는 듯 돌아오소서 나는
　　위 증즐가 대평성대(大平盛代)

　　　　　　　　　　　　　　　　－ 작자미상, 「가시리」 －

(라) 그립다/말을 할가/하니 그리워.

　　그냥 갈가/그래도/다시 더 한 번

　　저 산에도 까마귀, 들에 까마귀,
　　서산(西山)에는 해 진다고

㉣ 지저귑니다.

앞강물, 뒷강물/흐르는 물은
어서 따라오라고 따라가자고
흘러도 연달아 흐릅디다려.

　　　　　　　　　　　　　　－ 김소월, 「가는 길」 －

10 고전 시가의 전통을 계승한 현대 시조는?

① (가)　　　　　　② (나)

③ (다)　　　　　　④ (라)

11 (가)~(라)의 시적 화자의 정서를 **잘못** 말한 것은?

① (가) – 자식에 대한 애정

② (나) – 누님에 대한 그리움

③ (다) – 이별에 대한 슬픔

④ (라) – 자연에 대한 사랑

12 (다)에서 밑줄 친 후렴구의 주된 효과는?

① 시의 주제를 강조함

② 시의 운율을 느끼게 함

③ 임이 빨리 돌아오기를 희망함

④ 임을 원망하는 마음을 표시함

13 ㉠~㉣ 중, 심상의 성격이 **다른** 것은?

① ㉠　　　　　　② ㉡

③ ㉢　　　　　　④ ㉣

[14~17] 다음 글을 읽고 물음에 답하시오.

> 우리가 눈발이라면
> 허공에 쭈빗쭈빗 흩날리는
> 진눈깨비는 되지 말자.
> 세상이 바람 불고 춥고 어둡다 해도
> 사람이 사는 마을
> 가장 낮은 곳으로
> 따뜻한 함박눈이 되어 내리자.
> 우리가 눈발이라면
> 잠 못 든 이의 창문가에서는
> 편지가 되고
> 그이의 ㉠ 길고 붉은 상처 위에 돋는
> 새 살이 되자.
>
> – 안도현, 「우리가 눈발이라면」

14 ㉠과 같은 심상이 사용된 것은?

① 접동새 소리　② 짭쪼름한 미역
③ 별들이 많이 떴다　④ 서늘한 옷자락

15 윗글에서 '소외되고 외로운 사람이 있는 곳'에 해당하는 시어는?

① 진눈깨비　② 함박눈
③ 가장 낮은 곳　④ 새살

16 윗글의 서로 대조적인 시어를 바르게 연결한 것은?

① 진눈깨비 ↔ 허공
② 함박눈 ↔ 눈발
③ 함박눈 ↔ 새살
④ 진눈깨비 ↔ 함박눈

17 윗글의 운율을 형성하는 요소로 적절한 것은?

① 글자수 반복
② 일정한 음보 반복
③ '~자'하는 청유형 어미의 반복
④ 대조적 의미의 시어 사용

[18~20] 다음 글을 읽고 물음에 답하시오.

(가) 어느 시골에 가난한 아버지가 살고 있었다. 그는 얼마나 가난했던지 아들들에게 남겨 줄 것이라고는 맷돌과 표주박과 대나무 지팡이와 장구뿐이었다. 가난한 아버지는 숨을 거두기 전에 세 아들을 불러 앉혔다.
"내거 너희들에게 남겨 줄 것이라곤 아주 보잘것없는 이런 것밖에는 없구나. 내가 죽거든 이 물건들이라도 가지고 분수에 맞게 잘 살도록 해라."
아버지는 이런 말을 남긴 다음 큰아들에게는 맷돌을, 둘째 아들에게는 표주박과 대나무 지팡이를, 그리고 셋째 아들에게는 장구를 준 후에 숨을 거두었다.

– 「아버지의 유물」 –

(나) 일주일을 참다가 나는 인터폰을 들었다. 인터폰으로 직접 위층을 부르거나 대면하지 않고 경비원을 통해 이쪽 의사를 전달하는 간접적인 방법을 택하는 것은 나로서는 자신의 품위와 상대방에 대한 예절을 지키기 위해서였던 것이다. 나는 자주 경비실에 전화를 걸어, 한밤중에 조심성 없이 화장실 물을 내리는 옆집이나 때 없이 두들겨 대는 피아노 소리, 자정 넘어서까지 조명등 쳐들고 비디오 찍어 가며 고래고래 악을 써 삼동네에 잠을 깨우는 함진

아비의 행태 따위가 얼마나 교양 없고 몰상식한 짓인가, 소음 공해와 공동생활의 수칙에 대해 주의를 줄 것을 선의의 피해자들을 대변해서 말하곤 했었다.

- 오정희, 「소음 공해」 -

(다) 일의 시작은 ㉠ <u>지난 연말부터였다.</u> 여름의 원미동 거리는 가게에 딸린 단칸방의 무더위를 피하기 위해 나온 동네 사람들로 자정 무렵까지 북적이게 마련이었으나, 추위가 닥치면 그렇지가 않았다. 너나 할 것 없이 아랫목으로 파고들어서 텔레비전이나 쳐다보는 것으로 족하게 여기고, ㉡ <u>찬바람이 씽씽 몰아치고 있을 밤거리야</u> 상관할 바가 아니었다. 낮 동안 햇살이 발갛게 비치어 기온이 다소 올라가도 사정은 크게 달라지지 않았다. 요즘 집집마다 ㉢ <u>유행처럼 번지기 시작한 유선방송이라는 게</u> 시도 때도 없이 영화를 보내 주고 있기 때문에, 사람들은 변소 갈 시간도 아끼면서 ㉣ <u>법석을 떨어 대는 아이들을 바깥으로 내몰아 놓고서</u> 이내 텔레비전 앞에 붙어 앉는 것이다.

- 양귀자, 「원미동 사람들」 -

18 (가)~(다) 중, 서술자가 글 속에 등장하는 것은?

① (가)
② (나)
③ (다)
④ (나), (다)

19 (가)의 밑줄 친 부분의 문맥적인 의미는?

① 화려한 것
② 하찮은 것
③ 값이 비싼 것
④ 얻기 힘든 것

20 ㉠~㉣ 중 시대적·사회적 배경을 잘 드러내는 것은?

① ㉠
② ㉡
③ ㉢
④ ㉣

[21~23] 다음 글을 읽고 물음에 답하시오.

(가) 신문은 마땅히 윤 의사를 규탄하는 보도를 하지 않을 수 없게 될 것이다. 그러나 이러한 보도가 사건을 정확히 알리는 보도가 될 수 없다는 것은 분명하다. 윤 의사의 의거 활동은 우선 역사적으로 이해하지 않으면 안 된다. 일본이 한국을 식민지로 삼고 있으며, 식민지 제도라는 것이 인류 역사상 ㉠ <u>배격돼야</u> 할 옛날의 제도라는 판단이 앞서야 한다.

(나) 윤 의사의 폭탄 ㉡ <u>투척을</u> 정확히 이해하기 위해서는 이 사건에 이 같은 수많은 사실이 횡적으로 종적으로 얽혀 있다는 점을 우선 알아야 한다. 한 사건을 정확히 보도하는 데 만약 이와 같은 풍부한 지식이 필요하다면, 어떤 의미에서는 주관적 보도라고 하지 않을 수 없다. 정확한 보도를 하기 위해서는 고도의 사회 과학적 소양과 문화적, 철학적 소양이 필요하다.

(다) 신문이 진실을 보도해야 한다는 것은 새삼스러운 설명이 필요 없는 당연한 이야기다. 정확한 보도를 하기 위해서는 문제를 전체적으로 보아야 하고, 역사적으로 새로운 가치의 편에서 보아야 하며, 무엇이 ㉢ <u>근거이고,</u> 무엇이 조건인가를 명확히 해야 한다고 했다. 또, 훌륭한 의미에서의 주관성을 가져야 한다고 했다. 그런데 이러한 준칙을 강조하는 것은 기자들의 기사 작성 기술이 미숙하기 때문이 아니

라, 이해관계에 따라 특정 보도의 내용이 달라지기 때문이다. 자신들에게 유리하도록 기사가 보도되게 하려는 외부 세력이 있으므로 진실 보도는 일반적으로 수난의 길을 걷게 마련이다. 양심적이고자 하는 언론인이 때로 ② 형극의 길과 고독의 길을 걸어야하는 이유가 여기에 있다.

21 윗글을 읽는 방법으로 적절하지 않은 것은?

① 사실과 의견을 구별하며 읽는다.
② 의견이 논리적으로 일관성이 있는지 살펴본다.
③ 주장에 대한 이유가 타당한지 파악하며 읽는다.
④ 인물 간의 갈등 해결에 초점을 맞추어 읽는다.

22 윗글의 중심 내용으로 가장 적절한 것은?

① 신문의 역사
② 윤 의사 의거의 역사적 진실
③ 신문 보도와 방송 보도의 차이점
④ 진실 보도를 위해 언론이 나아갈 길

23 ㉠~㉣의 뜻풀이로 옳지 않은 것은?

① ㉠ 배격(排擊) : 남의 사상이나 의견 등을 싫어하여 물리침.
② ㉡ 투척(投擲) : 돌 따위의 물건을 힘껏 멀리 던짐.
③ ㉢ 근거(根據) : 자기의 학설이나 의견을 굳게 내세움.
④ ㉣ 형극(荊棘) : 고난이나 장애 따위를 비유하여 이르는 말.

[24~25] 다음 글을 읽고 물음에 답하시오.

(가) 세계에서 가장 오래된 목판 인쇄물 "무구정광대다라니경" 두루마리. 석가탑 사리함 안 비단보에 싸여 있던 그 두루마리는 한지로 만들어졌다.

(나) '한지(韓紙)'는 한국 고유의 종이를 이르는 말이다. 조히(종이), 조선종이, 창호지, 문종이, 참종이, 닥종이 등으로 불렸던 우리 종이가 한지로 불리기 시작한 것은 20세기 초·중반 서양 종이인 '양지(洋紙)'가 들어와 널리 알려지기 시작하면서부터였다.

(다) 한지를 창호지로 쓰면 문을 닫아도 바람이 잘 통하고 습기를 잘 흡수해서 습도 조절의 역할까지 한다. 흔히 한지를 '살아 있는 종이'라고 하는 이유도 여기에 있다. 반면 양지는 바람이 잘 통하지 않고 습기에 대한 친화력도 한지에 비해 약하다. 한지가 살아 숨 쉬는 종이라면, 양지는 뻣뻣하게 굳어 있는 종이라고 할 것이다.

(라) 한지의 질을 향상시킨 조상들의 비법은 여기에 그치지 않는다. 한지 제조의 마무리 작업인 '도침(搗砧)'이 바로 그것이다. 도침이란 종이 표면을 매끄럽게 하기 위해 풀칠한 종이를 여러 장씩 겹쳐 놓고 방아로 골고루 내리치는 과정을 말한다.

24 윗글의 내용 전개 방식으로 가장 적절한 것은?

① 한지의 변천 과정을 제시하고 있다.

② 한지의 문제점을 사례 제시를 통해 부각하고 있다.

③ 한지를 세계에 알리기 위한 국가적 노력을 언급하고 있다.

④ 한지의 장점을 양지와의 비교를 통해 제시하고 있다.

25 윗글의 내용과 일치하는 것은?

① '양지'는 우리나라 고유의 종이를 이르는 말이다.

② 한지의 질을 향상시킨 조상들의 비법으로 '도침'이 있다.

③ "무구정광대다라니경" 두루마리는 비단으로 만들어졌다.

④ 우리 종이가 '한지'로 불리기 시작한 것은 고려 시대부터이다.

제2교시

수 학

정답 및 해설 265p

01 60을 소인수분해하는 과정을 나타낸 것이다. 소인수분해한 결과로 옳은 것은?

```
3 ) 6 0
○ ) 2 0
○ ) 1 0
      5
```

① 3×20

② $3 \times 2 \times 10$

③ $3^2 \times 2 \times 5$

④ $3 \times 2^2 \times 5$

02 오리와 돼지가 모두 합하여 26마리가 있다. 다리수의 합이 74개라고 할 때 오리는 모두 몇 마리인가?

① 12마리

② 13마리

③ 14마리

④ 15마리

03 다음의 〈보기〉 중에서 정비례관계인 것을 모두 고른 것은?

〈보기〉

ㄱ. $y=2$

ㄴ. $y=\dfrac{x}{4}$

ㄷ. $y=\dfrac{3}{x}$

ㄹ. $y=2(x-2)+4$

① ㄱ, ㄴ

② ㄴ, ㄷ

③ ㄷ, ㄹ

④ ㄴ, ㄹ

04 좌표평면 위의 두 점 P, Q의 좌표로 옳은 것은?

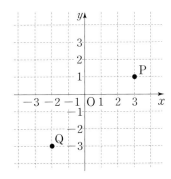

① $P(3, 1), Q(-2, -3)$

② $P(3, 1), Q(-3, -2)$

③ $P(1, 3), Q(-2, -3)$

④ $P(1, 3), Q(-3, -2)$

05 다음은 학생 20명의 통학시간을 조사하여 줄기와 잎 그림으로 나타낸 것이다. 통학시간이 5번째로 긴 학생은 몇 분인가?

통학시간(1|5는 15분)

줄기	잎			
0	5	7	8	9
1	0	2	5	7
	8	9		
2	0	1	3	4
	7	8		
3	1	2	5	8

① 27분   ② 28분

③ 31분   ④ 32분

07 연립방정식 $\begin{cases} x+y=5 \\ -x+2y=1 \end{cases}$ 을 풀면?

① $x=1,\ y=3$ ② $x=2,\ y=3$

③ $x=3,\ y=1$ ④ $x=3,\ y=2$

06 한 개의 주사위를 한 번 던질 때, 5보다 작은 수의 눈이 나올 확률은?

① $\dfrac{1}{3}$ ② $\dfrac{1}{2}$

③ $\dfrac{2}{3}$ ④ $\dfrac{5}{6}$

08 소수점 아래의 어떤 자리에서부터 일정한 숫자의 배열이 끝없이 되풀이 되는 무한소수를 순환소수라 한다. 분수 $\dfrac{4}{99}$ 를 순환 소수로 나타내면 다음과 같다. 이 무한소수의 순환마디는?

$$\dfrac{4}{99}=0.04040404\cdots$$

① 0   ② 04

③ 040   ④ 404

09 $x^8 \div x^4 \times x^2$을 간단히 하면?

① x^3　　　　　② x^4

③ x^5　　　　　④ x^6

11 다음 〈보기〉와 같이 삼각형의 세 변의 길이가 주어졌을 때, 직각삼각형인 것은?

〈보기〉

ㄱ. 2cm, 3cm, 4cm

ㄴ. 3cm, 4cm, 5cm

ㄷ. 6cm, 8cm, 10cm

ㄹ. 5cm, 12cm, 14cm

① ㄱ, ㄴ　　　　　② ㄱ, ㄷ

③ ㄴ, ㄷ　　　　　④ ㄴ, ㄷ, ㄹ

10 그림에서 □ABCD∽□EFGH이고, $\overline{AB}=4cm$, $\overline{EF}=6cm$이다. $\overline{BC}=3cm$일 때, $\overline{FG}$의 길이는?

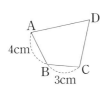
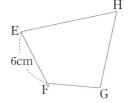

① 8cm　　　　　② $\dfrac{9}{2}$cm

③ 5cm　　　　　④ $\dfrac{11}{2}$cm

12 넓이가 $2x^2-x-3$인 직사각형 모양의 그림이 있다. 가로의 길이가 $2x-3$일 때, 세로의 길이는?

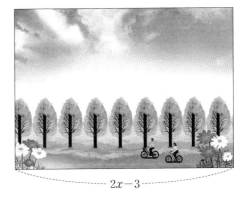

$2x-3$

① $x+3$　　　　　② $2x+1$

③ $x+1$　　　　　④ $x-1$

13 $3\sqrt{5} \times \sqrt{6} \div \sqrt{3}$을 간단히 하면?

① $2\sqrt{14}$ 　　② $3\sqrt{10}$

③ $2\sqrt{19}$ 　　④ $\sqrt{10}$

14 다음 식을 전개한 것은?

$$(x+5)(x-5)$$

① $x^2+10x+25$ 　　② x^2+25

③ $x^2-10x+25$ 　　④ x^2-25

15 이차함수 $y=(x-2)^2+1$의 그래프에 대한 설명으로 옳은 것은?

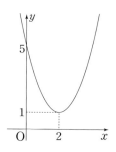

① 위로 볼록하다.

② 직선 $x=1$을 축으로 한다.

③ 점 $(0, 5)$를 지난다.

④ 꼭짓점의 좌표는 $(2, -1)$이다.

16 아래 그림에서 4개의 직각삼각형은 모두 합동이고, $\overline{AB}=13$, $\overline{AE}=12$일 때, □EFGH의 넓이는?(단, 그림의 비율은 무시한다.)

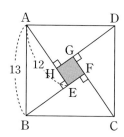

① 49 　　② 36

③ 25 　　④ 16

17 그림과 같이 ∠C＝90°인 직각삼각형 ABC 에서 tanB×sinB의 값은?

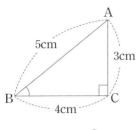

① $\dfrac{1}{5}$ ② $\dfrac{3}{10}$

③ $\dfrac{2}{5}$ ④ $\dfrac{9}{20}$

18 그림과 같이 원 O에서 ∠APB는 호 AB에 대한 원주각이고, 선분 AB는 지름이다. ∠x 의 크기는?

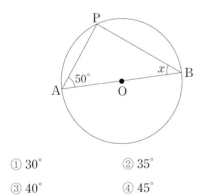

① 30°   ② 35°

③ 40°   ④ 45°

19 그림과 같이 삼각형 ABC는 원 O에 외접 하고 점 D, E, F는 접점이다. $\overline{AD}$＝2cm, $\overline{BE}$＝5cm, $\overline{CF}$＝3cm일 때, 삼각형 ABC 의 둘레의 길이는?

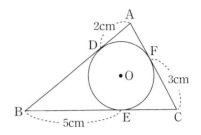

① 14cm   ② 16cm

③ 18cm   ④ 20cm

20 방과후 수학반 학생 15명의 영어 성적과 수학 성적의 상관도이다. 수학 성적이 영어 성적보 다 높은 학생의 수는?

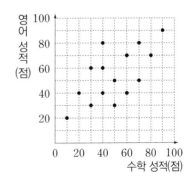

① 2   ② 3

③ 4   ④ 5

제3교시

영 어

정답 및 해설 267p

01 다음을 모두 포함할 수 있는 단어로 가장 적절한 것은?

> doctor, teacher, lawyer, police

① subject   ② job

③ sport   ④ hobby

02 두 단어의 의미 관계가 나머지 셋과 <u>다른</u> 것은?

① run − walk

② sleep − wake

③ eat − drink

④ play − work

03 다음 대화의 빈칸에 들어갈 말로 가장 적절한 것은?

> A : Can I take your order?
> B : Yes. One pizza _____ .

① please   ② want

③ order   ④ take

04 다음 대화에서 B가 사려고 하는 것은?

> A : May I help you?
> B : Yes, please. I want to buy a cap with a flower on it.

05 다음 대화의 마지막 응답으로 가장 적절한 것은?

> A : You look tired. What's the matter?
> B : I carried twenty baggage. So my leg is very hurt.
> A : _____

① I'm glad to hear that.

② That's too bad.

③ That's so funny.

④ Good for you.

[06~07] 밑줄 친 부분의 뜻으로 가장 알맞은 것을 고르시오.

06

She is a <u>kind</u> neighbor in a village.

① 성실한　　　② 게으른

③ 유명한　　　④ 친절한

07

We <u>specialize in</u> selling clothes.

① ~을/를 알고 있다.

② ~을/를 전문으로 하다.

③ ~을/를 판매하다.

④ ~을/를 즐겁게 여기다.

[08~10] 대화의 빈칸에 들어갈 말로 가장 적절한 것을 고르시오.

08

A : _____ many members do you have?

B : It's six members.

① What　　　② How

③ Where　　　④ Here

09

A : Why _____ camera is not to work?

B : It is broken.

① those　　　② it

③ this　　　④ was

10

A : What's _____ plan for the weekend?

B : I will go to the beach.

① you　　　② your

③ our　　　④ yours

11 다음 빈칸에 공통으로 들어갈 말로 가장 적절한 것은?

• There are a lot _____ vases on the table.

• I take care _____ my sister.

① with　　　② in

③ from　　　④ of

12 그림에 대한 설명으로 옳은 것은?

① Tom is sleeping on the sofa.

② Bill is eating a sandwich.

③ Alice is talking on the phone.

④ Susan is reading a book.

13 다음 대화의 내용으로 가장 적절한 것은?

> A : What's your favorite sports?
> B : I like tennis. How about you?
> A : I like basketball.

① 좋아하는 운동

② 보고 싶은 영화

③ 배우고 싶은 외국어

④ 살고 있는 국가

14 다음 대화에서 B가 콘서트에 오지 못한 이유는?

> A : Why are you not came to the concert yesterday?
> B : When I took a subway, time of departure was delayed.

① 길을 잘못 들어서

② 표를 잘못 가져와서

③ 출발 시간이 지연되어서

④ 지하철이 사고가 나서

15 다음 글을 쓴 목적으로 가장 적절한 것은?

> • Don't smoke.
> • Don't put trash in toilet
> • Wash your hands after using.

① 화장실 안내문

② 제품 사용 시 주의사항

③ 올바른 개인위생 준수

④ 금연구역 설정

16 다음 대화 직후 B가 A를 위해서 할 일은?

> A : I'm sorry, My house key is in the office. Could you drop by my office?
> B : Okay. Don't worry. Please send me your office address to cell phone.

① 택시 타기

② 주소 확인하기

③ 열쇠 찾기

④ 사무실 들어가기

17 다음 대화에서 밑줄 친 말의 의도로 가장 적절한 것은?

> A : Let's go to the park with us.
> B : <u>Thank you. But today I'm busy.</u>

① 동의하기　　② 감사하기

③ 권유하기　　④ 거절하기

18 다음 대화에서 B에 대한 A의 질문으로 가장 적절한 것은?

> A : _____ ?
> B : Tomorrow will be rainy so you must take a umbrella.

① Where is my umbrella

② How's the weather

③ Do you know tomorrow's weather

④ Can you come to this room

19 글의 내용과 일치하는 것은?

> Friday, July 15th
> It was a holiday today. I went to the Jeju island with my friend. I had a water play in the beach. It was fun.

① 오늘은 월요일이다.

② 해변에서 놀았다.

③ 가족과 제주도에 갔다.

④ 6월에 놀러갔다.

20 주어진 말에 이어질 두 사람의 대화를 〈보기〉에서 찾아 순서대로 가장 적절하게 배열한 것은?

> Are you see my bag?

〈보기〉
> (A) Your welcome.
> (B) I saw at the our classroom.
> (C) OK, Thank you.

① (A)-(B)-(C)　　② (A)-(C)-(B)

③ (B)-(C)-(A)　　④ (C)-(A)-(B)

21 Tom에 대한 내용과 일치하지 <u>않는</u> 것은?

> Tom is fifteen years old. He likes play the bicycle. He is the tallest in our class. He has a one younger sister.

① 15살이다.

② 자전거 타는 것을 좋아한다.

③ 우리 교실에서 키가 가장 크다.

④ 남동생이 한 명 있다.

22 다음 안내 문구를 볼 수 있는 장소로 알맞은 것은?

> Please quiet in the indoor for the people to read books.

① 도서관　　　　② 박물관
③ 백화점　　　　④ 공항

23 다음 표의 내용과 일치하는 것은?

Name	Weight(kg)
Jimmy	63
Sam	65
Mike	70
Robert	74

① Sam is weighter than Jimmy.
② Jimmy is the most weight.
③ Mike is weighter than Robert.
④ Robert is the most light.

24 다음은 Sam의 운동 계획표이다. Sam이 눈 오는 날에 하는 운동은?

Weather	Rainy	Sunny	Cloudy	Snowy
Sports	bowling	swimming	basketball	skiing

① 농구　　　　② 수영
③ 스키　　　　④ 볼링

25 다음 안내문으로 보아 수영장에 입장할 수 없는 시간은?

> SWIMMING POOL
> • Tues-Friday 9:00 a.m. ~ 9:30 p.m.
> • Saturday and Sunday 10:30 a.m ~ 5:00 p.m.
> • Closed Mondays

① 화요일 오전 10시
② 수요일 오전 11시
③ 목요일 오후 6시
④ 토요일 오전 8시

사 회

정답 및 해설 270p

01 괄호 안에 들어갈 환경문제로 알맞은 것은?

> (   )
> 1. 사막 주변의 초원 지역이 점차 사막처럼 변하는 현상
> 2. 생활공간의 감소, 식량 부족, 모래폭풍(황사) 등의 피해 발생

① 산성비   ② 사막화

③ 태풍   ④ 지구 온난화

02 다음과 같은 주민 생활이 나타나는 기후로 옳은 것은?

> • 라프 족, 이누이트 족, 네네츠 족 등의 생활 무대
> • 동물의 털과 가죽으로 만든 의복을 주로 착용
> • 기온이 낮아 농경은 어려우며 유목이나 사냥 · 어로 등으로 생활

① 스텝 기후   ② 사막 기후

③ 툰드라 기후   ④ 열대 우림 기후

03 관광 산업의 긍정적 영향으로 옳지 않은 것은?

① 고용 창출로 인한 인구 유출 방지

② 종사자의 임금향상

③ 국제수지 개선효과

④ 성수기의 교통 체증

04 밑줄 친 (가)에 해당하는 사례로 가장 적합한 도시가 아닌 것은?

> _____(가)_____ 은/는 대도시 주변에서 중심 도시 기능인 주거, 행정, 공업 등의 역할을 분담한다.

① 성남   ② 과천

③ 안산   ④ 부산

05 다음에서 설명하는 섬으로 알맞은 것은?

> • 우리나라 가장 동쪽에 위치하는 화산섬이다.
> • 한류와 난류가 교차되는 황금어장이자 자원의 보고이다.

① 독도   ② 울릉도

③ 강화도   ④ 제주도

예상문제

163

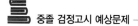

06 자원에 대한 설명으로 옳은 것은?

① 천연자원은 재생이 가능한 자원만을 지칭한다.

② 자원의 가치는 시대와 장소, 경제 상황 등에 따라 달라진다.

③ 노동력, 기술 등은 모두 좁은 의미의 자원에 포함된다.

④ 최근 에너지 자원의 소비량이 감소하고 있다.

07 다음과 같은 국제적 이동을 보이는 자원으로 가장 알맞은 것은?

① 석탄   ② 석유

③ 철광석   ④ 구리

08 다음 중 신재생에너지에 해당하지 않는 것은?

① 지열 에너지   ② 풍력 에너지

③ 화력 에너지   ④ 태양광 에너지

09 그림과 같이 구성되는 정부 형태에 대한 설명으로 적절하지 않은 것은?

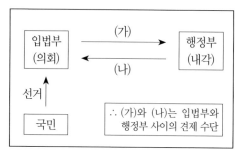

① 권력 융합적인 정부 형태이다.

② 정부는 법률안 제출권을 가진다.

③ (가)에는 내각불신임권이 들어갈 수 있다.

④ (나)에는 법률안거부권이 들어갈 수 있다.

10 다음 내용에 해당하는 민주 시민의 정치 참여 활동은?

- '민주주의의 꽃'이라고 함
- 가장 기본적인 정치 참여 방법
- 보통, 평등, 직접, 비밀의 원칙 적용

① 선거   ② 여론 형성

③ 정당 활동   ④ 시민 단체 활동

11 다음 설명에 해당하는 헌법재판소의 권한으로 알맞은 것은?

> 헌법재판소는 국회의 탄핵소추가 있는 경우 고위공직자 등에 대한 탄핵 심판을 담당한다.

① 위헌 법률 심판권
② 탄핵 심판권
③ 권한 쟁의 심판권
④ 정당 해산 심판권

12 올바른 소비 생활의 모습으로 볼 수 없는 것은?

① 기회비용을 고려하여 소비한다.
② 수입보다 소비를 더 많이 한다.
③ 돈과 관련된 신용관리를 중요시한다.
④ 가계부를 정리하여 계획적 소비를 한다.

13 다음 중 공급과 수요에 대한 설명 중 적절하지 않은 것은?

① 수요곡선은 우하향 형태이다.
② 공급곡선은 우상향 형태이다.
③ 가격과 수요량은 서로 반대 방향으로 움직인다.
④ 가격이 하락하면 공급량은 증가한다.

14 다음 글에서 설명하는 민주정치의 원리는?

> 헌법에 의해 민주정치의 원리를 규정한다. 법의 지배를 통해 국민의 자유와 권리를 보장한다. 법치주의와 불가분의 관계에 있다.

① 국민주권
② 국민자치
③ 입헌주의
④ 권력분립

15 다음에서 설명하는 개념은 무엇인가?

> 공공기관을 통해 공급되어 구성원 모두가 공동으로 이용할 수 있는 재화와 서비스를 말한다. 대가없이 사용할 수 있으며, 내가 사용해도 다른 사람의 소비에 영향을 주지 않는다.

① 대체재
② 공공재
③ 보완재
④ 외부효과

16 수요 · 공급 그래프에서 가격이 P에서 P'로 상승하였을 때의 변화를 알맞게 짝지은 것은? (단, 다른 조건은 일정함.)

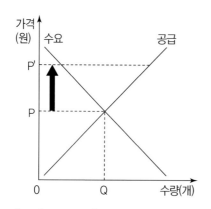

	수요량	공급량
①	감소	증가
②	증가	감소
③	감소	감소
④	증가	증가

17 사회 집단의 종류와 특징을 <u>잘못</u> 연결한 것은?

① 내집단 – 자신이 속해있는 집단
② 외집단 – 이질감과 배타성을 느끼는 집단
③ 1차 집단 – 전인격적인 인간관계가 이뤄지는 집단
④ 2차 집단 – 구성원들이 얼굴을 마주하며 친밀감을 느끼는 집단

18 다음의 유적과 유물을 통해 알 수 있는 신석기 시대의 특징으로 옳은 것은?

① 채집, 어로 생활
② 종교 의식의 발생
③ 사회 계급의 분화
④ 농경을 통한 정착 생활

19 다음 설명을 통해 알 수 있는 삼한 사회의 특징은?

> 귀신을 믿으며 …… 사람을 뽑아 천신에게 제사지내는 일을 맡아 보게 하고 그를 천군이라 한다. 또한 이들 여러 고을에는 각각 소도라 부르는 특별한 장소가 있다.

① 연맹 왕국   ② 농경 발달
③ 사유 재산 발생   ④ 제정 분리 사회

20 다음 설명에 해당하는 제도는?

- 혈통의 높고 낮음에 따라 관직과 생활방식이 죽을 때까지 고정됨
- 성골과 진골만이 왕족으로서 왕위에 오를 수 있음

① 골품제   ② 호포제
③ 진대법   ④ 균역법

21 다음 설명에 해당하는 발해의 왕은?

- 흑수말갈을 정벌하는 등 발해의 영토를 크게 넓혔다.
- 당나라와의 전쟁에서 등주를 공격하여 승리했다.
- 일본과 국교를 맺어 고구려를 계승하였음을 국제적으로 알렸다.

① 고왕   ② 무왕
③ 문왕   ④ 선왕

22 다음 중 고려 광종의 정책으로 적절하지 않은 것은?

① 우리나라 최초로 과거제를 실시했다.
② 노비안검법을 시행했다.
③ 기인 · 사심관제도를 실시했다.
④ 관료 서열을 체계적으로 정비했다.

23 다음 설명에 해당하는 조선의 제도는?

- 기존의 공물 진상을 쌀로만 바치게 하여 백성의 부담을 완화
- 징수한 쌀을 통해 관청에서 필요한 물품을 공인들로부터 구매하여 사용

① 영정법   ② 과전법
③ 직전법   ④ 대동법

24 다음 설명에 해당하는 조선의 왕은?

- 세 차례의 환국을 일으켜 왕권 강화
- 상평통보를 주조하여 화폐경제 실시
- 백두산정계비를 건립하여 국경 확정

① 효종   ② 숙종
③ 경종   ④ 영조

25 3.1 운동의 배경으로 옳은 것을 〈보기〉에서 고른 것은?

〈보기〉
ㄱ. 일본의 명성황후 시해
ㄴ. 일제의 강압적인 무단통치
ㄷ. 대한제국 군대의 강제 해산
ㄹ. 민족자결주의의 확산

① ㄱ, ㄴ   ② ㄴ, ㄷ
③ ㄱ, ㄷ   ④ ㄴ, ㄹ

제5교시

과 학

정답 및 해설 273p

01 다음 설명에 해당하는 힘은?

> • 물체와 접촉면 사이에서 물체의 운동을 방해하는 힘이다.
> • 브레이크나 신발의 바닥부분 등에 활용된다.

① 마찰력　　　　② 전기력

③ 자기력　　　　④ 탄성력

02 다음 중 기울기가 다른 빗면을 이용하여 같은 물체를 높이 h까지 각각 일정한 빠르기로 끌어 올릴 때, 힘의 크기가 가장 큰 것은?(단, 모든 마찰은 무시한다.)

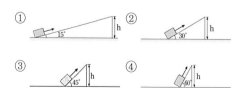

03 그림은 A 지점에서 지면으로 떨어지고 있는 공을 나타낸 것이다. B 지점에서 공의 위치 에너지는?(단, 역학 에너지는 보존된다.)

지점	위치 에너지	운동 에너지
A	60J	0J
B	( )	20J
C	20J	40J

① 30J　　　　② 40J

③ 50J　　　　④ 60J

04 질량 3kg인 물체가 3m/s의 속력으로 움직일 때 이 물체의 운동 에너지는?

① 6J　　　　② 7J

③ 8J　　　　④ 9J

05 다음 설명에 해당하는 물리량은?

> • 단위는 V를 사용한다.
> • 전기 회로에 전류를 흐르도록 하는 능력이다.
> • 전류의 양과 비례하고 저항의 크기에 반비례한다.

① 전력량　　　　　② 전압
③ 전자기　　　　　④ 발열량

06 전기 회로에서 전류가 흐를 때, 전류에 대한 설명으로 옳지 <u>않은</u> 것은?

① 전하의 흐름을 전류라고 한다.
② 다른 말로 '전위차'라고도 한다.
③ 전자의 이동 방향과 반대이다.
④ 전지의 (+)극에서 (−)극으로 흐른다.

07 소비 전력이 200W인 텔레비전을 4시간 시청하였을 때 사용한 전력량은?

① 600Wh　　　　② 700Wh
③ 800Wh　　　　④ 900Wh

08 다음 설명에 해당하는 빛의 성질은?

> • 어떤 물체가 거울에 비쳐 좌우가 반대인 모양으로 보임
> • 강물의 수면 위에 산과 나무가 비침

① 분산　　　　　② 합성
③ 반사　　　　　④ 굴절

09 다음 중 진폭이 가장 작은 파동은?

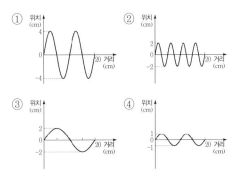

10 다음 그림과 같은 파동의 A~D의 명칭을 바르게 연결한 것은?

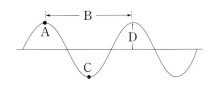

① A − 골　　　　② B − 진동수
③ C − 마루　　　④ D − 진폭

11 다음은 물질의 변화를 설명한 것이다. 괄호에 들어가는 것은?

> 1. 물질의 변화
>   가. 물리 변화
>   1) 물질의 고유한 성질은 변하지 않고 모양과 상태가 변하는 것
>   2) 예 (   )
>   나. 화학 변화
>   1) 물질의 화학적 성질이 변하여 새로운 물질로 변하는 것
>   2) 예 종이가 불에 탄다.

① 설탕이 탄다.

② 나무가 쪼개진다.

③ 과일이 익는다.

④ 철이 녹슨다.

12 〈보기〉에서 순물질을 고른 것은?

> ──〈 보기 〉──
> ㄱ. 구리   ㄴ. 공기
> ㄷ. 설탕물   ㄹ. 염화나트륨

① ㄱ, ㄷ   ② ㄱ, ㄹ

③ ㄴ, ㄷ   ④ ㄴ, ㄹ

13 그림은 잎의 단면 구조를 나타낸 것이다. A~D 중 광합성이 가장 활발한 조직은?

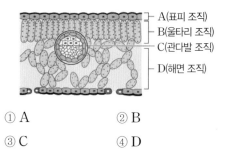

① A   ② B

③ C   ④ D

14 다음 설명에 해당하는 줄기의 구조는?

> • 관다발의 안쪽에 존재한다.
> • 뿌리에서 흡수한 물이 이동하는 통로다.

① 체관   ② 물관

③ 표피   ④ 형성층

15 다음은 엽록체에서 일어나는 광합성 과정을 나타낸 것이다. (가)에 들어갈 물질로 가장 알맞은 것은?

> 물＋이산화탄소 ──빛 에너지──→ 포도당＋(가)

① 이산화탄소   ② 수소

③ 산소   ④ 질소

16 생식세포 분열에 대한 설명으로 적절한 것은?

① 생물이 생장한다.

② 식물 세포에서만 일어난다.

③ 2개의 세포가 결합하여 1개가 된다.

④ 생식 기관에서 생식세포가 만들어지는 과정이다.

17 다음은 사람의 귀 구조를 나타낸 것이다. 전달된 음파를 진동시키는 곳은?

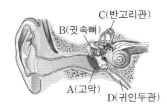

① A   ② B

③ C   ④ D

18 다음은 사람의 내분비샘을 나타낸 것이다. 아드레날린을 분비하는 부신의 위치는?

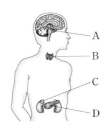

① A   ② B

③ C   ④ D

19 다음 설명에 해당하는 암석으로 알맞은 것은?

> • 마그마나 용암이 식은 다음 굳어져 형성된다.
> • 크게 심성암과 화산암으로 구분된다.

① 화성암   ② 퇴적암

③ 변성암   ④ 응회암

20 다음 설명에 해당하는 우리나라의 계절은?

> • 북태평양 기단의 영향으로 고온 다습하다.
> • 남고북저형의 기압 배치가 주로 나타난다.

① 봄   ② 여름

③ 가을   ④ 겨울

21 그림은 기단을 기온과 습도에 따라 분류한 것이다. A~D 중 한랭 다습한 오호츠크해 기단이 속한 곳은?

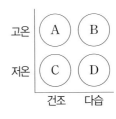

① A   ② B

③ C   ④ D

22 다음은 공기가 단열 상승하여 구름이 형성되는 과정을 나타낸 것이다. A에 해당하는 것은?

> 공기 상승 → 단열 팽창 → (A) → 구름 생성

① 기압 상승 ② 기온 하강

③ 부피 감소 ④ 상대 습도 감소

23 지구 대기권의 구조 중 오존층이 있어서 태양으로부터 오는 자외선을 흡수하는 구간은?

① 열권 ② 대류권

③ 성층권 ④ 중간권

24 다음의 특징을 갖는 행성은?

> • 고리가 있다.
> • 태양계에서 가장 큰 행성이다.

① 수성 ② 금성

③ 화성 ④ 목성

25 다음 설명에 해당하는 천체는?

> • 행성에 비해 크기가 작다.
> • 화성과 목성 사이에서 공전한다.

① 위성 ② 혜성

③ 소행성 ④ 왜소행성

제6교시

도 덕

정답 및 해설 275p

01 훌륭한 인격을 갖추기 위해 필요한 것을 〈보기〉에서 모두 고른 것은?

─〈보기〉─
ㄱ. 책임감　　　ㄴ. 예의
ㄷ. 폭력　　　　ㄹ. 겸손

① ㄱ
② ㄱ, ㄴ
③ ㄱ, ㄴ, ㄷ
④ ㄱ, ㄴ, ㄹ

02 다음 중 예절에 대한 설명으로 옳지 않은 것은?

① 예절은 습관화된 생활 규범이다.
② 예절은 사회구성원들이 원만한 인간관계를 유지하는 데 반드시 필요하다.
③ 예절은 때와 장소, 상대방에 관계없이 일정한 방법으로 표현되어야 한다.
④ 예절의 근본정신은 모든 사회에서 공통적이다.

03 다음에서 올바른 소비생활로 볼 수 있는 것은?

ㄱ. 합리적 소비　　ㄴ. 모방 소비
ㄷ. 윤리적 소비　　ㄹ. 충동적 소비

① ㄱ, ㄴ
② ㄱ, ㄷ
③ ㄴ, ㄹ
④ ㄷ, ㄹ

04 현대 가정생활의 변화 모습에 대한 올바른 설명이 아닌 것은?

① 가정의 기능을 대신하는 곳이 많아졌다.
② 가정의 모습이 매우 다양해지고 있다.
③ 가정의 기본적인 기능과 역할의 중요성이 점점 줄어들고 있다.
④ 국제결혼의 추세가 증가하며 다문화 가정이 늘고 있다.

05 사이버 공간에서 지켜야 할 예절로 적절하지 않은 것은?

① 예의 바른 태도와 정중한 마음으로 상대방을 대한다.
② 비속어나 욕설 등을 사용하지 않는다.
③ 사생활을 침해하지 않는다.
④ 다른 사람의 저작물을 허락 받지 않고 사용한다.

06 통일을 해야 하는 이유가 아닌 것은?

① 민족의 분열을 막기 위해
② 민족 문화의 이질화를 심화시키기 위해
③ 동북아시아와 세계 평화에 기여하기 위해
④ 이산가족들의 인간적인 삶의 문제를 해결하기 위해

예상문제

07 다음 내용과 관련된 일의 개인적 의미로 가장 적절한 것은?

> 일을 함으로써 자신이 갖고 있는 능력을 확인하고 보람과 성취감을 획득하여 하나의 가능성으로 잠재되어 있던 자아를 완전히 실현할 수 있게 된다.

① 사회의 유지
② 자아실현
③ 친밀감 형성
④ 사회 구성원으로서의 역할 수행

08 밑줄 친 (가)에 들어갈 용어로 가장 적절한 것은?

> ___(가)___ 은/는 상대방의 말에 귀를 기울임으로써 상대방이 존중받는다고 느끼며 신뢰감을 형성하는 데 중요한 역할을 한다.

① 관용
② 예의
③ 경청
④ 인내

09 다음 내용과 같이 주장한 사상가는?

> 도덕률을 존중하고 자유의지에 따라 살아가는 자율인을 이상적 인간으로 보아야 한다. 또한 인간을 수단이 아닌 목적으로 대우해야 함을 잊어선 안 된다.

① 칸트
② 헤겔
③ 루소
④ 흄

10 다음에서 청소년 문화를 바라보는 관점은?

> 청소년 문화는 기존의 질서와 문화적 틀을 깨뜨리려는 청소년의 욕구가 반영되어 있다.

① 미성숙한 문화
② 기성 문화
③ 대안 문화
④ 저항 문화

11 다음 밑줄 친 부분에서 선생님이 강조하고자 하는 것은?

> 선생님 : 태섭아, 네가 은영이 보고 뚱뚱하다고 놀렸니?
> 태섭 : 은영이가 뚱뚱한 것은 사실이잖아요. 저는 그저 장난으로 이야기했어요.
> 선생님 : 그래도 그렇지. 너는 은영이의 입장을 생각해 보았니?

① 상대방의 입장을 생각해 보는 태도
② 자신의 욕구를 성찰하는 자세
③ 다른 사람의 어려움을 이해하는 태도
④ 도덕적인 문제에 적극적으로 관심을 갖는 자세

12 사익과 공익에 대한 이해가 바르지 <u>못한</u> 것은?

① 사익을 우선시하는 견해를 가진 사람들은 기본적으로 '최대 다수의 최대 행복'을 추구한다.

② 공익을 위해 무조건 사익을 버려야 한다는 태도를 보여서는 안 된다.

③ 사익을 우선시하는 견해를 가진 사람들은 개인의 자유와 권리를 중시한다.

④ 인간은 혼자 살 수 없기에 개인의 이익이 공익과 충돌할 때면 자신의 이익을 포기할 줄도 알아야 하고, 타인의 이익을 존중하는 마음도 가져야 한다.

13 마음을 다스리는 방법으로 적절한 것은?

① 긍정적인 마음을 갖는다.

② 몸의 건강은 신경 쓰지 않아도 된다.

③ 갈등의 원인을 항상 남의 탓으로 돌린다.

④ 자기의 약점은 최대한 숨겨야 한다.

14 플라톤의 이상 사회와 유학이 추구하는 대동 사회의 공통점은?

① 계급이 없는 평등 사회

② 지도자의 도덕성을 중시

③ 죽음과 고통으로부터의 해방

④ 절대적 빈곤으로부터의 해방

15 욕구와 당위에 대한 설명으로 옳은 것은?

① 욕구와 당위는 일치할 수 없다.

② 욕구와 당위는 항상 대립하는 것이다.

③ 욕구를 추구하는 것은 부자연스러운 행위이다.

④ 욕구를 지나치게 추구하면 잘못된 선택과 행동을 할 수 있다.

16 다음 중 도덕적 성찰이 중요한 이유로 옳지 <u>않</u>은 것은?

① 인간다운 삶을 살기 위해서는 도덕적 성찰이 필요하다.

② 도덕적 성찰은 삶을 반성할 수 있으나, 자신의 잘못을 바로잡기는 어렵다.

③ 도덕적 성찰을 통해 다른 사람에게 공감할 수 있는 더 나은 사람으로 성장할 수 있다.

④ 사회의 도덕적 문제점을 인식하고 이를 해결하려고 노력하게 된다.

17 다음에서 설명하는 인간 본성의 관점은?

> 사람의 본성은 선천적으로 착하나 나쁜 환경이나 물욕으로 악하게 변화한다.

① 성선설   ② 성무선악설

③ 성악설   ④ 성선악혼설

예상문제

18 다음의 내용과 관계 깊은 상부상조의 전통에 해당하는 것은?

> 농번기에 일손을 돕기 위해 조직되어 농사일에 많은 일손이 필요할 때 한 집에서 한 사람씩 동원한 민간 협동 조직

① 계   ② 두레
③ 향약   ④ 품앗이

19 청소년기를 가치 있게 보내기 위한 방법으로 적절하지 <u>않은</u> 것을 〈보기〉에서 고른 것은?

> ─── 〈 보기 〉 ───
> ㄱ. 대중문화를 무비판적으로 추종한다.
> ㄴ. 창조적인 문화를 생산하기 위해 노력한다.
> ㄷ. 디지털 시대에 적응하기 위해 게임에만 몰두한다.
> ㄹ. 자신의 갈등과 고민을 긍정적으로 받아들이고 열린 자세로 해결해 나간다.

① ㄱ, ㄴ   ② ㄱ, ㄷ
③ ㄴ, ㄹ   ④ ㄷ, ㄹ

20 다음과 가장 관련이 깊은 인간관계는?

> • 장유유서(長幼有序)
> • 부자유친(父子有親)

① 형제   ② 부모와 자식
③ 친구   ④ 스승과 제자

21 ㉠에 들어갈 말로 가장 적절한 것은?

> • 도덕 원리 : 법을 어기는 행동을 해선 안 된다.
> • 사실 판단 : 무임승차를 하는 것은 법을 어기는 행동이다.
> • (㉠) : 무임승차를 해선 안 된다.

① 도덕 판단   ② 가치 전도
③ 자아 실현   ④ 자아 바판

22 다음 중 국가의 필요성으로 적절하지 <u>않은</u> 것은?

① 국민의 생명과 안전 보호
② 갈등 조정 등 실제적인 기능 수행
③ 민족정신의 보존과 계승
④ 각종 사회복지 혜택 제공

23 진정한 아름다움을 추구하는 방법으로 적절하지 <u>않은</u> 것을 〈보기〉에서 고른 것은?

> ─── 〈 보기 〉 ───
> ㄱ. 자신만의 매력을 키우기 위해 노력한다.
> ㄴ. 사회가 만들어 놓은 외모 차별의식을 기른다.
> ㄷ. 내면적 아름다움을 볼 수 있는 안목을 기른다.
> ㄹ. 대중매체가 심어 준 획일적인 미의 기준을 따른다.

① ㄱ, ㄴ   ② ㄱ, ㄷ
③ ㄴ, ㄹ   ④ ㄷ, ㄹ

24 도덕적으로 자율적인 인간이 되기 위한 노력으로 적절한 것은?

① 다른 사람의 강요에 따라 행동한다.
② 옳은 행동을 실천할 의지를 기른다.
③ 감정적 판단에 자신의 욕구를 맡긴다.
④ 자신의 잘못을 지적하면 적극적으로 변호한다.

25 다음에서 설명하는 이상적인 인간상은?

> 유교에서 인격 완성의 최고 경지에 이른 완전한 인간을 이르는 말이다.

① 소인　　② 성인
③ 군자　　④ 천인

침묵은 다른 방식으로 펼친 주장이다.

Silence is argument carried out by other means.

– 체 게바라

정답 및 해설

2024년도

제1회

제1교시

국 어

정답 및 해설 |

정답

01 ②	02 ④	03 ④	04 ③	05 ③
06 ①	07 ③	08 ③	09 ④	10 ①
11 ③	12 ②	13 ②	14 ①	15 ①
16 ④	17 ②	18 ①	19 ④	20 ②
21 ③	22 ①	23 ①	24 ②	25 ④

해설

01 공감하는 말하기는 상대방의 처지에서 상대방의 생각과 감정을 이해하려고 노력하는 말하기이다. 요즘 노래 실력이 늘지 않아서 걱정이라는 여학생의 말에, '많이 속상하겠다.'라고 여학생의 말에 공감하며, '힘내.'라고 위로하고 있다. 그러므로 '민재'의 말하기 의도는 '공감하며 위로하기'이다.

> **TIP 공감하며 듣고 말하기의 유의점**
> • 상대방의 처지를 이해하고 배려한다.
> • 상대방의 말을 끝까지 경청한다.
> • 상대방의 인격을 존중한다.
> • 상대방의 신뢰를 잃거나 오해를 받지 않도록 관련된 사실은 진솔하게 이야기한다.

02 면담 목적이 커피 전문가라는 직업에 대한 정보를 얻는 것이므로 ①의 커피 전문가의 전망, ②의 커피 전문가가 하는 일, ③의 커피 전문가가 되기 위한 방법 등은 면담의 질문 내용으로 적절하다. 그러나 ④의 커피 전문가가 가장 좋아하는 운동은 커피 전문가라는 직업에 대한 정보가 아니므로 면담의 질문 내용으로 적절하지 않다.

03 흙은[흐근] → [흘근]
표준 발음법 제14항의 규정(연음법칙)에 따라 '흙은'은 겹받침 'ㄺ'이 모음으로 시작된 조사 '-은'과 결합되었으므로, 뒤엣것만을 뒤 음절 첫소리로 옮겨 [흘근]으로 발음해야 한다.
① 값이[갑씨] : '값이'는 겹받침 'ㅄ'이 모음으로 시작된 조사 '-이'와 결합되었으므로, 뒤엣것만을 뒤 음절 첫소리로 옮겨 [갑시]로 발음하되 'ㅅ'은 된소리로 발음되므로 [갑씨]로 발음한 것은 옳다.
② 넓은[널븐] : '넓은'은 겹받침 'ㄼ'이 모음으로 시작된 어미

'-은'과 결합되었으므로, 뒤엣것만을 뒤 음절 첫소리로 옮겨 [널븐]으로 발음한 것은 옳다.
③ 읊어[을퍼] : '읊어'는 겹받침 'ㄿ'이 모음으로 시작된 조사 '-어'와 결합되었으므로, 뒤엣것만을 뒤 음절 첫소리로 옮겨 [을퍼]로 발음한 것은 옳다.

04 '영월'의 'ㅕ'와 'ㅝ'는 소리를 낼 때 입술의 모양이나 혀의 위치가 달라지는 이중모음에 해당한다.
① '강진'의 'ㅏ'와 'ㅣ'는 단모음에 해당한다.
② '부산'의 'ㅜ'와 'ㅏ'는 단모음에 해당한다.
④ '전주'의 'ㅓ'와 'ㅜ'는 단모음에 해당한다.

> **TIP 모음의 분류**
> • 단모음(10개) : 발음할 때 입술이나 혀가 고정되어 움직이지 않음
>   예 ㅏ, ㅐ, ㅓ, ㅔ, ㅗ, ㅚ, ㅜ, ㅟ, ㅡ, ㅣ
> • 이중모음(11개) : 발음할 때 입술 모양이 바뀌거나 혀가 움직임
>   예 ㅑ, ㅒ, ㅕ, ㅖ, ㅘ, ㅙ, ㅛ, ㅝ, ㅞ, ㅠ, ㅢ

05 '바다', '사탕', '엄마', '연필'은 모두 사람이나 사물의 이름을 나타내는 명사에 해당한다.
① 수량이나 순서를 나타낸다. → 수사
② 대상의 동작이나 작용을 나타낸다. → 동사
④ 대상의 성질이나 상태를 나타낸다. → 형용사

> **TIP 단어의 분류(품사)**
> • 동사 : 사람이나 사물의 움직임을 나타내는 말
> • 형용사 : 사람이나 사물의 상태나 성질을 나타내는 말
> • 명사 : 물건이나 장소, 사건, 추상적 개념 등의 이름을 나타내는 말
> • 대명사 : 명사를 대신하는 말
> • 수사 : 사물의 수량이나 순서를 나타내는 말
> • 관형사 : 체언 앞에 놓여, 그 체언을 자세하게 꾸며 주는 말
> • 부사 : 용언(형용사, 동사)을 꾸며주는 말. 문장 전체나 관형사, 부사를 꾸미기도 함
> • 감탄사 : 부름이나 대답, 느낌 등을 나타내는 단어
> • 조사 : 체언 뒤에 붙어, 그 말과 다른 말과의 문법적 관계를 나타내거나 특별한 뜻을 더해주는 말

06 국어사전에서 동사와 형용사를 찾을 때는 활용할 때 변하지 않는 부분인 어간에 '-다'를 붙인 기본형으로 찾아야 한다고 하였으므로, ①의 '작은'의 기본형은 '작다'이다.

② '서니'의 기본형은 '섰다'가 아니라 '서다'이다.

③ '많은'의 기본형은 '많았다'가 아니라 '많다'이다.

④ '먹는'의 기본형은 '먹는다'가 아니라 '먹다'이다.

07 ⊙의 '연구원이'는 뒤의 서술어 '되었다'를 보충해 주는 말이므로 문장 성분은 보어이다. 마찬가지로 ③의 '연예인이'는 뒤의 서술어 '아니다'를 보충해 주는 말이므로 문장 성분은 보어이다.

① '분다'는 앞의 주어 '바람이'의 동작을 나타내는 서술어이다.

② '활짝'은 뒤의 서술어 '피었다'를 꾸며주는 부사어이다.

④ '아기가'는 뒤의 서술어 '걷는다'의 주체에 해당하는 주어이다.

08 '반드시'는 '틀림없이 꼭'이라는 부사로, 해당 문장에서 뒤의 서술어 '참여할 거야'를 수식하고 있으므로 옳게 사용되었다.

① 부치지 → 붙이지

'부치지'는 '맞닿아 떨어지지 않게 하다'라는 의미인 '붙이지'로 고쳐 써야 한다.

② 낳아서 → 나아서

'낳아서'는 '병이나 상처 따위가 고쳐져 본래대로 되다'라는 의미인 '나아서'로 고쳐 써야 한다.

④ 마쳤다 → 맞혔다

'마쳤다'는 '문제에 대한 답을 틀리지 않게 하다'의 의미인 '맞혔다'로 고쳐 써야 한다.

09 글의 제목으로 볼 때 해당 글은 동물원의 부정적 기능에 대해 설명한 글이다. 그런데 동물원이 야생 동물을 보호하는 기능을 한다는 ②의 내용은 동물원의 긍정적 기능에 해당하므로, 해당 글의 통일성을 깨트리고 있다.

10 ⊙의 '습지를'은 서술어 '삼아'의 목적어에 해당하므로 옳게 사용되었다. 그러므로 조사의 쓰임을 고려하여 '습지의'로 바꾸는 것은 고쳐쓰기 방안으로 적절하지 않다.

② ⓒ의 '결코'는 가정을 나타내는 서술어 '사라진다면'과 문장의 호응이 맞지 않는다. 그러므로 '혹시 있을지도 모르는 뜻밖의 경우에'를 뜻하는 부사 '만일'로 고친 것은 적절하다.

③ 주어진 글은 습지의 소멸에 관한 내용인데, ⓒ은 습지의 역할에 대해 설명하고 있다. 그러므로 글의 흐름에서 벗어난 ⓒ을 삭제하는 것은 적절하다.

④ ②의 '영원이'를 '끝없이 이어지는 상태로 또는 시간을 초월하여 변하지 아니하는 상태로'의 의미인 부사 '영원히'로 고친 것은 적절하다.

[11~13]

현덕, 「하늘은 맑건만」

- **갈래** : 현대 소설, 단편 소설, 성장 소설
- **성격** : 사실적, 동화적
- **배경** : 시간 – 일제 강점기(1930년대) / 장소 – 어느 마을
- **시점** : 3인칭 전지적 작가 시점
- **제재** : 잘못 받은 거스름돈과 문기의 거짓말
- **주제** : 정직하게 사는 삶의 중요성
- **특징**
  - 인물의 심리를 사실적이고 구체적으로 묘사함
  - 성격이 대조적인 인물을 등장시켜 주인공의 갈등을 심화시킴
  - 시간의 흐름에 따라 주인공 마음의 변화가 섬세하게 표현됨

11 위 작품은 전지적 작가 시점으로, 서술자가 사건과 등장인물의 심리를 직접적으로 설명하고 있다.

① 서술자인 '나'가 자신이 겪은 사건을 서술하는 것은 1인칭 주인공 시점이다.

② 서술자가 바뀌지 않고 이야기가 전개되고 있다.

④ 서술자인 '나'가 주변 인물의 사건을 간접적으로 전달하는 것은 1인칭 관찰자 시점이다.

12 거스름돈을 더 받은 문기의 잘못된 행동으로 이웃집 점순이가 누명을 쓰고 쫓겨난다. 이에 양심의 가책을 느낀 문기가 떳떳이 하늘을 쳐다보고, 떳떳이 남을 대할 수 있는 마음을 갖고 싶다며 괴로워한다. 그러므로 위 작품은 정직하고 떳떳하게 사는 태도가 중요함을 독자들에게 일깨우고 있다.

13 두 번째 문단에서 '아랫집 심부름하는 아이 점순이 음성이었다.'는 내용을 통해 점순이가 아랫집에서 심부름을 하며 살았음을 알 수 있다.

① 첫 번째 문단에서 '양심의 가책을 느낀 문기가 남은 돈을 고깃집 마당에 던지고 샀던 물건들을 버린다.'라는 내용과 세 번째 문단에서 '그럴 때마다 문기는 가슴이 뜨끔뜨끔해진다.'라는 내용을 통해 문기는 자신의 행동이 정당하지 못하다고 생각했음을 알 수 있다.

③ 세 번째 문단에서 '그만치 선생님은 제 속을 다 들여다보고 하는 말인 듯싶었다.'라는 내용을 통해 선생님이 문기의 잘못을 이미 알고 있었던 것은 아님을 알 수 있다.

④ 두 번째 문단에서 '숙모가 직접 그 집에 가서 무슨 말을 한 것은 아니로되'라는 내용을 통해 숙모가 직접 아랫집에 가서 주인 여자에게 점순이가 돈을 훔쳤다고 말한 것은 아님을 알 수 있다.

[14-16]

김상옥, 「사향(思鄕)」
• 갈래 : 정형시, 연시조, 현대시조
• 성격 : 회상적, 낭만적, 회화적, 향토적
• 제재 : 고향의 모습
• 주제 : 고향에 대한 향수
• 특징
 – 현재-과거-현재의 역순행적 구성을 취함
 – 사투리를 사용하여 토속적 정취를 형상화함
 – 고향의 모습을 다양한 감각적 심상을 활용하여 나타냄

14 시적 화자가 떠올린 고향의 모습은 개울물과 초가집 그리고 진달래가 피어 있는 전형적인 산골 마을의 풍경이다. 즉, 고깃배가 나란히 들어선 항구의 모습을 담은 어촌 마을의 풍경은 아니다.
② 2연의 '송아지 몰고 오며 바라보던 진달래도 저녁노을처럼 산을 둘러 퍼질 것'에서 온 산을 둘러 피어 있는 진달래의 모습을 확인할 수 있다.
③ 2연의 '어마씨 그리운 솜씨에 향그러운 꽃지짐'에서 어머니의 맛있고 향긋한 꽃지짐의 모습을 확인할 수 있다.
④ 3연의 '어질고 고운 그들 멧남새 캐어 오리'에서 산나물을 캐서 돌아오는 마을 사람들의 모습을 확인할 수 있다.

15 눈을 가만 감으면 고향 마을과 어머니 그리고 마을 사람들의 모습이 떠오르고, 감았던 그 눈을 뜨면 마음이 애젓하다며 고향에 대한 향수를 표현하고 있다. 그러므로 위 작품에서 느낄 수 있는 시적 화자의 주된 정서는 고향에 대한 '그리움'이다.

16 ⊙의 '굽이 잦은 풀밭 길'은 초록색의 색채 이미지를 사용한 시각적 심상이 나타나 있다. 마찬가지로 ④의 '노랗게 물든 황금 들판'에서도 노란색의 색채 이미지를 사용한 시각적 심상이 나타나 있다.
① 구수한 청국장 냄새 → 후각적 심상
② 하늘에 울리는 종소리 → 청각적 심상
③ 달콤한 사랑의 추억 → 미각적 심상

[17-19]

작자 미상, 「흥부전」
• 갈래 : 판소리계 소설, 국문 소설
• 성격 : 풍자적, 해학적, 교훈적
• 배경 : 시간 – 조선 후기 / 장소 – 경상도와 전라도 경계
• 시점 : 전지적 작가 시점
• 주제 : 형제 간의 우애와 권선징악(표면적)
  빈농과 부농의 갈등, 지배층과 피지배층 사이의 갈등 (이면적)
• 특징
 – 선악의 대립 구조와 모방담 구조
 – 서민적인 등장인물과 토속적 어휘의 사용
 – 과장된 표현 사용
 – 비극적 상황을 웃음으로 극복함

17 놀부가 흥부에게 화를 내며 '쌀이 아무리 많다고 해도 너를 주려고 섬을 헐며, 벼가 많다고 하여 너 주려고 노적을 헐며, 돈이 많이 있다 한들 너 주자고 돈꿰미를 헐며~'라고 말한 대목에서 '놀부'는 돈이 많으면서도 남을 전혀 돕지 않는 사람임을 알 수 있다.

18 흥부가 아내에게 "양식을 좀 꾸어서라도 얻어 와야 저 자식들을 먹이지."라고 말한 대목에서 흥부는 가족의 생계를 걱정하고 있음을 알 수 있다. 그러므로 '가족의 생계에 대해 전혀 관심이 없다.'는 ①의 설명은 적절하지 않다.
② "읍내는 무엇 하려요?"라는 아내의 말에 흥부가 "양식을 좀 꾸어서라도 얻어 와야 저 자식들을 먹이지."라고 말한 대목에서 흥부가 자식을 먹이기 위해 읍내로 가려고 한다는 사실을 알 수 있다.
③ 흥부가 "가장이 나서는데 그게 무슨 소리! 어찌 될지는 가 봐야 아는 일이지~."라고 말한 대목에서 아내의 판단과 충고를 받아들이지 않고 있음을 알 수 있다.
④ 흥부의 아내가 "여보 영감, 그 모양에 곡식 먹고 도망한다고 안 줄 테니 가 보아야 소용없는 일입니다."라고 말한 대목에서 흥부는 양식을 빌리러 가기 어려울 정도로 행색이 초라함을 알 수 있다.

19 [A]에서는 읍내에 양식을 꾸러 가는 흥부의 외양을 익살스럽게 묘사하고 있다. 즉, 헌 망건을 물렛줄로 삼고, 박 조각으로 관자를 달고, 노끈을 갓끈으로 삼아 달고, 고의적삼은 구멍이 뚫려 살점이 보이고, 헌 버선은 뻥 뚫린 채 목만 남았다며 의관을 갖춘 흥부의 우스꽝스러운 모습을 해학적으로 표현하고 있다.

[20~22]

20 두 번째 문단에서 직접세를 걷는 입장에서는 모든 사람의 소득이나 재산을 일일이 조사하여 그에 따라 세금을 거두어야 한다는 번거로움이 있다고 하였고, 네 번째 문단에서 간접세를 걷는 입장에서는 편리하게 세금을 걷을 수 있다고 하였다. 그러므로 간접세가 직접세보다 세금을 걷는 입장에서 걷기 편하다.

① 두 번째 문단에서 직접세는 소득이 많은 사람이 세율이 높아 세금을 많이 내고 소득이 적은 사람이 세율이 낮아 세금을 적게 내는 식이므로, 직접세는 소득 격차 감소와 소득 재분배의 효과가 있다고 설명하고 있다.

③ 네 번째 문단의 첫 번째 문장에 간접세는 소득이나 재산에 상관없이 모두에게 똑같이 적용된다고 서술되어 있다.

④ 네 번째 문단의 마지막 문장에서 간접세는 같은 액수의 세금이라도 소득이 적은 사람에게는 소득에 비해 내야 할 세금의 비율이 높아지기 때문에 소득이 적은 사람일수록 세금에 대한 부담감이 커진다는 문제점이 있다고 설명하고 있다.

21 ㉠처럼 세금을 그것을 납부하는 방식에 따라 직접세와 간접세로 나누어 설명하는 방법은 '구분'이다. 마찬가지로 소설을 길이에 따라 단편, 중편, 장편 소설로 나누는 것도 '구분'에 해당한다.

① 김 교수는 "백색 소음이 집중력을 높인다."라고 말했다.
　→ 인용

② 원통형 기둥은 위아래 지름이 일정한 기둥을 뜻한다.
　→ 정의

④ 젖산은 약한 산성이어서 유해균 증식을 억제할 수 있다.
　→ 인과

22 ㉡의 앞 문장에서는 직접세가 소득 격차를 줄이고 소득을 재분배하는 효과가 있다고 직접세의 긍정적 효과에 대해 서술하고 있다. 반면에 ㉡의 뒤 문장에서는 직접세를 걷는 입장에서는 모든 사람의 소득이나 재산을 일일이 조사하여야 하는 번거로움이 있다고 직접세의 부정적 효과에 대해 설명하고 있다. 그러므로 ㉡에는 앞의 내용과 뒤의 내용이 상반될 때 쓰는 접속 부사 '그러나'가 들어갈 말로 가장 적절하다.

[23~25]

23 제시문은 어린아이들이 어른들보다 더 많은 양의 소금을 섭취하는 것은 심각한 문제라며 그 근거들을 차례대로 제시하고 있다. 이처럼 논설문은 글쓴이의 주장과 근거를 파악하며 읽어야 한다.

② 상징적 의미를 추론한다. → 시를 읽는 방법

③ 경험과 깨달음을 구분한다. → 수필을 읽는 방법

④ 갈등의 해결 과정을 분석한다. → 소설을 읽는 방법

24 제시문의 마지막 문단에서 소금을 너무 많이 섭취하면 우리의 세포를 죽이고 건강을 위협하므로, 건강을 생각한다면 지금이라도 당장 소금 섭취를 줄여야 한다고 권고하고 있다. 그러므로 '건강을 위해 소금 섭취를 줄여야 한다.'는 ④의 설명이 글쓴이가 말하고자 하는 바로 가장 적절하다.

25 ㉣의 '부추길'의 기본형 '부추기다'는 '감정이나 상황 따위가 더 심해지도록 영향을 미치다'라는 뜻이다. '남의 의견을 판단 없이 믿고 따르다.'라는 의미의 단어는 '복종하다'이다.

제2교시

수 학

정답 및 해설 |

정답

01 ③	02 ③	03 ④	04 ②	05 ①
06 ①	07 ②	08 ②	09 ④	10 ②
11 ③	12 ②	13 ③	14 ①	15 ①
16 ④	17 ②	18 ③	19 ①	20 ③

해설

01 24의 소인수는 2와 3이고, 소인수분해하면 $24=2\times2\times2\times3$이므로, $2^3\times3$으로 나타낼 수 있다.

02 음수는 절댓값이 클수록 작으므로 $-5<-\dfrac{2}{3}$이다.
그러므로 주어진 수를 작은 수부터 차례로 나열하면
$-5,\ -\dfrac{2}{3},\ 3,\ 4,\ 11$의 순서이다.
따라서 구하는 세 번째 수는 3이다.

03 '직사각형의 넓이 = 가로 × 세로'이므로
$4\text{cm}\times a\text{cm}=(4\times a)\text{cm}^2$

04 $a=5$를 $2a+3$에 대입하면
$2(5)+3=10+3=13$

05 좌표평면 위의 점 A는 원점 $(0,0)$을 기준으로 x축의 오른쪽 방향으로 3칸, y축의 아래쪽 방향으로 2칸 이동한 것이므로 $A(3,-2)$이다.

06 평행한 두 직선 l, m이 다른 한 직선 n과 만날 때, 동위각의 크기는 같으므로 $\angle x=40°$이다.

TIP **각의 구분**
• **동위각** : 평행선과 한 직선이 만났을 때 같은 위치에 있는 각
• **엇각** : 평행선과 한 직선이 만났을 때 엇갈린 위치에 있는 각
• **맞꼭지각** : 두 직선이 만날 때 서로 꼭짓점이 마주보고 있는 각

07 하루 수면 시간이 6시간 미만인 학생 수는 도수분포표에서 4~5시간의 학생 수가 5명이고, 5~6시간의 학생 수가 3명이므로 이들을 합하면 된다.
∴ $5+3=8$(명)

08 순환소수 $0.\dot2$를 x로 놓으면
$x=0.\dot2=0.22222\cdots$ ········ ㉠
㉠의 양변에 10을 곱하면
$10x=2.22222\cdots$ ········ ㉡
㉡ − ㉠을 하면
$10x-x=2+0.22222\cdots-0.22222\cdots$
$9x=2$
∴ $x=\dfrac{2}{9}$

09 $2a\times3a^2=(2\times3)\times(a\times a^2)$
$=6\times a^{1+2}=6\times a^3$
$=6a^3$

10 일차부등식 $20x\geq40$의 양변을 20으로 나누면, $\dfrac{20x}{20}\geq\dfrac{40}{20}$
∴ $x\geq2$

11 일차함수 $y=ax+b$에서 a는 기울기, b는 y절편을 의미한다.
그러므로 일차함수 $y=-\dfrac{3}{2}x+3$에서 y절편은 3이다.
즉, y절편은 그래프와 y축이 만나는 점을 의미한다.

12 이등변삼각형에서 꼭지각의 이등분선은 밑변을 수직 이등분하므로, $\overline{BD}=\overline{DC}=4\text{cm}$
$\overline{BC}=\overline{BD}+\overline{DC}$이므로, $\overline{BC}=4\text{cm}+4\text{cm}=8\text{cm}$

TIP **이등변삼각형의 성질**
• 이등변삼각형의 두 밑각의 크기는 같다.
• 이등변삼각형의 꼭지각의 이등분선은 밑변을 수직 이등분한다.

13 $\triangle DEF$에서 $\overline{DE}$의 길이를 $x\text{cm}$로 놓으면,
두 삼각형이 서로 닮은꼴이므로,
$8:5=x:10,\ 5x=80$
∴ $x=16\text{cm}$

14 주머니 속에 흰 공 3개, 검은 공 5개가 들어 있으므로 전체 경우의 수는 8이고, 흰 공이 나올 경우의 수는 3이다. 그러므로 주머니에서 임의로 한 개의 공을 꺼낼 때, 흰 공이 나올 확률은

$$\frac{\text{흰 공이 나올 경우의 수}}{\text{전체 경우의 수}} = \frac{3}{8}$$

15

> 제곱근의 덧셈 : $m\sqrt{a}+n\sqrt{a}=(m+n)\sqrt{a}$

$$2\sqrt{5}+3\sqrt{5}=(2+3)\sqrt{5}$$
$$=5\sqrt{5}$$

16 이차방정식 $(x-7)^2=0$을 인수분해하면,
$(x-7)^2=(x-7)(x-7)=0$이고,
그 해는 $x=7$로 하나의 중근을 갖는다.
그러므로 $(x-7)^2=0$의 근은 7이다.

17 주어진 이차함수 $y=\frac{1}{4}x^2$의 그래프에서 축의 방정식은
$x=0$이므로 y축을 축으로 한다.
① $a>0$이므로 아래로 볼록하다.
③ $y=\frac{1}{4}x^2$에서 $x=-1$일 때 $y=\frac{1}{4}$이므로, 점 $(-1, 2)$를 지나지 않는다.
④ 꼭짓점의 좌표는 $(0, 0)$이다.

> **TIP** 이차함수 $y=ax^2(a\neq0)$의 그래프
> - **꼭짓점의 좌표** : $(0, 0)$
> - **축의 방정식** : $x=0(y$축$)$
> - $a>0$이면 아래로 볼록
> - $a<0$이면 위로 볼록
> - $|a|$의 값이 클수록 y축에 가까워진다.

18 직각삼각형 ABC에서
$\cos B = \frac{\text{밑변}}{\text{빗변}}$이므로
$\frac{\overline{BC}}{\overline{AB}} = \frac{12}{13}$

> **TIP** 삼각비
>
>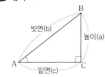
>
> - $\sin A = \frac{\text{높이}}{\text{빗변}} = \frac{a}{b}$
> - $\cos A = \frac{\text{밑변}}{\text{빗변}} = \frac{c}{b}$
> - $\tan A = \frac{\text{높이}}{\text{밑변}} = \frac{a}{c}$

19

> 원의 두 현의 길이가 같으면, 원의 중심에서 두 현까지의 길이도 같다.

원의 두 현 $\overline{AB}=\overline{CD}=8\text{cm}$로 그 길이가 같다.
원의 두 현의 길이가 같으면, 원의 중심에서 두 현까지의 길이도 같으므로, $\overline{OM}=\overline{ON}=5\text{cm}$

20 주어진 자료의 값을 순서대로 나열하면 다음과 같다.

> 75, 80, 85, 90, 95,

그러므로 위 자료의 중앙값은 85이다.

> **TIP** 평균값과 중앙값
> - 평균값 : 모든 변량을 더해서 총 개수로 나눈 값
> - 중앙값 : 순서대로 나열한 후 가장 가운데 있는 값

제3교시

영 어

정답 및 해설 |

정답

01 ③	02 ④	03 ④	04 ①	05 ③
06 ①	07 ③	08 ③	09 ②	10 ①
11 ④	12 ①	13 ④	14 ④	15 ②
16 ③	17 ③	18 ①	19 ①	20 ②
21 ④	22 ④	23 ②	24 ②	25 ②

해설

01 해설 delicious는 '맛있는'이라는 뜻이다.
해석 누구나 아이스크림은 맛있다고 생각한다.
어휘 delicious 맛있는

02 해설 ①, ②, ③은 모두 반의어 관계이나, ④의 'tall(키가 큰)'
과 'high(높은)'는 유의어 관계이다.
① 큰 - 작은
② 마른 - 젖은
③ 늙은 - 젊은

03 해설 주어진 문장에서 주어 'A lot of students(많은 학생들)'
는 복수이므로, 빈칸에 들어갈 be동사의 형태도 복수
형이어야 한다. ①, ②, ③은 모두 단수형 be동사이고,
④의 'were'는 복수형 be동사이다.
해석 많은 학생들이 줄을 섰다.
어휘 a lot of 많은
stand in line 일렬로 서다, 줄을 서다

04 해설 길이나 시간이 얼마나 걸리는지 물어보는 표현에는
'How long~?'을 사용한다.
② 많은
③ 자주
④ 키가 큰
해석 기차역까지 가는 데 얼마나 걸리나요?
어휘 train station 기차역

05 해설 A의 질문에 B가 보통 7시에 일어난다고 답하고 있으
므로, 빈칸에 들어갈 말은 시간을 나타내는 의문사

'When(언제)'이 가장 적절하다.
해석 A : 너는 보통 언제 일어나니?
B : 나는 보통 7시에 일어나.
어휘 usually 대개, 보통
get up 일어나다

06 해설 조동사 Can을 사용한 의문문에 대한 대답은 긍정이면
'Yes, 주어 + can', 부정이면 'No, 주어 + can't'라고 답
해야 한다. A가 자전거를 탈수 있냐고 물어보았으므
로, 빈칸에 들어갈 B의 대답은 긍정적 답변이면 'Yes, I
can', 부정적 답변이면 'No, I can't'이다.
해석 A : 너는 자전거를 탈 수 있니?
B : 응, 나는 탈 수 있어(긍정).
아니, 나는 탈 수 없어(부정).
어휘 ride a bike 자전거를 타다

07 해설 첫 번째 문장에는 '여가 시간'이라는 의미에서 'free(여
가의, 한가한)'가 들어가야 하며, 두 번째 문장에는 '공
짜로'라는 의미에서 'free(공짜의, 무료의)'가 들어가야
한다.
① 바쁜
② 가까운
④ 힘든
해석 • 나는 여가 시간에 피아노를 연주한다.
• 너는 이 사탕을 공짜로 먹을 수 있다.
어휘 play the piano 피아노를 연주하다
free time 여가 시간
for free 공짜로, 무료로

08 해설 Tom이 주말에 할 일은 'do the laundry(빨래하기)'이다.
해석
아버지	어머니	Tom	Emma
식물 물 주기	창문 닦기	빨래하기	쿠키 굽기
어휘 laundry 세탁물, 빨래
bake 굽다

09 해설 소녀가 그림을 그리고 있으므로, 동사 'draw'를 써야
한다. 또한, '~을 하고 있는 중이다'의 표현인 현재진

행형은 'be동사 + 현재분사(~ing)'이므로, 빈칸에는 'drawing a picture(그림을 그리고 있는 중이다)'가 적절하다.

① 책을 읽고 있는 중이다

③ 음악을 듣고 있는 중이다

④ 농구를 하고 있는 중이다

해석 A : 소녀는 무엇을 하고 중이니?

　　B : 그녀는 <u>그림을 그리고 있는 중이야.</u>

어휘 draw a picture 그림을 그리다

　　play basketball 농구를 하다

10 **해설** 다리가 아파서 걸을 수가 없다는 A의 말에 B가 병원에 갈 것을 권유하였다. 그러자 A가 같이 가자고 하였고, B가 이를 수락하였다. 그러므로 대화가 끝난 후 두 사람이 함께 갈 장소는 병원이다.

해석 A : 다리가 걱정돼. 편하게 걸을 수가 없어.

　　B : 병원에 가보는 게 어때?

　　A : 그래야 할 것 같아. 지금 같이 갈 수 있어?

　　B : 그럼.

어휘 worry about ~에 대해 걱정하다

　　leg 다리

　　easily 쉽게, 편하게

　　see a doctor 진찰을 받다, 병원에 가다

　　sure 그럼, 물론이지

11 **해설** B의 질문에 A가 'No, I don't(아니오).'로 답하고 있으므로, 빈칸에는 Do 의문문이 와야 한다. 또한 글의 내용상 A가 없어서 하나 사야만 한다고 답하고 있으므로, 빈칸에는 ④의 'Do you have an umbrella(우산 가지고 있니)'가 들어갈 말로 가장 적절하다.

① 몇 시니?

② 어떻게 지냈어?

③ 어디서 구했니?

해석 A : 밖에 날씨가 어때?

　　B : 비가 내리고 있어. <u>우산 가지고 있니?</u>

　　A : 아니, 하나 사야 해.

어휘 weather 날씨

　　outside 바깥의, 외부의

　　How have you been? 어떻게 지냈니?

　　umbrella 우산

12 **해설** 회의 시간이 너무 일러서 변경하자는 A의 말에 B가 찬성하며 오전 10시로 하자고 제안하고 있다. 그러므로 두 사람 간 대화의 주제는 ①의 '회의 시간 변경'이다.

해석 A : 회의 시간을 변경해야 합니다. 너무 이릅니다.

　　B : 동의합니다. 오전 10시는 어떨까요?

　　A : 훨씬 좋습니다.

어휘 need to ~할 필요가 있다

　　change 바꾸다, 변경하다

　　agree 동의하다, 찬성하다

　　What about~? ~하는 게 어때?

　　much better 훨씬 나은, 훨씬 좋은

13 **해설** ① 행사 날짜 : 4월 13일 ~ 14일

② 행사 시간 : 오전 11시 ~ 오후 4시

③ 행사 장소 : 해변 공원

④ 행사 참가비 : 알 수 없음

해석

세계 음식 축제
• 날짜 : 4월 13일 ~ 14일
• 시간 : 오전 11시 ~ 오후 4시
• 장소 : 해변 공원
와서 즐기세요!
전 세계 음식을 맛보세요!

어휘 food festival 음식 축제

　　seaside 해변, 바닷가

　　all over the world 세계 도처의, 전 세계의

14 **해설** 원래 메뉴는 스파게티, 케이크, 오렌지 주스였는데, 오렌지 주스 대신 우유가 제공된다고 알리고 있다. 그러므로 ④의 '점심 메뉴 변경 공지'가 제시문의 방송 목적으로 가장 적절하다.

해석 안녕하세요, 여러분. 내일 점심 메뉴에 관해 말씀드릴 것이 있습니다. 원래 메뉴는 스파게티, 케이크, 오렌지 주스였습니다. 하지만 오렌지 주스 대신 우유를 제공할 예정입니다. 변경한 것에 대해 죄송합니다.

어휘 original 원래의, 본래의

　　spaghetti 스파게티

　　serve 봉사하다, 제공하다

　　instead of ~대신에

　　change 바꾸다, 변경하다

15 **해설** 수영장에 같이 가자는 A의 제안에, B가 가족과 함께 여행을 가기로 했다며 거절하고 있다. 그러므로 B가 수영장에 가지 못하는 이유는 ②의 '가족 여행을 가야 해서'이다.

해석 A : 스티브와 나는 이번 주 토요일에 수영장에 갈 예정이야. 같이 갈래?

　　B : 미안하지만, 나는 이번 주말에 가족과 함께 여행을

가기로 했어.

A : 알았어. 다음에 같이 가자.

어휘 be going to ~할 예정이다

take a trip 여행을 가다

next time 다음에, 다음번에

---

16 **해설** 제시문에 따르면 Moai는 대부분 키가 약 4미터이고, 가장 키가 큰 것은 약 20미터라고 하였다. 그러므로 대부분 높이가 약 20미터라는 ③의 설명은 제시문의 내용과 일치하지 않는다.

해석 Moai에 대해 들어본 적이 있습니까? 그것들은 이스터섬에 있다. 그것들은 키가 큰 사람 모양의 돌이다. 대부분 키가 약 4미터이고, 가장 키가 큰 것은 약 20미터이다. 그것들은 주로 마을 쪽을 향하고 있으며, 일부는 바다를 바라보고 있다.

어휘 human-shaped 사람 모양의

around 약, 대략

mainly 주로, 대개

face toward ~쪽으로 향하다

village 마을

---

17 **해설** ① 열리는 요일 : 매주 토요일

② 열리는 장소 : 역사박물관 앞

③ 주차 정보 : 언급되지 않음

④ 판매 품목 : 옷, 신발, 책, 장난감

해석 도심 벼룩시장은 많은 쇼핑객에게 아주 좋은 장소이다. 그것은 매주 토요일마다 열린다. 그것은 역사박물관 앞에 있다. 이 시장에서 옷, 신발, 책, 장난감들을 싼 가격에 살 수 있다.

어휘 flea market 벼룩시장

shopper 쇼핑객

in front of ~앞에

History Museum 역사박물관

clothes 옷, 의류

at low prices 저렴한 가격에, 싼 가격에

---

18 **해설** 시험 성적이 좋지 않아 Jimin에게 조언을 구했는데, 그는 스터디 그룹을 만들어 함께 공부하자고 하였다. 그러므로 Jimin이 제안한 것은 ①의 '친구들과 함께 공부하기'이다.

해석 수업 중 나의 가장 큰 문제는 시험 성적이 좋지 않다는 것이다. 나는 시험을 잘 보지 못한다. 그래서 Jimin에게 조언을 구했다. Jimin은 스터디 그룹을 만들자고 제안했다. 그는 친구들과 함께 공부를 하면 시험을 더 잘

보는 데 도움이 될 수 있다고 말했다.

어휘 problem 문제

poor grades 안 좋은 성적

do well on ~을 잘하다, 잘 보다

ask A for B A에게 B를 요청[요구]하다

advice 충고, 조언

suggest 제안하다, 추천하다

---

19 **해설** 그래프에서 40% 이상을 차지한 것은 'Playing sports(45%)'이다. 그러므로 빈칸에 들어갈 말로 가장 적절한 것은 ①의 'playing sports(운동하기)'이다.

② 컴퓨터 게임하기(25%)

③ 음악 듣기(15%)

④ 책 읽기(10%)

해석

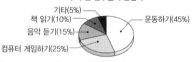

우리 반 친구들의 관심사

기타(5%)
책 읽기(10%)
음악 듣기(15%)
컴퓨터 게임하기(25%)
운동하기(45%)

우리 반 학생의 40% 이상이 운동하기에 관심이 있다.

어휘 classmate 급우, 반 친구

interest 관심, 흥미

others 기타

more than ~이상

be interested in ~에 관심이 있다

---

20 **해설** 제시문은 글쓴이가 작년에 등산을 가서 경험한 내용들을 서술하고 있다. 그러므로 'My father bought a new car(아버지는 새 차를 샀다).'는 ②의 내용은 전체적인 글의 흐름과 어울리지 않는다.

해석 작년에 나는 등산을 갔다. ① 나는 산 중턱까지 케이블카를 타고 갔다. ② 아버지는 새 차를 샀다. ③ 그런 다음 나는 정상까지 하이킹을 했다. ④ 정상에서 나는 나무들이 울긋불긋한 것을 보았다. 아름다운 단풍을 보는 것은 놀랍고 신나는 일이었다.

어휘 to the middle of the mountain 산 중턱까지

hike 하이킹을 하다

at the top 정상에서, 산꼭대기에서

red and yellow 울긋불긋한

amaze 놀라다

autumn leaves 단풍

---

21 **해설** 제시문에서 걷기는 전 연령대의 사람들에게 건강상의 많은 이점을 제공한다고 하였다. 즉, 그것은 특정 질병

을 예방하는 데 도움이 되며, 특별한 장비를 필요로 하지 않는다고 하였다. 그러므로 It은 앞의 'walking(걷기)'을 가리키는 지시대명사이다.

해석 걷기를 좋아하세요? 하루에 몇 걸음을 걸으세요? 걷기는 전 연령대의 사람들에게 건강상의 많은 이점을 제공할 수 있다. <u>그것은</u> 특정 질병을 예방하는 데 도움이 될 수 있으므로, 오래 살 수도 있다. 그것은 또한 특별한 장비가 필요하지 않으므로 어디서든지 할 수 있다.

어휘 step 걸음, 걸음걸이

in a day 하루에

offer 제안하다, 제의하다

benefit 이점, 혜택

of all ages 전 연령대의, 모든 시대의

prevent 막다, 예방하다

certain 어떤, 특정한

disease 병, 질병

require 필요하다, 요구하다

special 특별한, 특수한

equipment 장비, 장치

anywhere 어디든, 아무데나

22 **해설** 도서관 이용 시 주의해야 할 사항으로 ①, ②, ③은 언급되어 있으나, ④의 '책에 낙서하지 않기'는 언급되어 있지 않다.

해석
> 도서관 규칙:
> • 제시간에 책을 반납하세요.
> • 큰 소리를 내지 마세요.
> • 음식을 먹지 마세요.

어휘 library 도서관

rule 규칙, 원칙

return 돌려주다, 반납하다

on time 정시에, 정각에, 제때

loud 소리가 큰, 시끄러운

noise 소리, 잡음

23 **해설** 제시문에서는 불이 났을 때 어떻게 행동해야 하는지 자세히 안내하고 있다. 그러므로 제시문의 주제로 ③의 '화재 발생 시 행동 요령'이 가장 적절하다.

해석 불이 났을 때 어떻게 해야 하는지 아세요? "불이야!"라고 외쳐야 합니다. 젖은 수건으로 얼굴을 가려야 합니다. 몸을 낮추고 밖으로 나가야 합니다. 엘리베이터가 아닌 계단을 이용하는 것을 잊지 마세요. 또한 가능한 한 빨리 119에 신고해야 합니다.

어휘 shout 외치다, 소리치다

cover 덮다, 가리다

wet 젖은

stay 계속 있다[머무르다/남다]

get out 나가다

remember 기억하다, 잊지 않다

stairs 계단

elevator 엘리베이터, 승강기

as soon as possible 가능한 한 빨리

24 **해설** John Brown이란 사람이 신호등이 고장나서 사고가 날 수도 있으므로 빨리 와서 확인해 보라고 요청하고 있다. 그러므로 제시문은 신호등이 고장난 것을 신고하기 위해 쓴 글이다.

해석 제 이름은 John Brown입니다. 메인 스트리트에 한 가지 문제가 있어 신고하려고 합니다. 오늘 아침에 신호등이 고장난 것을 보았습니다. 사고가 날까 봐 염려됩니다. 지금 바로 와서 확인해 주세요.

어휘 report 알리다, 신고하다

traffic lights 신호등

broke 고장나다

afraid 두려워하는, 염려하는

cause 야기하다, 원인이 되다

accident 사고

right away 바로, 즉시

25 **해설** 글의 후반부에 요가에는 여러 가지 유형이 있다며, 다양한 유형의 요가를 살펴보자고 제안하고 있다. 그러므로 주어진 글의 바로 뒤에 이어질 내용으로 ②의 '다양한 요가의 유형'이 가장 적절하다.

해석 요가는 힘과 균형을 갖추도록 몸과 마음을 다스리는 것이다. 그것은 통증을 관리하고 스트레스를 줄이는 데도 도움이 될 수 있다. 요가에는 여러 가지 유형이 있다. 다양한 유형의 요가를 살펴보도록 하자.

어휘 yoga 요가

mind and body 심신, 몸과 마음

practice 훈련, 연습, 단련

strength 힘

balance 균형

manage 관리하다, 처리하다

pain 고통, 아픔, 통증

reduce 줄이다, 감소하다

type 종류, 유형

take a look 살펴보다

various 다양한, 여러 가지의

제4교시 사 회

정답 및 해설 |

정답

01 ③	02 ②	03 ①	04 ②	05 ①
06 ④	07 ②	08 ①	09 ①	10 ①
11 ②	12 ④	13 ①	14 ③	15 ④
16 ③	17 ③	18 ③	19 ②	20 ②
21 ①	22 ①	23 ③	24 ④	25 ④

해설

01 희토류는 첨단 산업에 꼭 필요한 희귀 원소로 원자 번호 21번 스칸듐(Sc), 39번 이트륨(Y), 57~71번까지의 총 17개의 원소 그룹을 말한다. 스마트폰, 반도체, 태양광 전지, 전기차 배터리 등을 만드는 데 없어서는 안 될 중요 자원이지만 생산 지역이 한정되어 있고 생산량도 매우 적다.

02 어떤 지역을 대표하거나 다른 지역과 구별되는 지형이나 시설물을 랜드마크라고 한다. 주변 경관 중에서 눈에 가장 잘 띄기 때문에 사람들이 자신의 위치를 파악하는 데 도움을 준다.
① 위도 : 지구 위의 위치를 나타내는 좌표축 중에서 가로로 된 것으로, 적도를 중심으로 하여 남북으로 평행하게 그은 위선으로 표현되는 각도이다.
③ 행정 구역 : 행정기관의 권한이 미치는 일정한 구역으로, 행정 편의를 위해 인위적으로 획정한 것이다.
④ 날짜 변경선 : 날짜를 변경하기 위해 만들어 놓은 선으로, 동경 180도에 위치한다.

03 북부 아프리카, 서남아시아, 중앙아시아 일대에 나타나는 건조 문화 지역은 주민 대부분이 이슬람교를 믿고 아랍어를 사용하는 문화 지역으로, 건조 기후에 적합한 유목과 관개 농업이 발달하였다.
② 북극 문화 지역 : 북반구의 툰드라 지역을 중심으로 순록 유목이나 사냥과 같이 추운 기후에 적응하며 생활하는 지역이다.
③ 유럽 문화 지역 : 북극권을 제외한 유럽과 시베리아에 이르는 문화 지역으로, 크리스트교가 정신적 바탕을 이루고 민주주의와 자본주의가 싹튼 곳이며 산업 혁명을 바탕으로 가장 먼저 산업화와 근대화가 이루어진 지역이다.

④ 오세아니아 문화 지역 : 오스트레일리아와 뉴질랜드 그리고 태평양 제도 지역에 유럽 문화의 이식과 정착으로 형성된 문화 지역이다.

04 안데스 산맥 중턱에 위치한 도시인 에콰도르의 키토는 고산 기후 지역이다. 고산 기후는 적도 부근의 해발 고도가 높은 고산 지대에 나타나는 기후로, 연중 봄과 같은 온화한 기후를 보인다.
① 건조 기후 : 강수량이 500mm 미만의 사막과 스텝 기후 지역
③ 열대 기후 : 적도 인근의 연중 고온다습하고 강수량이 2,000mm 이상인 열대 우림 및 사바나 기후 지역
④ 한대 기후 : 고위도에 있기 때문에 저온으로 수목이 자라지 않으며 최난월 평균기온이 영상 10도 미만인 한대 지방의 기후로 빙설 기후와 툰드라 기후로 나뉨

05 우리나라에서 가장 동쪽에 위치한 영토는 독도로, 섬 전체가 천연기념물로 지정되어 있다
② 마라도 : 대한민국 최남단에 위치한 섬이며 복합용암류로 겹겹이 쌓여 현무암으로 되어 있다.
③ 울릉도 : 우리나라에서 제일 눈이 많이 내리는, 동해에 위치한 섬이다.
④ 제주도 : 우리나라에서 제일 큰 섬으로, 한라산, 성산 일출봉, 거문오름 용암동굴계가 유네스코 세계 자연 유산에 등재되어 있다.

06 열대 기후 지역에서 유럽 선진국의 자본과 기술, 원주민의 노동력이 결합된 대규모 상품작물 재배 농업이다. 주요 작물로는 천연고무, 카카오, 바나나 등이 있다.
① 낙농업 : 소나 양 등을 길러 젖을 짜고 그것을 이용하여 우유, 치즈 등의 유제품을 생산하는 농업
② 수목 농업 : 포도, 올리브, 오렌지 등의 수목을 주된 농작물로 삼는 지중해성 기후의 농업
③ 혼합 농업 : 농작물 재배와 가축의 사육을 유기적으로 결합한 농업

07 제시된 웹문서의 검색 내용은 지진이 발생했을 때의 행동 요령이다. 지진은 서로 다른 지각판의 충돌로 지각이 흔들려 상하운동에 의해 건물 및 교량이 붕괴되고 해안 지역에서는 해

일 등이 발생하는 재해를 말한다.

① 가뭄 : 강수량 부족과 대륙 내부의 건조 기후로 인해 땅이 메마르고 물이 부족한 현상

③ 폭설 : 비교적 짧은 시간에 많은 양의 눈이 오는 기상 현상

④ 홍수 : 여름철 장마나 태풍 등 집중 호우에 의한 하천의 범람으로 발생하는 자연재해 현상

08 조류가 운반하는 모래나 점토가 잔잔한 해안에 퇴적되어 형성된 지형은 갯벌이다. 밀물 때 바닷물에 잠기고 썰물 때 수면 위로 드러나며 양식장이나 염전, 생태 학습장이나 관광지로 활용된다.

② 고원 : 높고 평탄한 지형과 침식에 의한 평탄 지형

③ 피오르 : 빙하의 침식으로 생긴 U자형 골짜기에 바닷물이 유입되어 생긴 좁고 긴 만

④ 용암 동굴 : 화산활동으로 인해 굳은 용암의 표면 아래에 형성된 동굴

09 환율은 서로 다른 두 나라 화폐의 교환 비율을 말하며, 외국 화폐 1단위와 교환되는 자국 화폐의 가격으로 표시한다.

② 실업률 : 경제 활동 인구 중 실업자가 차지하는 비율

③ 경제 성장률 : 실질 국내총생산(GDP)의 연간 증가율을 백분율로 나타낸 것

④ 물가 상승률 : 소비자가 구입하는 상품과 서비스의 가격변동을 측정하는 지표인 소비자물가지수의 전년 대비 변화율

10 한번 만들어진 문화가 고정되는 것이 아니라 시간이 흐름에 따라 끊임없이 변화하는 문화의 속성을 '변동성'이라 한다. 휴대 전화가 급속하게 보급되면서 공중전화가 점차 사라져 가고 있는 것은 문화 변동성의 한 예이다.

② 수익성 : 기업이 경제 활동의 대가로 얻는 경제적 가치의 정도

③ 일회성 : 단 한 번만 일어나는 성질

④ 희소성 : 인간의 욕구는 무한하지만 이를 충족해 줄 자원이 상대적으로 부족한 상태

TIP 문화의 속성

- **학습성** : 문화는 후천적으로 학습을 통해 습득함
- **축적성** : 문화는 학습능력과 상징체계 등을 통해 다음 세대로 전승됨
- **공유성** : 문화는 특정 사회집단에서 공유하는 생활양식으로, 다른 문화와 구별됨
- **변동성** : 문화는 시간의 흐름에 따라 지속적으로 변함
- **전체성** : 문화는 각 요소가 밀접한 관련을 맺으며 전체 문화를 형성함

---

11 여성이 결혼을 이유로 사표를 강요당하여 회사를 그만두게 되는 경우는 부당해고에 해당한다. 이처럼 사용자가 근로자를 정당한 이유 없이 해고하는 것을 부당 해고라 한다.

① 권력 분립 : 국가권력을 나누어 각각 다른 기관에 분담시켜 서로 견제·균형하게 함으로써 국민의 자유와 권리를 보장하려는 자유주의적 조직원리 또는 그 제도

③ 임금 체불 : 사용자가 근로자에게 노무를 제공받고도 그 대가인 임금 등을 지불하지 않는 행위

④ 국민 투표 : 직접민주정치의 한 형태로, 국가의 중대한 사항을 주권자인 국민의 의사를 물어 결정하기 위한 투표

12 선거구를 법에 따라 미리 획정하는 것을 선거구 법정주의라고 한다. 이는 특정 정당이나 특정 후보에게 유리하도록 임의로 선거구를 변경하는 것을 막아 선거가 공정하게 치러지도록 보장한다.

① 심급 제도 : 공정하고 정확한 재판을 위해 급이 다른 법원에서 여러 번 재판할 수 있는 제도(3심제가 원칙)이다.

② 지역화 전략 : 지역화를 통해 지역의 경쟁력을 강화하고 지역 경제를 활성화시키기 위한 것으로, 대표적인 지역화 전략으로는 지역 브랜드, 장소 마케팅, 지리적 표시제 등이 있다.

③ 사법부의 독립 : 공정한 재판을 위해서는 사법부가 입법부와 행정부로부터 독립되어 있어야 한다.

13 정부는 정치 과정에 참여하는 국가 기관으로, 국회에서 제정한 법률에 근거하여 구체적인 정책을 수립하고 이를 실행에 옮기는 역할을 한다.

① 언론 : 매체를 통하여 어떤 사실을 밝혀 알리거나 어떤 문제에 대하여 여론을 형성하는 집단

② 정당 : 정치권력의 획득을 목적으로 정치적 견해를 같이 하는 사람들이 모인 단체

④ 이익 집단 : 특정 목적을 위해 의도적, 후천적으로 형성된 집단(예 회사, 정당 등)

14 헌법 재판소는 헌법의 해석과 관련된 정치적 사건과 국회에서 만든 법률 등을 사법적 절차에 따라 심판하는 헌법 재판 기관으로 위헌 법률 심판, 헌법 소원 심판, 탄핵 심판, 권한 쟁의 심판, 정당 해산 심판 등의 권한을 갖는다.

① 국회 : 국민의 대표로 구성한 입법 기관

② 지방 법원 : 민사 및 형사 소송을 처리하는 1심 법원

④ 선거 관리 위원회 : 선거와 투표의 공정한 관리를 위해 설치된 독립적 국가기관

- **위헌 법률 심판** : 법원의 위헌 심사 제청이 있는 경우 법률의 위헌 여부를 심판
- **탄핵 심판** : 국회의 탄핵소추가 있는 경우 고위공직자 등에 대한 탄핵심판을 담당
- **정당 해산 심판** : 정당의 목적이나 활동이 민주적 기본 질서에 위배될 때 정부는 헌법재판소에 그 정당의 해산을 제소 할 수 있음
- **권한 쟁의 심판** : 국가 기관 상호간이나 국가 기관과 지방 자치 단체 간에 권한과 의무에 관해 다툼이 있는 경우 헌법 재판소가 이를 조정하기 위해 행하는 심판
- **헌법 소원 심판** : 법률이나 공권력으로 기본권을 침해당한 국민이 권리의 구제를 위해 제기

15 부동산은 아파트나 빌딩 등과 같이 움직여 옮길 수 없는 자산으로, 개인이나 단체가 소유한 경제적 가치가 있는 실물 자산을 말한다.
   ① 예금 : 일정한 계약에 의하여 은행이나 우체국 따위에 돈을 맡기는 일
   ② 적금 : 금융 기관에 일정 금액을 일정 기간 동안 불입한 다음에 찾는 저금
   ③ 현금 : 정부나 중앙은행에서 발행하는 지폐나 주화

16 시장의 균형 가격은 수요량과 공급량이 일치하는 곳에서 결정되는데, 그래프에서 아이스크림의 수요량과 공급량이 200개로 일치하는 가격인 2,000원에서 균형 가격이 결정된다. 그러므로 아이스크림 시장의 균형 가격은 2,000원이고, 균형 거래량은 200개이다.

17 주로 지배자의 무덤으로 사용된 탁자식 고인돌은 청동기 시대의 대표적 유물이다. 청동기 시대에는 사유재산 제도와 계급이 발생하였고, 지배자인 군장이 등장하였다.

18 실학은 조선 후기에 등장한 새로운 사상으로 실사구시의 학문 태도를 강조하였다. 대표적인 실학자인 정약용, 박지원, 박제가 등은 현실 문제를 해결하기 위해 토지 제도 개혁, 상공업 발전 등을 주장하였다.
   ① 불교 : 인도의 석가모니가 창시한 후 동양 여러 나라에 전파된 종교
   ② 도교 : 신선사상을 기반으로 노장사상, 유교, 불교와 여러 신앙 요소들을 받아들여 형성된 종교
   ④ 풍수지리설 : 산세 · 지세 · 수세 등을 판단하여 이것을 인간의 길흉화복에 연결시키는 사상

19 조선 시대에 영조와 정조가 붕당의 대립을 줄이고 왕권을 강화하고자 실시한 정책은 탕평책이다.
   ① 호패법 : 조선 태종 때 호구의 정확한 파악을 위해 16세 이상의 남자들에게 발급한 호패 제도
   ③ 과전법 : 고려 말 관리에게 등급에 따라 수조권(토지로부터 조세를 거둘 수 있는 권리)을 지급했던 토지 제도
   ④ 위화도 회군 : 명나라의 요동을 공략하기 위해 출정했던 이성계가 위화도에서 회군한 사건

20 통일 신라의 신문왕은 국학을 설립하여 유학 교육을 진흥시키고 지방 행정 조직인 9주 5소경을 완비하였다. 또한 관리들에게 관료전을 지급하고 귀족의 경제 기반이었던 녹읍을 폐지하였다.
   ① 세조 : 계유정난을 일으켜 단종을 폐위하고 왕위에 오른 조선의 제7대 국왕이다.
   ③ 유형원 : 조선 중기의 실학자로 사회 개혁을 위해 반계수록을 저술하였다.
   ④ 흥선 대원군 : 조선 고종의 아버지로 경복궁을 중건하고 쇄국정책을 주도하였다.

21 병자호란 이후 조선 효종 때 조선을 도운 명에 대한 의리를 내세우며 청에 당한 치욕을 갚고자 추진한 운동이다.
   ② 화랑도 조직 : 씨족 공동체의 전통을 가진 신라의 청소년 집단으로, 진흥왕은 화랑도를 국가적인 조직으로 개편하였다.
   ③ 별무반 편성 : 고려 숙종 때 윤관은 신기군, 신보군, 항마군으로 조직된 별무반을 편성하여 여진족의 침입에 대비하였다.
   ④ 광주 학생 항일 운동 : 광주에서 발생한 한 · 일 학생 간의 충돌을 일본 경찰이 편파적으로 처리하여 광주 학생 항일 운동이 촉발되었다.

22 나 · 당 연합군이 백제와 고구려를 차례대로 멸망시킨 후 신라는 한반도의 지배 야욕을 보이던 당나라와의 전쟁에서 승리하여 삼국 통일을 이룩하였다.

23 몽골의 침입에 맞서 싸운 나라는 고려이다.
   - 강화도 천도 : 몽골의 무리한 조공 요구와 내정 간섭에 반발한 고려의 최우가 다루가치를 사살하고 강화도로 천도하여 방비를 강화하였다.
   - 삼별초의 항쟁 : 강화도에 반몽정권이 수립된 후 배중손은 삼별초를 이끌고 대몽 항쟁을 펼쳤다.
   - 팔만대장경 완성 : 몽골의 침입으로 초조대장경이 소실된 후 부처의 힘으로 이를 극복하고자 고려 고종 때 강화도에 대장도감을 설치하여 팔만대장경을 완성하였다.

24 한·일 국교 정상화, 새마을 운동, 베트남 파병, 유신 헌법 선 포는 모두 박정희 정부 때에 추진되었다.
- **한·일 국교 정상화** : 박정희 정부 때에 김종필과 오히라 간의 한·일 회담에서 한국과 일본의 국교 정상화가 이루 어졌다.
- **새마을 운동** : 박정희 정부 때의 농촌 근대화를 표방한 범 국민적 지역 사회 개발 운동이다.
- **베트남 파병** : 박정희 정부 때에 미국의 요청에 따라 국군 의 전력 증강과 차관 원조를 약속받고 베트남 전쟁에 참전 하였다.
- **유신 헌법 선포** : 박정희 정부 시기에 장기 집권을 위해 대 통령의 권한을 강화한 유신 헌법을 선포하였다.

25 1938년 일제는 인력과 물자를 수탈하기 위해 국가 총동원법 을 제정하였고, 이를 근거로 근로 정신대와 일본군 '위안부' 등으로 한국 여성을 강제 동원하였다.
① **병자호란** : 조선이 청의 군신 관계 요구를 거절하자 청이 조선을 침략한 전쟁으로, 인조는 남한산성에서 항전하다 결국 삼전도에서 굴욕적인 강화를 맺었다.
② **과거제 시행** : 고려 광종 때 인재를 등용하기 위해 한림학 사 쌍기의 건의로 시행된 제도이다.
③ **서경 천도 운동** : 고려 인종 때 묘청이 풍수지리설에 근거 하여 서경 천도를 주장한 운동이다.

제5교시

과 학

정답 및 해설 |

정답

01 ①	02 ③	03 ④	04 ③	05 ①
06 ①	07 ④	08 ②	09 ③	10 ④
11 ②	12 ④	13 ③	14 ④	15 ③
16 ②	17 ②	18 ①	19 ①	20 ③
21 ①	22 ④	23 ③	24 ①	25 ②

해설

01 물이 배를 밀어 올려 배가 물에 뜨는 것처럼 액체나 기체 속에서 물체를 밀어 올리는 힘은 부력이다. 부력의 크기는 액체나 기체에 잠긴 물체의 부피가 클수록 크다.
② **중력** : 지구가 물체를 끌어당기는 힘
③ **마찰력** : 물체와 접촉면 사이에서 물체의 운동을 방해하는 힘
④ **탄성력** : 변형된 물체가 원래의 모양으로 돌아가려는 힘

02
반사 법칙 : 입사각 = 반사각

빛이 반사할 때 입사광선, 반사광선, 법선은 한 평면 위에 있고 입사각과 반사각의 크기는 항상 같다. 그러므로 그림에서 레이저 빛의 반사각이 60°이므로 입사각의 크기도 60°이다.

03 그림과 같이 (+)대전체를 알루미늄 막대에 가까이 하였을 때, 대전체와 가까운 쪽은 다른 종류의 전하로 대전되므로 ㉠은 (−)로 대전되고, 대전체와 먼 쪽은 같은 종류의 전하로 대전되므로 ㉡은 (+)로 대전된다.

04 전류가 흐르는 방향이 반대가 되면 자기장의 방향도 반대가 되므로, 나침반의 방향도 반대가 된다.

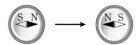

05
$속력 = \dfrac{이동거리}{시간}$

속력은 시간에 따른 물체의 위치 변화로, 그래프에서 물체가 2초 동안 4m를 이동하였으므로,
$속력 = \dfrac{4m}{2초} = 2m/s$

06 위치 에너지는 질량이 클수록 그리고 높이가 높을수록 커진다. 그러므로 질량이 같은 A~D의 물체 중 중력에 의한 위치 에너지가 가장 큰 것은 지면을 기준으로 물체가 가장 높은 곳에 위치한 A이다.

07 향수병 마개를 연 채로 놓아두면 향수 입자는 사방으로 퍼진다. 이처럼 물질을 이루는 입자가 스스로 운동하여 퍼져 나가는 현상을 '확산'이라 한다.
① 융해 : 고체 → 액체
② 응결 : 기체 → 액체
③ 응고 : 액체 → 고체

08
기화 : 액체 → 기체

B는 액체가 기체로 변화하는 것이므로 기화에 해당한다.
① A(융해) : 고체 → 액체
③ C(응고) : 액체 → 고체
④ D(응결) : 기체 → 액체

09 암모니아의 분자식이 NH_3이므로 분자 1개를 구성하는 질소(N) 원자의 개수는 1개이고, 수소 원자(H)의 개수는 3개이다.

10 물질이 뜨거나 가라앉는 것은 단위 부피에 대한 물질의 질량을 의미하는 밀도 때문이다. 따라서 밀도의 크기는 질량의 크기에 따라 가라앉은 순서이므로, D > C > B > A 순이다. 그러므로 밀도가 가장 큰 것은 D이다.

11 과산화 수소를 분해하여 물과 산소가 생성되는 반응의 화학
반응식은 다음과 같다.

$$2H_2O_2 \quad \rightarrow \quad 2H_2O \quad + \quad O_2$$
(과산화 수소)   (물)   (산소)

그러므로 ㉠에 해당하는 것은 H_2O(물)이다.

12 질량 보존의 법칙에 따라 화학 반응이 일어날 때 반응 전 물
질의 총 질량과 반응 후 생성된 물질의 총 질량은 같다. 주
어진 그래프에서 마그네슘 3g을 모두 연소시켰을 때 생성된
산화 마그네슘의 질량은 5g이고, 이를 화학 반응식으로 나타
내면 다음과 같다.

마그네슘   +   산소   →   산화 마그네슘
(3g)   (2g)   (5g)

13 무궁화는 광합성을 하여 스스로 양분을 만들고 뿌리, 줄기,
잎, 꽃이 발달한 다세포 생물이므로, 생물의 분류 중 식물계
에 해당한다.

① 균계 : 기생 생활을 하며 유기물을 분해하여 영양분을 흡
수하는 생물로 포자에 의해 번식함
② 동물계 : 핵을 가지는 진핵 생물이며 다세포성 생물로 세
포벽이 없고, 다양한 기능을 하는 세포들로 구성되어 있음
④ 원생생물계 : 핵을 가지는 진핵생물이며 짚신벌레, 아메바
등이 이에 속함

14 포도당 + 산소 → ㉠(이산화 탄소) + 물 + 에너지

생물의 호흡은 영양소(포도당)를 분해하여(산소와 반응시켜)
이산화 탄소와 물을 배출하고 에너지를 얻는 과정이다. 그러
므로 ㉠에 해당하는 것은 이산화 탄소이다.

15 소화계는 음식물의 소화와 흡수에 관여하는 기관계로 입, 식도,
간, 위, 소장 등이 포함된다. ③의 폐는 호흡계에 해당한다.

16 판막은 사람 심장의 심방과 심실 사이 또는 심실과 동맥 사
이에서 혈액이 거꾸로 흐르지 않고 한 방향으로만 흐르게 하
는 역할을 한다.

① 융털 : 흡수 면적을 넓히기 위해 소장 점막에 촘촘하게 손
가락같이 접혀 있는 구조물
③ 폐포 : 보통 허파꽈리라고 부르며 기도의 맨 끝부분에 있
는 포도송이 모양의 작은 공기주머니
④ 혈구 : 적혈구, 백혈구, 혈소판으로 구성된 혈액 속의 세포
성분

TIP 심장의 구조

• **심방** : 심방은 심장으로 들어오는 혈액을 받아들이는 곳으로, 정맥
과 연결되어 있다.
  – **좌심방** : 폐에 온 혈액을 받아들이며, 폐정맥과 연결된다.
  – **우심방** : 온몸에서 온 혈액을 받아들이며, 대정맥과 연결된다.
• **심실** : 심실은 혈액을 내보내는 곳으로, 동맥과 연결되어 있다. 심
방보다 두꺼운 근육으로 이루어져 있어 혈액을 내보내기에 알맞다.
  – **좌심실** : 온몸으로 혈액을 내보내며, 대동맥과 연결된다. (가장
두꺼운 근육으로 이루어진다)
  – **우심실** : 폐로 혈액을 내보내며, 폐동맥과 연결된다.
• **판막** : 혈액이 거꾸로 흐르는 것(역류)을 막는 역할을 한다.

17 호르몬은 내분비샘에서 만들어져 혈액을 따라 이동하는 화학
물질이다. 혈당량을 조절하는 인슐린, 글루카곤 등은 이자에
서 분비되는 호르몬이다.

① 물 : 산소와 수소가 결합된 무색무취의 액체 물질이다.
③ 무기 염류 : 인체에 필요한 미량의 무기질 영양소로 칼슘,
인, 나트륨, 구리, 아연 등을 말한다.
④ 바이타민(비타민) : 주영양소나 무기 염류는 아니지만 물
질대사나 신체 기능을 조절하는 데 필수적인 영양소

18 1개의 모세포가 분열을 해서 4개의 딸세포로 분열하는 것은
생식세포 분열이며, 정자는 생식세포이므로 이러한 생식세포
분열에 의해 형성된다. ②의 간 세포, ③의 심장 세포, ④의
이자 세포는 모두 체세포 분열에 의해 형성된다.

19 아버지(AA)가 만드는 혈액형의 유전자형은 A형이고 어머
니(OO)가 만드는 혈액형의 유전자형은 O형이다. 그러므로
딸에게 나타나는 혈액형의 유전자형은 AO형이다(A형이 O
형보다 우성이므로 결국 딸에게 발현되는 혈액형의 유전자형
은 A형임).

20 지진이 발생할 때 생긴 진동을 분석하여 지구의 내부 구조를
연구하는 방법은 지진파 연구이다.

21 열과 압력을 받아 성질이 변한 암석은 변성암으로, 변성 작용
을 받아 압력에 수직인 방향으로 눌려 생기는 납작한 줄무늬
인 '엽리'가 생기는 것이 특징이다.

② 심성암 : 마그마가 지각 아래 깊은 곳에서 굳어 결정의 크
기가 큰 조립질의 암석
③ 퇴적암 : 퇴적물이 풍화 · 침식 · 운반에 의해 다져지고 굳
어져 만들어진 암석
④ 화산암 : 화산 활동에 의한 마그마가 식어서 생성된 암석

22 월식은 달이 지구 주위를 공전하는 동안 지구의 그림자 속으로 들어가 어둡게 보이는 현상으로, ④처럼 태양−지구−달의 순서로 일직선이 되었을 때 나타난다.

23 태양계 행성을 물리적 특성에 따라 분류할 때 금성. 수성. 화성은 지구형 행성에 해당한다. ③의 목성은 목성형 행성에 해당한다.

> **TIP** 행성의 분류
> • **지구형 행성** : 수성. 금성. 지구. 화성
> • **목성형 행성** : 목성. 토성. 천왕성. 해왕성

24 온난 전선은 전선 중에서 따뜻한 기단이 찬 기단 쪽으로 이동하는 전선으로, 온난 전선이 접근하면 기온과 이슬점 온도는 점차 높아지고 기압은 급강하한다.
　② **정체 전선** : 거의 이동하지 않고 일정한 자리에 머물러 있거나 움직여도 매우 느리게 움직이는 전선(예 장마 전선)
　③ **폐색 전선** : 한랭 전선과 온난 전선이 겹쳐진 전선
　④ **한랭 전선** : 세력이 강한 찬 공기와 더운 공기가 만나면서 찬 공기가 더운 공기 아래쪽으로 파고들면서 만드는 전선

25 연주 시차는 지구의 공전 운동으로 인해 생기는 시차로, 별이 지구에 가까울수록 연주 시차가 크고 별이 지구에서 멀수록 연주 시차는 작다.

제6교시 선택 과목

도 덕

정답 및 해설 |

정답

01 ②	02 ①	03 ②	04 ①	05 ④
06 ①	07 ②	08 ③	09 ③	10 ④
11 ①	12 ①	13 ②	14 ③	15 ①
16 ②	17 ④	18 ④	19 ③	20 ③
21 ①	22 ④	23 ④	24 ③	25 ②

해설

01 인간은 홀로 살 수 없고, 사회 안에서 언어와 가치관, 지식, 생활양식 등을 배움으로써 온전한 인간으로 성장하는 사회적 존재이다. 즉, 사람은 혼자서는 살아가기 어려우므로 다른 사람과 도움을 주고받으며 더불어 살아가고자 한다.

TIP 인간의 특성
- **도구적 존재** : 불리한 신체 조건을 극복하기 위해 도구를 만들어 사용하는 존재
- **사회적 존재** : 인간은 홀로 살 수 없고, 사회 안에서 언어와 가치관, 지식, 생활양식 등을 배움으로써 온전한 인간으로 성장하는 존재
- **윤리적·이성적 존재** : 인간은 옳고 그름을 따지는 이성을 가진 존재로, 이성을 토대로 자신의 행동을 선택하고 반성함
- **유희적 존재** : 인간은 유희를 통해 즐거움을 추구하는 존재

02 도덕 원리는 도덕 판단의 근거가 되는 인간 존중이나 자유·평등 등과 같은 인류 공통의 보편적 가치 또는 행위의 규칙을 말한다. ①의 '정직해야 한다.'는 사람의 인격에 해당하는 도덕 판단의 대상이 되므로 도덕 원리에 해당한다.
② 장미꽃은 아름답다. → 가치 판단
③ 해는 동쪽에서 뜬다. → 사실 판단
④ 서울은 대한민국의 수도이다. → 사실 판단

TIP 판단의 종류
- **사실 판단** : 사실에 대한 확인을 통해 참과 거짓을 구분할 수 있는 판단
- **가치 판단** : 어떤 사실이나 대상의 의의나 중요성에 대한 개인의 주관적 판단
- **도덕 판단** : 사람의 인격이나 행위 등 도덕 원리를 기준으로 내리는 판단

03 불교의 핵심 원리로서 남을 깊이 사랑하고 가엾게 여기는 마음은 '자비'이다. 자비는 무아(無我) 사상을 바탕으로 즐거움을 주고 고통을 제거해주는 지극한 사랑이다.
① **분노** : 자신의 욕구 실현이 저지당하거나 어떤 일을 강요당했을 때, 이에 저항하기 위해 생기는 부정적인 정서 상태
③ **준법** : 헌법이나 법률 또는 규칙을 따르는 일
④ **쾌락** : 인간의 감정 상태 중 재미와 만족을 느끼는 상태 혹은 그 감정

04 이웃 간의 갈등을 해결하기 위해서는 자기 입장만을 주장하지 않고 상호 배려와 양보하는 자세가 필요하다. 이기심, 사생활 침해 등은 모두 이웃 간의 갈등을 유발하는 요인이다.

05 '자신의 참된 모습'을 의미하는 자아는 개인적 자아와 사회적 자아로 구분된다. 개인적 자아는 개인의 내적인 경험과 자아 성찰에 초점을 두는 자아로 소망, 능력, 가치관 등을 포함한다. ④의 '사회적 관습'은 타인과의 상호작용과 사회적 관계에서 나타나는 사회적 자아에 해당한다.

06 공장의 매연과 자동차의 배기가스로 대기가 오염되고, 공장 폐수와 생활 하수로 물이 오염되는 것은 지구 공동체의 환경 문제에 해당한다.
② **종교 문제** : 개인이나 집단 사이에서 종교적 이념이 달라 서로 적대시하거나 충돌하는 종교 간 갈등이 일어나고 심지어 종교 문제로 인해 전쟁이 유발되기도 한다.
③ **인종 차별** : 인종 집단에 따라 행동 특성의 차이나 우열이 존재한다는 생각이나 이에 기반한 행위로, 흔히 특정 인종에 대한 적대감을 드러내는 배타주의의 형태로 나타난다.
④ **아동 학대** : 아동의 건강 또는 복지를 해치거나 정상적 발달을 저해할 수 있는 신체적·정신적·성적 폭력이나 가혹 행위를 말한다.

07 ①의 '사랑', ③의 '감사', ④의 '진리'는 정신적 만족을 주는 정신적 가치에 해당하나, ②의 '용돈'은 물질을 통해 만족감을 느끼는 물질적 가치에 해당한다.

TIP 가치의 구분

형태적 특징에 따른 구분	물질적 가치	특정 물질 또는 물질적 형태의 가치와 그것을 통해 느끼는 만족감
	정신적 가치	정신적 만족을 주는 가치(지적가치, 도덕적 가치, 심미적 가치 등)
수단과 목적에 따른 구분	도구적 가치	다른 것 또는 다른 목적을 얻기 위한 수단이 되는 가치
	본래적 가치	그 자체가 귀중하고 목적이 되는 가치 (사랑, 생명 등)

08 스마트폰에 너무 많은 시간을 빼앗겨 학교생활까지 지장을 받을 뿐만 아니라 중독으로 이어지는 경우 필요한 덕목은 '절제'이다. 절제는 방종에 빠지지 않도록 이성으로 감정을 조절하고 자기 자신을 다스리는 것을 의미한다.
   ① 방관 : 어떤 일에 직접 나서서 관여하지 않고 곁에서 보기만 함
   ② 자애 : 윗사람이 아랫사람에게 베푸는 두터운 사랑
   ④ 정직 : 마음에 거짓이나 꾸밈이 없이 바르고 곧음.

09 봉사 활동은 다른 사람의 명령에 따라 억지로 참여하는 것이 아니라, 스스로 다른 사람을 돕고자 하는 마음에서 나오는 '자발적 참여'가 바람직한 자세이다.
   ㉠ 봉사 활동은 자기의 이익보다는 공익을 추구해야 한다.
      → 이타적 행위
   ㉢ 봉사 활동은 보수나 대가를 바라지 않아야 한다.
      → 무대가성
   ㉣ 봉사 활동은 일회성으로 끝나지 않고 꾸준히 참여해야 한다.
      → 지속성과 실천성

TIP 봉사 활동의 특성
- **자발적 참여** : 스스로 다른 사람을 돕고자 하는 마음에서 나온 행위
- **이타적 행위** : 다른 사람을 도우려는 이타적 행위
- **무대가성** : 대가를 바라지 않는 순수한 실천 행위
- **공동체 중시** : 공동체 전체를 위한 행위
- **지속성과 실천성** : 한결같은 마음으로 지속적으로 실천하는 행위

10 우정은 친구 간에 형성되는 친밀한 감정으로, 진정한 우정을 맺기 위해서는 친구의 어려움을 외면하지 않고 도와주려는 배려의 자세가 필요하다.

11 모든 사람이 인종, 피부색, 언어, 종교 등과 관계없이 누구나 동등하게 권리를 누려야 하는 것은 인권의 특성 중 '보편성'에 해당한다.

TIP 인권의 특성
- **보편성** : 누구나 동등하게 누릴 권리
- **천부성** : 태어나면서 자연적으로 갖게 되는 권리
- **불가침성** : 어떤 경우에도 침해할 수 없는 권리

12 어려움에 처한 사람을 도와야 한다는 것을 알면서도 그냥 지나치는 것은 공감, 관심, 용기가 부족할 때 발생하므로 이러한 도덕적 실천 의지를 기르도록 노력해야 한다.
   독단은 남과 상의하지 않고 혼자서 판단하거나 결정하는 것으로, 함양해야 할 도덕적 실천 의지의 대상이 아니다.

13 정의로운 국가는 모든 국민이 평등한 기회를 가지며 사회적 약자를 배려하는 국가로 평등, 공정, 복지 등의 보편적 가치를 지향한다. ②의 '혐오'는 싫어하고 미워하는 마음이므로, 정의로운 국가가 지향하는 보편적 가치에 해당하지 않는다.

14 이산가족의 고통과 남북 간의 문화 · 역사적 이질감은 남북한 간의 오랜 분단 상황으로 인해 발생한 폐해로, 이를 극복하기 위해 통일이 필요한 것이다.
   ㄱ. 분단 비용 지출을 늘리기(→ 줄이기) 위해서
   ㄷ. 군사적 긴장 관계를 심화시키기(→ 완화시키기) 위해서

TIP 민족 통일의 필요성
- 분단의 폐해 극복
- 민족적 동질성 극복
- 경제 발전과 복지 사회의 건설
- 인권의 보장
- 한반도 평화의 정착

15 문화 상대주의는 세계 문화의 다양성을 인정하고, 각 문화의 독특한 환경과 역사적 · 사회적 상황에서 그 나라의 문화를 이해해야 한다는 관점이다.
   ② 문화 절대주의 : 문화의 다양성과 상대성을 부정하는 태도
   ④ 자문화 중심주의 : 자기 문화만을 가장 우수한 것으로 생각하고 다른 문화를 무시하거나 부정하는 태도

16 환경 친화적인 삶이란 주변 환경에 미치는 영향을 생각하여 행동하는 삶인데, '일회용품 애용하기'는 쓰레기 배출을 증가시켜 환경을 오염시키므로 환경 친화적 삶이라고 볼 수 없다.

17 길이 보이지 않더라도 좌절하거나 포기하지 말고 새로운 길을 개척하자는 내용이므로, 그림에서 전달하고자 하는 것은

회복 탄력성이다. 회복 탄력성은 크고 작은 다양한 역경과 시
련과 실패에 대한 인식을 도약의 발판으로 삼아 더 높이 뛰
어 오를 수 있는 마음의 근력을 말한다.
① **익명성** : 어떤 행위를 한 사람이 누구인지 드러나지 않는
특성
② **가치 전도** : 높은 가치보다 낮은 가치를 추구하는 태도
③ **시민 불복종** : 기본권을 침해하는 부당한 법이나 제도에
대항하여 이를 폐기 또는 개정하기 위해 그것을 의도적으
로 위반하는 행위

18 인간의 본성상 자연스럽게 어울려 가족을 이루고, 마을을 이
루며, 마을이 커지면서 국가가 형성되었다는 자연발생설을
주장한 사상가는 아리스토텔레스이다.
① **칸트** : 근대 계몽주의를 정점에 올려놓고 독일 관념철학
의 기반을 확립한 철학자
② **롤스** : 공정한 사회를 이룩하기 위한 하나의 체계적이고
규범적인 이론인 정의론을 제시한 미국의 사회철학자
③ **슈바이처** : 아프리카 의료 봉사로 생명에 대한 경외라는
그의 철학을 실천에 옮긴 의사이자 노벨평화상 수상자

19 생태 중심주의는 인간을 자연의 일부로 여기고 자연이 가진
본래적 가치를 중시하는 자연관으로, 생태계 전체에 대한 배
려를 강조한다.
ㄱ. 자연의 무분별한 개발을 강조한다. → (X)
ㄹ. 인간은 자연을 지배할 권리를 지닌 존재라고 본다. → 인
간 중심주의

20 언어폭력은 말로 협박이나 욕설을 해서 상대방에게 상처를
주는 것으로, 외모를 비하하는 별명을 부르거나 거짓 소문으
로 상대방을 괴롭히는 것이 이에 해당한다. 꼬집거나 고의로
밀치는 것은 신체폭력에 해당한다.

21 국가의 정책과 법을 만드는 과정에 자발적으로 참여하는 시
민의 자질은 주인 의식이다. 시민은 한 국가의 주권을 가진
국가의 구성원이므로, 시민 각자가 주인 의식을 갖고 국가에
대한 권리와 의무를 다하는 것이 바람직한 시민의 자세이다.

> **TIP** 바람직한 시민의 자세
> • **주인 의식과 참여 의식** : 공공선을 위해 책임 의식을 가지고 참여.
> 민주적 절차의 존중
> • **준법정신** : 법과 기본 질서의 준수
> • **애국심** : 건전한 애국심의 형성
> • **공동체 의식, 관용 정신, 연대 의식** : 모두 인권에 대한 존중이 바
> 탕이 됨

22 부모와 자녀가 서로를 이해하기 위해 상대방의 처지에서 생
각해 보려고 노력하는 세대 간 소통 방법은 역지사지이다. 역
지사지는 상대편의 처지나 형편에서 생각해보고 이해하는 것
을 뜻한다.
① **청렴** : 성품과 행실이 깨끗하고 맑으며 탐욕이 없는 것
② **차별** : 둘 이상의 대상을 차이를 두어서 구별하는 것
③ **자아도취** : 스스로에게 황홀하게 빠지는 일

23 부패는 공정한 절차를 무시하고 부당한 방법으로 자기 이익
을 편취하는 행위로 다른 사람의 권익이 훼손될 수도 있다.
부패 행위의 대표적인 사례로 탈세 행위, 뇌물 수수, 권력 남
용 등이 해당한다.
① 비합리적인 관행이 감소(→ 증가)한다.
② 국가의 투명도가 향상(→ 저하)된다.
③ 사회 공동체 의식이 높아(→ 낮아)진다.

24 과학 기술의 유용성은 과학 기술을 통해 만들어진 제품이나
서비스의 사용 편의성을 의미한다. 그런데 과학 기술이 사용
의 편의성만을 추구하다 보면 과학 기술로 인한 부작용을 간
과하기 쉬우므로, 유용성만을 추구하는 것은 과학 기술의 바
람직한 활용 방안이라고 볼 수 없다.

25 부정적인 생각과 감정은 마음을 혼란스럽게 하고 평정심을
잃게 하므로, 마음의 평화를 얻기 위해서는 긍정적인 마음을
갖기 위해 노력해야 한다.

정답 및 해설

2024년도

제2회

제1교시

국 어

정답 및 해설

정답

01 ②	02 ④	03 ③	04 ④	05 ④
06 ②	07 ②	08 ①	09 ④	10 ①
11 ④	12 ③	13 ③	14 ②	15 ②
16 ①	17 ③	18 ①	19 ③	20 ④
21 ①	22 ②	23 ④	24 ①	25 ②

해설

01 격려의 말하기는 상대방이 용기나 의욕이 솟아나도록 북돋워 주는 것이다. 첫 출전이라 팀에 방해가 되거나 실수를 하지 않을까 걱정된다는 지후의 말에 민재가 긴장하지 말고 평소처럼 하라고 의욕을 북돋아 주고 있다. 그러므로 '민재'의 말하기 의도는 '격려'에 해당한다.

02 일기의 내용을 보면, 평소 말하기에는 자신이 있었기 때문에 별다른 준비를 하지 않았지만 막상 토론을 해 보니, 상대방의 주장에 반박할 타당한 근거가 떠오르지 않아 당황스러웠다고 기록되어 있다. 그러므로 일기를 쓴 '나'가 보완해야 할 점은 상대방의 주장에 반박할 타당한 근거를 미리 마련하는 것이다.

03 '버스'를 '가방'으로, '사람'을 '토끼'로, '책상'을 '비행기'로 바꾸어 말하면 다른 사람들이 잘 알아들을 수 없는 것은 언어의 '사회적' 특성 때문이다. 즉, 언어는 같은 언어를 사용하는 사람들 사이의 사회적 약속이다.
① 언어는 시간의 흐름에 따라 끊임없이 변화한다. → 역사성
② 언어의 의미와 말소리 사이에는 필연적인 관계가 없다. → 자의성
④ 언어를 사용하여 새로운 단어나 문장을 끊임없이 만들어 낼 수 있다. → 창조성

04 '부쳤어'의 기본형 '부치다'는 '편지나 물건 따위를 일정한 수단이나 방법을 써서 상대에게로 보내다'라는 의미로, 한글 맞춤법에 따라 맞게 표기되었다.
① 된장찌게 → 된장찌개
'된장찌게'는 '된장을 풀어 넣고 끓인 찌개'를 뜻하는 명사 '된장찌개'로 고쳐 써야 옳다.
② 맞히고 → 마치고
'맞히고'는 '어떤 일이나 과정, 절차 따위가 끝나다 또는 그렇게 하다'라는 의미의 동사 '마치고'로 고쳐 써야 옳다.
③ 웬지 → 왠지
'웬지'는 '왜 그런지 모르게 또는 뚜렷한 이유도 없이'를 뜻하는 부사 '왠지'로 고쳐 써야 옳다.

05 혀끝과 윗잇몸이 닿아서 나는 소리인 '잇몸소리'에는 'ㄴ, ㄹ, ㄷ, ㄸ, ㅌ, ㅅ, ㅆ'의 자음들이 있다.
① ㄱ - 여린입천장소리
② ㅁ - 울림소리
③ ㅈ - 센입천장소리

TIP 자음 체계

소리 나는 위치 / 소리의 성질		입술 소리	잇몸소리	센입천장 소리	여린 입천장 소리	목청 소리
안울림 소리	예사 소리	ㅂ	ㄷ ㅅ	ㅈ	ㄱ	ㅎ
	된소리	ㅃ	ㄸ ㅆ	ㅉ	ㄲ	
	거센 소리	ㅍ	ㅌ	ㅊ	ㅋ	
울림소리		ㅁ	ㄴ, ㄹ		ㅇ	

06 맑게[막께] → [말께]
'맑게'의 겹받침 'ㄺ'은 어말 또는 자음 앞에서 [ㄱ]으로 발음해야 하나, 용언의 어간 말음 'ㄺ'은 'ㄱ' 앞에서 [ㄹ]로 발음되므로 [말께]라고 발음해야 옳다.
① 굵고[굴꼬] : '굵고'의 겹받침 'ㄺ'은 어말 또는 자음 앞에서 [ㄱ]으로 발음해야 하나, 용언의 어간 말음 'ㄺ'은 'ㄱ' 앞에서 [ㄹ]로 발음되므로 [굴꼬]라고 발음한 것은 옳다.
③ 읊고[읍꼬] : '읊고'의 겹받침 'ㄿ'은 어말 또는 자음 앞에서 [ㅂ]으로 발음해야 하므로, [읍꼬]라고 발음한 것은 옳다.
④ 젊지[점:찌] : '젊지'의 겹받침 'ㄻ'은 어말 또는 자음 앞에서 [ㅁ]으로 발음해야 하므로, [점:찌]라고 발음한 것은 옳다.

07 ⊙의 '아름답다'는 사람이나 사물의 상태나 성질을 나타내는 말인 형용사이다. 마찬가지로 ②의 '작다'도 '정하여진 크기에 모자라서 맞지 아니하다'라는 뜻의 형용사이다.
① 정말 → 부사
③ 옛 → 관형사
④ 운동장 → 명사

08
> 토끼가(주어) + 들판에서(부사어) + 풀을(목적어) + 뜯는다(서술어).

① 주어와 서술어의 관계가 한 번만 나타나는 홑문장이다.
② 바람이(주어) + 불고(서술어) / 나무가(주어) + 흔들린다(서술어). → 겹문장
③ 나는(주어) + {겨울이(주어) + 오기를(서술어)} + 기다린다(서술어). → 겹문장
④ 비가(주어) + 와서(서술어) / 우리는(주어) + 소풍을(목적어) + 연기했다(서술어). → 겹문장

09 타인과의 유대감을 강화하는 것은 '웃음의 사회적 효과'에 해당하므로, ⊙에 들어갈 세부 내용으로 가장 적절하다.
① → 웃음의 신체적 효과
② → 웃음의 정신적 효과
③ → 웃음의 신체적 효과

10 '했다'의 주어인 '가장 기억에 남는 일은'은 과거의 일이므로, 문장의 호응을 고려하여 '했던 것이다'로 고쳐 써야 옳다. 그러므로 ⊙의 '했다'를 미래의 의미를 지닌 '할 것이다'로 바꾼 것은 적절한 고쳐쓰기 방안이 아니다.
② ㉡의 '발각'을 '여러 사람 가운데서 쓸 사람을 뽑음'을 뜻하는 '발탁'으로 바꾼 것은 적절하다.
③ 주어진 글은 화자가 축구를 그만둔 이유를 설명하는 내용인데, ㉢은 우리나라 축구 대표 팀이 월드컵에서 좋은 성과를 거둔 소식을 전하고 있다. 그러므로 글의 흐름에서 벗어난 ㉢을 삭제하는 것은 적절하다.
④ ㉣ 다음의 '나는 축구를 그만두게 되었다.'는 원인이 아닌 결론에 해당하므로, ㉣의 '왜냐하면'을 문장이 자연스럽게 연결되도록 '결국'으로 바꾼 것은 적절하다.

[11~13]

하근찬, 「수난이대」
• 갈래 : 단편 소설, 전후 소설
• 성격 : 사실적, 상징적
• 배경 : 시간 – 일제 강점기부터 6·25 전쟁 직후까지 / 장소 – 경상도 어느 시골 마을
• 시점 : 전지적 작가 시점(부분적 관찰자 시점)
• 제재 : 만도 부자의 2대에 걸친 수난
• 주제 : 민족의 수난과 이를 극복하려는 의지
• 특징
– 현대사의 굴곡으로 인한 개인의 상처와 상실을 사실적으로 묘사함
– 역사적 시련을 극복하기 위한 방안을 제시함
– 인물의 대사에 방언을 사용하여 사실감을 부여함

11 만도가 진수를 업고 외나무다리가 놓여 있는 시냇물을 건너고 있는 모습에서 알 수 있듯이 만도는 진수를 외면하고 있지는 않다. 또한 진수는 만도의 등에 업힐 때 차라리 자신이 죽어 버렸으면 나았을 거라고 말한 대목에서 만도에게 미안해하고 있음을 알 수 있다.
① '그 순간 만도의 두 눈은 ~ 입은 딱 벌어졌다.'에서 만도는 처음에 진수의 모습을 보고 매우 놀랐음을 알 수 있다.
② 아버지의 등에 업힌 진수가 곧장 미안스러운 얼굴을 하며, '나꺼정 이렇게 되다니 ~ 나았을 낀데…….'에서 진수는 만도가 자신을 업는 것에 대해 미안해하고 있음을 알 수 있다.
③ '세상을 잘못 만나서 진수 니 신세도 참 똥이다. 똥!'에서 만도는 현재 진수의 상황에 대해 안타까워하고 있음을 알 수 있다.

12 '진수는 지팡이와 고등어를 각각 한 손에 쥐고, 아버지의 등어리로 가서 슬그머니 업혔다.'에서 진수가 지팡이를 내려놓고 만도의 등에 업힌 것은 아님을 알 수 있다.
① "아부지!"하고 진수가 만도를 부르는 모습에서 만도는 진수의 아버지임을 알 수 있다.
② 외나무다리가 놓여 있는 시냇물의 밑바닥이 모래흙이어서 지팡이를 짚고 건너가기가 만만치 않고, 그렇다고 지팡이를 짚고 외나무다리 위로 건너기는 무리였으므로, 진수가 외나무다리를 보고 난감해 했을 것이라고 짐작할 수 있다.
④ '만도는 등어리를 아들 앞에 갖다 대고 하나밖에 없는 팔을 뒤로 버쩍 내밀며'에서 만도는 한쪽 팔이 없음을 알 수 있고, '스쳐 가는 바람결에 한쪽 바짓가랑이가 펄럭거리는 것이 아닌가'에서 진수는 한쪽 다리가 없음을 알 수 있다.

13 한쪽 팔이 없는 아버지 만도가 한쪽 다리를 잃은 아들 진수를 업고 외나무다리를 건너는 모습에서 등장인물이 주어진 난관을 회피하는 것이 아니라 적극적으로 극복해 나가고 있음을 엿볼 수 있다.

[14~16]

> 김소월, 「먼 후일」
> • 갈래 : 자유시, 서정시
> • 성격 : 민요적, 여성적, 애상적
> • 제재 : 떠난 임
> • 주제 : 떠난 임에 대한 간절한 그리움
> • 특징
> – 여성적 어조의 사용
> – 민족적 정서인 이별의 한을 다룸
> – 가정법을 통해 임과의 재회 상황을 가정함
> – 반어적 표현의 반복을 통해 임에 대한 그리움 강조

14 '찾으시면', '나무라면' 등에서 가정법을 사용하여 임과의 재회 상황을 표현하고 있다.
   ① 사람이 아닌 것을 사람에 빗대어 표현한 의인화의 소재들은 보이지 않는다.
   ③ 의문문의 형식을 사용한 설의법의 표현은 보이지 않는다.
   ④ 화자의 감정을 자연물에 이입시키는 '감정이입'의 기법은 보이지 않는다.

15 1연은 '먼 훗날', 2연은 '당신이', 3연은 '그래도', 4연은 '오늘도'로 시작하고 있으므로, 각 연을 동일한 글자로 시작하고 있는 것은 아니다.
   ① '먼 훗날 / 당신이 / 찾으시면'처럼 각 행을 세 마디로 끊어 읽을 수 있는 3음보의 율격을 보이고 있다.
   ③ '당신이', '잊었노라' 등의 동일한 시어를 반복적으로 사용하고 있다.
   ④ '~한다면 ~했노라'라는 유사한 문장 구조가 여러 번 나타나고 있다.

16 '잊었노라'고 반어적 표현의 사용을 통해 잊지 못한 임에 대한 그리움을 표현하고 있다. 그러므로 화자의 주된 정서는 떠난 임에 대한 간절한 그리움이다.

[17~19]

> 박지원, 「호질」
> • 갈래 : 한문소설, 단편소설, 우화소설, 풍자소설
> • 성격 : 풍자적, 비판적, 우의적
> • 배경 : 시간 – 중국 춘추 시대 / 장소 – 정(鄭)나라 어느 고을
> • 시점 : 전지적 작가 시점
> • 제재 : 양반의 허위의식
> • 주제 : 양반의 위선적인 삶과 인간 사회의 부도덕성 비판
> • 특징
> – 범을 의인화하여 인간의 부도덕함을 비판함
> – 조선 후기 양반에 대한 부정적인 생각을 드러냄
> – 인물의 행동을 우스꽝스럽게 표현하여 풍자함

17 "이제 사정이 급해지니까 면전에서 낯간지러운 아첨을 하는구나. 그래, 누가 네 말을 곧이듣겠나?"라고 말한 대목에서 범이 북곽 선생의 말을 곧이곧대로 받아들이지 않고 있음을 알 수 있다.
   ① '혹 사람들이 자기를 알아볼까 ~ 귀신 웃음소리를 내었다.'에서 북곽 선생이 귀신 춤을 추며 달아났음을 알 수 있다.
   ② 똥 속에 빠진 북곽 선생을 만난 범이 "선비, 어이구. 지독한 냄새로다."라고 말한 장면에서 북곽 선생의 몸에서 지독한 냄새가 풍겼음을 알 수 있다.
   ④ '두렵기도 하고 ~ 범은 이미 가 버렸다.'에서 범이 북곽 선생에게 인사도 없이 사라져 버렸음을 알 수 있다.

18 범 앞에서 머리를 조아렸던 북곽 선생이 아침에 김을 매러 가는 농부에게 그 상황을 들켰을 것을 창피하게 생각하여 『시경』의 구절을 인용하여 이를 모면하려고 하고 있다. 그러므로 [A]에서 허세를 부리고 있는 북곽 선생의 태도를 엿볼 수 있다.

19 ㉠의 '자기', ㉡의 '선비', ㉢의 '이 천한 신하'는 모두 '북곽 선생'을 가리키나 ㉢의 '내'는 '범'을 가리킨다.

[20~22]

20 제시문의 말단 부분에서 글쓴이는 플라스틱을 전혀 사용하지 않고 생활하기는 어렵겠지만 줄일 수 있다면 줄여 보되, 특히 짧은 시간 사용하고 버리는 일회용 플라스틱 제품은 더더욱 선택하지 말 것을 주문하고 있다. 그러므로 '플라스틱 사용을 줄이려고 노력하자.'는 ④의 설명이 글쓴이의 핵심 주장으로 가장 적절하다.

21 제시문의 [A]는 해양 쓰레기 중 플라스틱 쓰레기로 인한 다양한 문제점에 대해 설명하고 있다. 그런데 '쉽게 분해되어 토양을 오염시킨다.'는 ①의 설명은 플라스틱의 토양 오염에 대해 설명하고 있으므로, ㉮에 들어갈 내용으로 부적절하다. 이에 덧붙여 본문에서 플라스틱은 '다시 수백 년 동안 분해되지 않은 쓰레기'라고 하였으므로, '쉽게 분해되어'라는 내용 또한 잘못된 설명이다.

22 [A]는 해양 쓰레기 중 플라스틱 쓰레기로 인한 다양한 문제점을 열거하고 있다. 그러므로 ㉠에는 앞 내용에 추가되는 말이 이어질 때 쓰는 첨가의 부사어 '또한'이 들어갈 말로 가장 적절하다.
① 결코 → '아니다', '없다', '못하다' 등의 부정어와 호응을 이루어 부정적 내용의 글이 이어져야 한다.
③ 그렇지만 → 앞의 내용과 대립되는 말이 이어져야 한다.
④ 왜냐하면 → 앞 내용의 원인이 되는 말이 이어져야 한다.

[23~25]
23 제시문의 마지막 문단에서 캘리포니아의 집, 수영장의 수평선, 다이빙 보드의 대각선이 야자수 줄기의 수직선과 대비를 이룬다고 하였다. 그러므로 '수영장의 수평선이 야자수 줄기의 수직선과 대비를 이룬다.'는 ④의 설명은 적절하다.
① 수영장에서 다이빙할 때 들리는 '풍덩' 소리를 그림에 표현했다.
② 아크릴 물감을 사용하여 색을 선명하게 표현했다.
③ 물보라가 일어나는 부분만 붓으로 흰색을 거칠게 칠하고, 다른 부분은 롤러를 사용해 파란색으로 매끈하게 칠했다.

24 호크니가 귀로 듣는 '풍덩' 소리를 눈으로 보는 그림으로 표현할 수 있었던 것은 색채, 기법, 구도의 3가지 요소가 조화를 이루어 가능했다고 하며 이후 각 요소에 대해 차례대로 설명하고 있다. 그러므로 ㉠에 첫 번째 요소인 '색채'가 들어갈 말로 적절하다.

25 ㉡의 물보라가 '일어나다'는 '위로 솟거나 부풀어 오르다.'의 의미로 쓰였다. 마찬가지로 ②의 거품이 '일어났다'도 같은 의미로 사용되었다.
① '잠에서 깨어나다.'의 의미로 쓰였다.
③ '누웠다가 앉거나 앉았다가 서다.'의 의미로 쓰였다.
④ '병을 앓다가 낫다.'의 의미로 쓰였다.

TIP [동사] 일어나다
1. 누웠다가 앉거나 앉았다가 서다.
   예 자리에서 일어나다.
2. 잠에서 깨어나다.
   예 아침 일찍 일어나다.
3. 어떤 일이 생기다.
   예 싸움이 일어나다.
4. 어떤 마음이 생기다.
   예 욕심이 일어나다.
5. 약하거나 희미하던 것이 성하여지다.
   예 집안이 일어나다.
6. 몸과 마음을 모아 나서다.
   예 학생들이 학생회 문제를 들고 일어났다.
7. 위로 솟거나 부풀어 오르다.
   예 뽀얗게 일어나는 물보라.
8. 자연이나 인간 따위에게 어떤 현상이 발생하다.
   예 산불이 일어나다.
9. 소리가 나다.
   예 기쁨으로 환호성이 일어나다.
10. 종교나 사조 따위가 발생하다.
    예 불교가 일어나다.
11. 병을 앓다가 낫다.
    예 제 사내가 계집을 얻었다는 바람에 강샘을 하고 생병이 난 것인데 며칠만 꽁꽁 앓으면 툭툭 털고 일어나겠지그려.

수 학

정답 및 해설 |

정답

01 ③	02 ②	03 ②	04 ④	05 ③
06 ③	07 ①	08 ④	09 ④	10 ②
11 ④	12 ③	13 ①	14 ③	15 ①
16 ②	17 ③	18 ④	19 ①	20 ②

해설

01 84의 소인수는 2와 3과 7이고, 소인수분해하면
$84 = 2 \times 2 \times 3 \times 7$이므로, $2^2 \times 3 \times 7$로 나타낼 수 있다.

02 양수는 음수보다 크므로, $-\frac{1}{2} < \frac{5}{2}$는 옳다.
① 음수는 절댓값이 클수록 작다.
그러므로 $-4 > -3 \Rightarrow -4 < -3$
③ $(-3)^2 = 9$이다.
그러므로 $0 > (-3)^2 \Rightarrow 0 < (-3)^2$
④ 양수는 절댓값이 클수록 크다.
그러므로 $5 < 4 \Rightarrow 5 > 4$

03

> 직각삼각형의 넓이 $= \frac{1}{2} \times$ 밑변 $\times$ 높이

'직각삼각형의 넓이 $= \frac{1}{2} \times$ 밑변 $\times$ 높이'이므로

$\frac{1}{2} \times 6\text{cm} \times a\text{cm} = \frac{(6 \times a)}{2} \text{cm}^2$

04 일차방정식 $3x - 5 = 3 + x$를 정리하면,
$3x - x = 3 + 5$
$2x = 8$, $x = \frac{8}{2}$
$\therefore x = 4$

05 그래프에서 가로 축은 시간, 세로 축은 거리를 나타낸다. 10분 동안 이동한 거리는 10분에 해당하는 가로 축과 만나는 세로 축의 점이므로 3km이다.

06

> 평행한 두 직선의 동위각 + 엇각 $= 180°$

평행한 두 직선의 동위각 + 엇각 $= 180°$이므로
$35° + \angle x = 180°$

$\angle x = 180° - 35°$
$\therefore \angle x = 145°$

07 통학 시간이 30분 미만인 학생 수는 주어진 히스토그램에서 0~10분의 학생 수가 2명이고 10~20분의 학생 수가 6명이며 20~30분의 학생 수가 10명이므로 그 합과 같다.
$\therefore$ 2명 + 6명 + 10명 $=$ 18명

08 유한소수는 소수점 아래의 0이 아닌 숫자가 유한개인 소수로, 분모의 소인수가 2나 5뿐이면 유한소수이다. 그러므로 분수 $\frac{x}{2^2 \times 7}$를 유한소수로 나타내려면, 분모의 2를 제외한 7을 약분할 수 있어야 한다.
따라서 x의 값이 될 수 있는 가장 작은 자연수는 7이다.

09 $(2x^3)^2 = 2^2 \times (x^3)^2$
$= (2 \times 2)(x^{3 \times 2})$
$= 4x^6$

10 $(5a - 2b) + (2a + 3b)$
$= 5a - 2b + 2a + 3b$
$= 5a + 2a - 2b + 3b$
$= (5 + 2)a + (-2 + 3)b$
$= 7a + b$

11 $5x - 20 \geq 0$, $5x \geq 20$
양변을 5로 나누면, $\frac{5x}{5} \geq \frac{20}{5}$
$\therefore x \geq 4$
x는 4보다 크므로 수직선이 오른쪽으로 향하고, 등호가 있으므로 (●)로 표시해야 한다.

12 연립방정식 $\begin{cases} x + y = 3 \\ 3x - y = 1 \end{cases}$ 의 해는 두 일차방정식의 그래프를 좌표평면 위에 나타냈을 때, 두 직선이 만나는 교점의 좌표와 같다.
그러므로 구하는 해는 $x = 1$, $y = 2$이다.

13 그림에서 $\overline{DE}$와 $\overline{BC}$가 평행하므로
$\triangle ADE \backsim \triangle ABC$

두 삼각형의 변의 길이를 비례식으로 정리하면,

$4 : (4+x) = 6 : 15$

비례식에서 내항의 곱과 외항의 곱은 같으므로,

$6(4+x) = 4 \times 15, \ 24 + 6x = 60$

$6x = 60 - 24, \ 6x = 36$

$\therefore \ x = 6$

14 1에서 10까지의 자연수가 각각 적힌 공 10개가 들어 있는 주머니에서 공 한 개를 꺼낼 때,

4의 배수가 나오는 경우의 수는 4, 8의 2가지이다.

6의 배수가 나오는 경우의 수는 6의 1가지이다.

그러므로 4의 배수 또는 6의 배수가 나오는 경우의 수는

2+1=3(가지)이다.

15

제곱근의 뺄셈 : $m\sqrt{a} - n\sqrt{a} = (m-n)\sqrt{a}$

$7\sqrt{5} - 4\sqrt{5} = (7-4)\sqrt{5}$

$\qquad\quad = 3\sqrt{5}$

16 이차방정식 $(x-2)(x+5) = 0$을 만족시키는 해는

$x = 2, \ x = -5$이다.

그런데 주어진 문제에서 한 근이 -5라고 했으므로,

다른 한 근은 2이다.

17 이차함수 $y = (x-2)^2$의 그래프에서 꼭짓점의 좌표는

$(2, 0)$이다.

① 아래로 볼록하다.

② 점 $(4, 0)$을 지나지 않는다.

④ 직선 $x = 2$를 축으로 한다.

18 직각삼각형 ABC에서

$\tan B = \dfrac{\text{높이}}{\text{밑변}}$ 이므로

$\dfrac{\overline{AC}}{\overline{BC}} = \dfrac{8}{6}$

$\therefore \tan B = \dfrac{4}{3}$

19 원 O에서 호 AB에 대한 원주각의 크기는 모두 같으므로,

$\angle ADB = \angle ACB$

$\therefore \ \angle ADB = 40°$

20 주어진 자료의 평균은 모든 수를 더한 후 총 개수로 나눈 값이다.

그러므로 평균 $= \dfrac{4+5+7+8}{4} = \dfrac{24}{4} = 6$(시간)

영 어

정답

01 ④	02 ②	03 ①	04 ①	05 ③
06 ①	07 ②	08 ④	09 ③	10 ④
11 ③	12 ①	13 ③	14 ①	15 ①
16 ③	17 ②	18 ④	19 ①	20 ④
21 ②	22 ②	23 ④	24 ③	25 ④

해설

01 **해설** shy는 '부끄러운, 수줍은'이라는 뜻이다.
　　해석 나는 사람들 앞에서 말할 때 부끄럽다.
　　어휘 speak 말하다
　　　　　in front of ~앞에서

02 **해설** 'loud(시끄러운)'와 'quiet(조용한)'은 반의어 관계이다. 마찬가지로 ①, ③, ④는 모두 반의어 관계이나, ②의 'kind(친절한)'와 'nice(좋은)'는 유의어 관계이다.
　　　　① 부유한 – 가난한
　　　　③ 깨끗한 – 더러운
　　　　④ 가득한 – 빈
　　해석 조용한 공간에서 시끄러운 소리를 내지 마세요.
　　어휘 noise 소리, 잡음
　　　　　area 지역, 공간

03 **해설** There + be동사는 '~이 있다'는 표현으로 뒤에 오는 명사의 수에 따라 be동사의 형태가 결정된다. 주어진 문장에서 빈칸 다음에 'many wonderful places'라는 복수 명사가 왔으므로, There 다음의 빈칸에는 be동사 'are'가 적절하다.

> **TIP** There + be동사 구문(~이 있다)
> • There is(was) + 단수 명사
> • There are(were) + 복수 명사

　　해석 한국에는 멋진 곳이 많다.
　　어휘 wonderful 멋진, 놀라운
　　　　　place 곳, 장소

04 **해설** 전화를 걸었지만 그가 전화를 받지 않은 것이므로, 역접의 접속사 'but(그러나)'가 빈칸에 들어갈 말로 가장 적절하다.
　　해석 나는 어제 그에게 전화를 걸었지만, 그는 받지 않았다.
　　어휘 call 부르다, 전화를 걸다
　　　　　yesterday 어제
　　　　　answer 대답하다, 응답하다

05 **해설** 'yellow(노란색)'와 'blue(파란색)' 중 어느 색을 더 좋아하냐고 묻고 있으므로, 의문사 'Which'로 시작하는 'Which~, A or B?'의 선택의문을 사용해야 한다.
　　해석 A : 노란색과 파란색 중 어느 색을 더 좋아하니?
　　　　　B : 나는 노란색보다 파란색을 더 좋아한다.
　　어휘 prefer A to B B보다 A를 더 좋아하다, 선호하다

06 **해설** 상자를 들어 올리다 허리를 다쳤다는 A의 말에 'That's too bad.(그것 참 안됐구나.)'라며 위로의 말을 건네는 것이 대화의 흐름상 자연스럽다.
　　　　② 미안하지만 안 돼.
　　　　③ 그것을 고대하고 있어.
　　　　④ 물을 잠가라.
　　해석 A : 무슨 일이야, John? 괜찮아?
　　　　　B : 어제 상자를 들어 올릴 때 허리를 다쳤어.
　　　　　A : 그것 참 안됐구나.
　　어휘 matter 문제, 일
　　　　　hurt 다치다
　　　　　lift 들어 올리다
　　　　　afraid 걱정하는, 불안한
　　　　　look forward to ~을 기대[고대]하다
　　　　　turn off 끄다, 잠그다

07 **해설** 첫 번째 문장에는 '~을 살펴보다'라는 의미의 숙어 'take a look at'에서 명사 'look'이 들어가야 하며, 두 번째 문장에는 '~을 돌보다'라는 의미의 숙어 'look after(돌보다)'에서 동사 'look'이 들어가야 한다.
　　　　① 사다
　　　　③ 말하다
　　　　④ 입다
　　해석 • 이 사진을 살펴봐 주세요.

• 나와 떨어져 있을 때 그가 내 개를 돌봐줄 것이다.

어휘 picture 사진, 그림

away 떨어져, 자리에 없는

08 **해설** Julia가 내일 오후 8시에 할 일은 'do English homework(영어 숙제 하기)'이다.

해석

오전 8시	오후 12시	오후 4시	오후 8시
체육관에서 운동하기	Mike와 점심 먹기	Mary와 쇼핑 하기	영어 숙제 하기

어휘 exercise 운동하다

gym 체육관

lunch 점심

do homework 숙제하다

09 **해설** 소녀가 공을 던지고 있으므로, 동사 'throw'를 써야 한다. 또한, '~을 하고 있는 중이다'의 표현인 현재진행형은 'be동사 + 현재분사(~ing)'이므로, 빈칸에는 'throwing'이 적절하다.

① 사고 있는

② 차고 있는

④ 씻고 있는

해석 A : 그 소녀는 무엇을 하고 있니?

B : 그녀는 공을 던지고 있어.

어휘 buy 사다, 구매하다

kick 차다

throw 던지다

wash 씻다

10 **해설** 도서관에 가서 함께 공부할까 생각 중이라는 A의 말에 B가 좋은 계획인거 같다며 호응하고 있다. 그러므로 대화가 끝난 후 오후에 두 사람이 함께 할 일은 '도서관에서 공부하기'이다.

해석 A : 오늘 오후에 시간 있어?

B : 응, 왜?

A : 도서관에 가서 함께 공부할까 생각 중이야.

B : 좋아, 좋은 계획인거 같아.

어휘 free 여가의, 한가한

library 도서관

sound like ~처럼 들리다

plan 계획, 약속

11 **해설** 제인의 생일을 위해 무엇을 할 거냐는 A의 물음에 B가 그녀가 좋아하는 식당에서 저녁 식사를 하자고 제안하고 있다. 그러므로 A의 답변은 동의 또는 거절의 의사

표시가 와야 한다. 따라서 동의의 의사표시인 'That's a good idea(좋은 생각이야)'는 빈칸에 들어갈 말로 적절하다.

① 그는 피곤함에 틀림없어.

② 만나서 반가워.

④ 그건 네 잘못이 아니야.

해석 A : Jane의 생일을 위해 무엇을 할까?

B : 그녀가 좋아하는 식당에서 저녁 식사를 하자.

A : 좋은 생각이야.

어휘 dinner 저녁 식사

favorite 가장 좋아하는

restaurant 식당, 레스토랑

must be ~임에 틀림없다

tired 피곤한, 지친

fault 잘못, 단점

12 **해설** 여가 시간에 무엇을 하냐는 A의 질문에 B는 영화를 본다고 하였고, A는 기타를 친다고 하였다. 그러므로 대화의 주제로 ①의 '여가 활동'이 가장 적절하다.

해석 A : Sam, 여가 시간에 뭐 하니?

B : 나는 영화 보는 것을 좋아해. 너는?

A : 나는 기타 치는 걸 좋아해.

어휘 free time 여가 시간

enjoy 즐기다, 누리다

play the guitar 기타를 치다[연주하다]

13 **해설** ① 행사 장소 : 국립 과학 박물관

② 행사 날짜 : 2024년 8월 10일부터 11일까지

③ 참가 인원 : 알 수 없음

④ 신청 방법 : 홈페이지 방문해서 등록하기

해석

<table>
<tr><td colspan="1" align="center">여름 과학 캠프</td></tr>
</table>

• 장소 : 국립 과학 박물관

• 날짜 : 2024년 8월 10일부터 11일까지

• www.sciencecamp.org를 방문해서 등록하세요.

　실제 과학자들을 만나 배워보세요!

어휘 National Science Museum 국립 과학 박물관

sign up 가입하다, 등록하다

visit 방문하다

real 진짜의, 실제의

14 **해설** 뮤지컬이 곧 시작되니 휴대폰을 끄고, 공연 중에는 사진 촬영을 자제해 달라고 요청하고 있다. 그러므로 ①의 '관람 예절 안내'가 제시문의 방송 목적으로 가장 적절하다.

2024년 2회

해석 안녕하세요, 신사 숙녀 여러분. 뮤지컬이 곧 시작됩니다. 휴대폰을 꺼주세요. 또한 공연 중에는 사진 촬영을 자제해 주세요. 그럼 즐거운 시간 되세요!

어휘 musical 뮤지컬
be going to ~할 예정이다
turn off 끄다
avoid 피하다, 자제하다
take photo 사진을 찍다, 촬영하다

15 해설 오늘 동아리 모임에 갈 수 없을 것 같다는 A의 말에 B가 그 이유를 묻어보자 A가 독감에 걸렸다고 말하고 있다. 그러므로 A가 동아리 활동에 참여하지 못하는 이유는 ①의 '감기에 걸려서'이다.

해석 A : 오늘 동아리 모임에 갈 수 없을 것 같아.
B : 이런. 그 말을 들으니 안타깝네. 왜 못 오지?
A : 독감에 걸렸어.

어휘 be able to ~할 수 있다(= can)
make it to ~에 이르다[도착하다]
club meeting 동아리 모임
a bad cold 독감

16 해설 제시문에 따르면 태국의 큰 축제인 Songkran은 축제 기간 동안 큰 물싸움을 즐길 수 있다고 설명하고 있다. 그러므로 '축제 기간 동안 소싸움을 즐길 수 있다.'는 ③의 설명은 제시문의 내용과 일치하지 않는다.

해석 태국의 큰 축제인 Songkran은 4월에 열린다. 이 축제는 태국의 전통적인 새해를 기념한다. 축제에서는 큰 물싸움을 즐길 수 있다. 태국의 전통 음식도 또한 맛볼 수 있다.

어휘 festival 축제
be held 개최되다, 열리다
celebrate 기념하다
traditional 전통적인
fight 싸움, 경기

17 해설 ① 서식지 : 러시아 동부의 추운 곳
② 수명 : 언급되지 않음
③ 털 무늬 : 검은색 줄무늬가 있는 주황색 털
④ 먹이 : 사슴과 같은 큰 동물

해석 시베리아 호랑이는 세계에서 가장 큰 고양이이다. 그것은 러시아 동부의 추운 곳에서 살고 있다. 검은색 줄무늬가 있는 주황색 털을 가지고 있다. 사슴과 같은 큰 동물을 먹는 것을 좋아한다. 굶주린 호랑이는 하룻밤에 거의 30킬로그램을 먹어 치울 수 있다.

어휘 Siberian tiger 시베리아 호랑이
eastern 동부의, 동쪽의
Russia 러시아
orange 주황색의, 오렌지색의
fur 털, 모피
stripe 줄무늬
animal 동물
deer 사슴
hungry 굶주린, 배고픈
almost 거의

18 해설 요즘 해야 할 일을 종종 잊어버리는 것 같아서 Yumi에게 조언을 구했더니, Yumi가 해야 할 일을 목록으로 만들자고 제안했다. 그러므로 Yumi가 제안한 것은 ④의 '할 일 목록 작성하기'이다.

해석 요즘 나는 해야 할 일을 종종 잊어버린다. 예를 들어, 오늘 축구 유니폼을 가져오는 것을 잊어버렸다. 나는 Yumi에게 조언을 구했다. 그녀는 해야 할 일을 목록으로 만들자고 제안했다. 그게 도움이 될 수도 있다.

어휘 these days 요즘
forget 잊다, 잊어버리다
for example 예를 들면
bring 가져오다
soccer uniform 축구 유니폼
ask A for B A에게 B를 요청하다[부탁하다]
advice 충고, 조언
suggest 제안하다
make a list 목록을 만들다, 명단을 작성하다
helpful 도움이 되는

19 해설 그래프에서 스마트폰으로 '동영상 보기(25%)'보다 더 높은 비율을 차지하는 것은 '소셜 미디어 이용하기(41%)'이다. 그러므로 빈칸에 들어갈 말로 가장 적절한 것은 ①의 'using social media(소셜 미디어 이용하기)'이다.
② 친구에게 전화하기(알 수 없음)
③ 게임하기(23%)
④ 친구와 문자하기(11%)

해석
우리 학생들은 스마트폰으로 동영상을 보는 것보다 소셜 미디어를 이용하는 것을 더 좋아한다.

어휘 favorite 마음에 드는, 가장 좋아하는
activity 움직임, 활동
texting 문자 메시지 주고받기

20 해설 제시문은 글쓴이가 가장 좋아하는 계절인 여름을 보내는 방법에 대해 설명하고 있다. 그러므로 'Earth's ice is melting fast(지구의 얼음이 빠르게 녹고 있다).'는 ④의 내용은 전체적인 글의 흐름과 어울리지 않는다.

해석 내가 가장 좋아하는 계절은 여름이다. ① 나는 해변에 가서 모래밭에서 노는 것을 좋아한다. ② 바다에서 수영하는 것은 아주 기분이 좋다. ③ 나는 더위를 식히기 위해 아이스크림을 먹는 것도 좋아한다. ④ 지구의 얼음이 빠르게 녹고 있다. 여름은 즐거운 시간을 보내기에 가장 좋은 때이다.

어휘 favorite 마음에 드는, 가장 좋아하는
beach 해변, 바닷가
sand 모래
cool down 더위를 식히다
melt 녹다
fast 빠르게, 빨리

21 해설 제시문에서 독수리가 훌륭한 사냥꾼이 된 것은 강력한 시력 덕분이며, 3.2킬로미터까지 떨어진 토끼도 볼 수 있다고 하였다. 그러므로 밑줄 친 'They'가 가리키는 것은 'eagles(독수리)'이다.
① 개미
③ 토끼
④ 킬로미터

해석 10층에 있다고 생각해 보라. 길 위에 있는 개미를 볼 수 있을까? 물론 아니다. 하지만 독수리는 볼 수 있다. 그것들은 강력한 시력 덕분에 훌륭한 사냥꾼이다. 그것들은 3.2킬로미터까지 떨어진 토끼를 볼 수 있다.

어휘 imagine 상상하다, 생각하다
floor 층, 바닥
ant 개미
on the street 거리에서
eagle 독수리
hunter 사냥꾼
because of ～때문에, ～덕분에
powerful 강력한, 강한
rabbit 토끼
up to ～까지
away 떨어져, 자리에 없는

22 해설 동물원 안전 수칙으로 ①, ③, ④는 언급되어 있으나, ②의 '사진 찍지 않기'는 언급되어 있지 않다.

해석
> 동물원 안전 수칙:
> • 동물에게 먹이를 주지 마세요.
> • 우리에 들어가지 마세요.
> • 목소리를 낮추세요.

어휘 safety 안전
rule 규칙, 수칙
feed 먹이를 주다
enter 들어가다, 입장하다
cage 우리, 새장
keep down 낮게 유지하다
voice 목소리

23 해설 제시문은 글쓴이가 스트레스를 줄이기 위해 어떻게 했는지 그 방법들을 공유하고 있다. 그러므로 제시문의 주제로 ④의 '스트레스를 줄이는 방법'이 가장 적절하다.

해석 스트레스를 줄이는 방법에 대한 몇 가지 조언을 공유하고자 한다. 우선 산책을 하기 위해 밖으로 나간다. 신선한 공기를 마시면, 기분이 더 나아진다. 또한 좋아하는 음악을 듣는다. 그것은 긴장을 푸는 데 도움이 된다. 이러한 조언이 스트레스를 줄이는 데 도움이 되기를 바란다.

어휘 share 공유하다, 나누다
tip 조언, 충고
reduce 줄이다, 감소시키다
stress 스트레스
relax 긴장을 풀다, 휴식을 취하다
less 더 적게, 덜하게

24 해설 제시문은 글쓴이가 검은색 모자를 주문했는데 갈색 모자가 와서 반품을 하니까 받는 즉시 환불해 달라는 내용이다. 그러므로 제시문은 환불을 요청하기 위해 쓴 글이다.

해석 저는 7월 3일에 귀하의 웹사이트에서 검은색 모자를 주문했습니다. 하지만 제가 받은 모자는 검은색이 아닌 갈색입니다. 잘못된 모자를 다시 보내드립니다. 갈색 모자를 받을 때 제 돈을 환불해주세요.

어휘 order 주문하다
brown 갈색의
send 보내다, 전하다
wrong 잘못된, 틀린

return money 환불하다
receive 받다, 수령하다

25 **해설** 글의 후반부에서 어떤 종류의 책들을 읽어야 할지 적
절한 책을 고르는 방법을 알아보자고 제안하고 있다.
그러므로 주어진 글의 바로 뒤에 이어질 내용으로 ④
의 '적절한 책을 고르는 방법'이 가장 적절하다.

해석 우리는 독서를 통해 많은 유용한 것을 배울 수 있다.
좋은 책을 읽으면 사고력을 키우고 다른 사람의 감정
을 이해하는 데 도움이 된다. 그렇다면 어떤 종류의 책
들을 읽어야 할까? 적절한 책을 고르는 방법은 다음과
같다.

어휘 useful 유용한, 쓸모 있는
build 짓다, 키우다
thinking skill 사고력
understand 알다, 이해하다
kind 종류, 유형
choose 고르다, 선택하다

제4교시 사 회

정답 및 해설 |

▌정답

01 ①	02 ④	03 ②	04 ④	05 ④
06 ①	07 ③	08 ③	09 ①	10 ③
11 ③	12 ②	13 ①	14 ③	15 ②
16 ④	17 ④	18 ②	19 ②	20 ②
21 ③	22 ①	23 ①	24 ④	25 ②

▌해설

01　미국의 실리콘 밸리와 인도가 약 12시간의 시차가 나는 것은 지구의 자전으로 인해 15°마다 1시간의 차이가 발생하는 경도 때문이다. 경도는 본초 자오선(경도 0°)을 기준으로 동경과 서경을 각각 0°~180°로 나타낸 것이다.
② **기온** : 대기의 온도로, 백엽상 안에 설치된 온도계로 관측됨
③ **해류** : 바람, 밀도차, 경사 등의 다양한 원인에 의하여 바닷물이 일정한 방향으로 흐르는 것
④ **강수량** : 어떤 곳에 일정 기간 동안 내린 비, 눈, 우박, 안개 등의 물의 총량

02　가장 추운 달의 평균 기온이 18℃ 이상이고 연중 덥고 습하며 스콜이 내리는 기후는 열대 우림 기후이다. 브라질의 아마존처럼 강수량이 2,000mm 이상인 연중 고온다습한 적도 부근의 지역이다.
① **냉대 기후** : 북반구에만 나타나는 기후로, 겨울이 길고 추우며 여름은 짧고 비교적 기온이 높은 대륙성 기후
② **한대 기후** : 고위도에 있기 때문에 저온으로 수목이 자라지 않으며 최난월 평균기온이 영상 10도 미만인 한대 지방의 기후로 빙설 기후와 툰드라 기후로 나뉨
③ **지중해성 기후** : 이탈리아와 그리스 등의 남부 유럽에 나타나는 기후로, 여름은 고온 건조하고 겨울에는 온난 습윤하며 올리브, 포도 등의 작물을 재배하는 수목 농업이 발달함

03　(가) 지역은 우리나라에서 가장 큰 섬인 제주도이다. 제주도는 화산섬이므로 용암 동굴인 만장굴이 있고 작은 화산체인 오름이 분포한다. 또한 화산 지형인 성산 일출봉이 관광지로 유명하다. 설악산은 강원도 백두대간에 위치한 산지이다.

04　건조 기후 지역은 강수량보다 증발량이 많아 물 자원 부족 현상이 나타난다. 물 자원, 즉 수자원은 지구 상에 있는 물 중에서 우리가 자원으로 이용할 수 있는 물로 국제 하천 주변의 일부 국가들은 용수 확보를 위해 물 자원을 둘러싼 갈등을 겪고 있다
① **슬럼** : 거대 도시 내에서 빈민이 밀집하고 주거 및 생활 환경이 극히 불량한 지구
② **해식애** : 파도, 조류, 해류 등의 침식으로 깎여 해안에 형성된 절벽
③ **현무암** : 화산 활동에 의한 마그마가 식어서 생성된 화산암 중 어두운 색을 띠는 광물을 많이 포함하고 있는 화산암

05　국경을 넘어 제품 기획과 생산, 판매 활동을 하는 기업은 다국적 기업으로 두 개 이상의 국가에서 자회사, 영업소, 생산 공장을 운영한다.
① **노동조합** : 노동자들이 회사의 불합리한 대우에 대처하고 적법한 이익을 누리기 위해 결성한 단체
② **민주주의** : 국가의 주권이 국민에게 있고 국민이 권력을 가지고 그 권력을 스스로 행사하며 국민을 위하여 정치를 행하는 제도이자 사상
③ **석회동굴** : 석회암이 지하수에 의해 녹아 형성된 동굴로, 종유석·석순·석주 등이 형성되어 관광 자원으로 활용됨

06　도시의 중심부로, 교통이 편리하고 유동인구가 많으며 지가가 최고인 중심 업무 지구는 '도심'이다. 도심은 접근성이 좋아 행정 기관과 기업의 본사가 밀집되어 있다.
② **비무장 지대(DMZ)** : 국제조약이나 협약에 의해서 무장이 금지된 지역 또는 지대
③ **개발 제한 구역(그린벨트)** : 도시의 무질서한 팽창을 방지하고 환경을 보전하기 위해 설정된 녹지 지대
④ **세계 자연 유산** : 유네스코가 인류의 미래를 위해 보호해야 할 가치가 있다고 판단하여 지정·등재하는 자연 지역

07　대기 중에 온실가스의 양이 많아지면서 온실 효과가 과도하게 나타나 지구의 평균 기온이 높아지는 현상은 지구 온난화이다. 이러한 지구 온난화의 주범인 온실가스에는 이산화탄소, 메탄, 아산화질소 등이 있다.

213

① **인구 공동화** : 도심의 지가 상승으로 주거 기능이 도심 외곽으로 빠져나가 주간 인구는 높으나 야간 인구가 적어지는 현상

② **전자 쓰레기** : 더 이상 가치가 없는 낡고 수명이 다한 여러 형태의 전자폐기물

④ **해양 쓰레기** : 해양으로 유입·배출되어 해양환경에 악영향을 미치는 쓰레기

08 특정 상품을 생산지의 기후와 지형, 토양 등 지역의 자연환경과 독특한 재배 방법으로 생산하고 품질이 우수했을 때 원산지의 지명을 상표권으로 인정하는 지역화 전략은 지리적 표시제이다. 보성 녹차, 성주 참외, 의성 마늘 등이 이에 해당한다.

① **인플레이션** : 물가가 일정 기간 지속적으로 상승하는 현상

② **생태 발자국** : 개인, 단체, 기업이 다양한 활동을 통해 소비하는 토지, 물, 에너지, 식량, 자원 등의 생태자원을 토지면적으로 환산해 나타내는 지표

④ **기후 변화 협약** : 지구의 온난화를 규제하고 방지하기 위해 맺은 국제 협약

09 지위나 사회 환경의 변화로 다시 새로운 지식과 기술, 생활양식 등을 배우는 것은 재사회화이다. 직장이 바뀌어서 새로운 지식과 기술을 익히거나 우리나라에 이민 온 외국인이 한국 문화를 배우는 것 등이 재사회화에 해당한다.

② **귀속 지위** : 태어날 때부터 자연적으로 주어지는 선천적 지위

③ **역할 갈등** : 한 개인이 여러 역할을 수행하는 과정에서 역할 간에 갈등이 발생하는 현상

④ **지방 자치 제도** : 지역 주민이 구성한 지방 자치 단체가 지방의 행정사무를 자율적으로 처리하는 제도

10 한국 사람이 한국어로 말할 수 있는 것은 후천적으로 한국어를 배웠기 때문인데, 이처럼 선천적으로 타고나는 것이 아니라 후천적으로 배우는 문화의 속성은 학습성이다.

① **수익성** : 기업이 경제 활동의 대가로 얻는 경제적 가치의 정도

② **안전성** : 위험이 없어서 피해를 입지 않을 확실함의 정도

④ **희소성** : 인간의 욕구는 무한하지만 이를 충족해 줄 자원이 상대적으로 부족한 상태

TIP 문화의 속성

• **학습성** : 문화는 후천적으로 학습을 통해 습득함

• **축적성** : 문화는 학습능력과 상징체계 등을 통해 다음 세대로 전승됨

• **공유성** : 문화는 특정 사회집단에서 공유하는 생활양식으로, 다른 문화와 구별됨

• **변동성** : 문화는 시간의 흐름에 따라 지속적으로 변함

• **전체성** : 문화는 각 요소가 밀접한 관련을 맺으며 전체 문화를 형성함

11 국회는 국민이 직접 뽑은 대표들로 구성된 국민의 대표 기관으로, 법률을 제정 및 개정하는 입법 기관이다.

① **관습** : 한 사회에서 오랫동안 반복해온 행동 양식

② **도덕** : 인간이 양심에 따라 지켜야할 도리 또는 바람직한 행동 기준

④ **종교 규범** : 종교 사회에서 지켜야 할 계율이나 의식

12 민주 선거의 4대 기본 원칙

• **보통 선거** : 일정한 나이가 된 모든 국민에게 선거권이 있는 원칙

• **평등 선거** : 모든 유권자에게 동등하게 1인 1표의 투표권을 보장하는 선거

• **직접 선거** : 다른 사람이 대신할 수 없고 선거권을 가진 사람이 직접 투표를 하는 원칙

• **비밀 선거** : 누구에게 투표했는지 다른 사람이 알지 못하게 비밀이 보장되는 원칙

13 급을 달리하는 법원에서 여러 번 재판을 받을 수 있도록 하는 제도는 심급 제도이다. 우리나라는 일반적으로 하나의 사건에 대해 세 번까지 재판을 받을 수 있는 3심제를 보장하고 있다.

② **선거 공영제** : 공정성 확보를 위해 선거 과정을 국가기관이 관리하는 제도(선거 비용을 국가가 부담)

③ **선거구 법정주의** : 선거구를 법에 따라 미리 확정하는 제도(선거구가 특정 정당이나 인물에 유리하도록 하는 게리맨더링을 방지하는 제도)

④ **국민 참여 재판 제도** : 국민이 배심원으로서 형사재판에 참여하는 제도

14 시장의 균형 가격은 수요량과 공급량이 일치하는 곳에서 결정되는데, 그래프에서 라면의 수요량과 공급량이 150개로 일치하는 가격인 3,000원에서 균형 가격이 결정된다. 그러므로 라면 시장의 균형 가격은 3,000원이고, 균형 거래량은 150개이다.

15 일할 능력과 의사는 있으나 일자리가 없어서 일을 하지 못하는 상태를 실업이라 한다. 그리고 경제 활동 인구 중 실업자가 차지하는 비율을 실업률이라 한다.
① **신용** : 채권 · 채무 관계를 내용으로 하는 인간관계를 가리키는 경제 용어
③ **환율** : 서로 다른 두 나라 화폐의 교환 비율
④ **물가 지수** : 물가의 움직임을 알아보기 쉽게 수치로 표현한 지표

16 노동 3권에는 단결권, 단체 교섭권, 단체 행동권이 있다. 이 중 단체 행동권은 협정이 원만하게 이루어지지 않아 일정한 절차를 거쳐 파업이나 합법 시위를 할 수 있는 권리를 말한다.
① **자유권** : 국가의 간섭을 받지 않고 자신의 의사에 따라 행동할 수 있는 권리
② **평등권** : 법 앞의 평등 및 성별, 종교, 사회적 신분에 의해 차별받지 않을 권리
③ **국민 투표권** : 대한민국 국적을 가진 일정 연령 이상의 국민이 국정의 중요한 사항에 대하여 투표할 수 있는 권리

TIP 노동 3권
• **단결권** : 근로자가 근로 조건 개선을 위하여 노동조합을 결성하고 가입하여 활동할 수 있는 권리
• **단체 교섭권** : 근로자가 노동조합을 통해 사용자와 자주적으로 근로 조건에 관하여 협의할 수 있는 권리
• **단체 행동권** : 협정이 원만하게 이루어지지 않아 일정한 절차를 거쳐 파업이나 합법 시위를 할 수 있는 권리

17 뗀석기의 일종인 주먹도끼는 대표적인 구석기 시대의 유물로, 이 시대에는 주로 동굴이나 강가의 막집에 거주하면서 사냥과 채집 생활을 하였다. 철제 농기구를 제작하여 사용한 것은 철기 시대이다.

18 조선 순조, 헌종, 철종의 3대 60여 년 간에 걸쳐 일부 유력 가문이 외척의 지위를 이용하여 정치 권력을 독점한 것은 세도 정치이다. 세도 정치로 인해 국가 재정 수입의 3대 요소인 삼정, 즉 전정 · 군정 · 환정이 부패로 문란하였다.
① **골품제** : 신라의 신분 제도
③ **제가 회의** : 국가의 중대사를 결정한 고구려의 귀족 회의체
④ **병참 기지화 정책** : 일제가 조선을 일본의 대륙 침략 및 태평양전쟁을 위한 전쟁 및 군수물자의 공급기지로 이용한 식민지 정책

19 고이왕 때 주변의 마한 소국을 병합하고 무령왕 때 22담로를 설치하였으며 성왕 때 웅진에서 사비로 천도한 것은 백제의 역사이다.
① **고려** : 왕건에 의해 건국된 나라
③ **옥저** : 함경도의 동해안 지방에 있었던 고대의 부족 국가
④ **고조선** : 단군왕검이 세운 나라

20 옛 고구려 장군 출신으로 고구려 유민과 말갈인 일부를 이끌고 지린성 동모산 근처에 도읍을 정하고 발해를 건국한 인물은 대조영이다.
① **원효** : 일심과 화쟁 사상을 중심으로 몸소 아미타 신앙을 전개하고 불교 대중화를 위해 노력한 신라의 승려
③ **정약용** : 실학 사상을 집대성한 조선 최고의 실학자
④ **흥선 대원군** : 조선 고종의 아버지로 경복궁을 중건하고 쇄국정책을 주도함

21 고려 인종의 명을 받아 김부식이 유교적 입장에서 편찬한 역사서는 삼국사기로, 주로 신라, 고구려, 백제에 대한 역사를 기록하고 있다.
① **천마도** : 경주 천마총에서 발굴된 말의 안장 양쪽에 달아 늘어뜨리는 장니에 그려진 말 그림
② **농사직설** : 조선 세종 때 정초 · 변효문 등이 우리 풍토에 맞는 농법을 소개한 농업서
④ **대동여지도** : 조선 철종 때 김정호가 제작한 우리나라 대축척 지도

22 조선 시대 세종은 경연의 활성화를 위해 집현전을 설치하였다. 또한 집현전 학자들과 독창적인 문자인 훈민정음을 창제 및 반포하였다.
② 화랑도 조직 → 신라 진흥왕
③ 유신 헌법 제정 → 박정희 정부
④ 한국 광복군 창설 → 충칭 임시 정부의 지청천

23 대한 제국이 칙령 제41호를 공포하여 울릉도를 울도군으로 개칭하고 독도를 관할하게 하였다. 또한 1877년 일본 메이지 정부는 태정관 지령에서 독도가 일본과 무관한 지역임을 명시하였다.

TIP 독도의 역사

- **우산국 복속** : 신라 지증왕은 이사부를 파견하여 우산국(울릉도)을 복속(512)
- **세종실록 지리지** : 우산과 무릉 2섬이 울진현 정동 바다 가운데 있다고 하면서 울릉도와 독도를 조선 영토로 관리하고 있음을 보여 줌(1454)
- **안용복의 일본 도해** : 조선 숙종 때 동래의 어민인 안용복은 울릉도에 출몰하는 일본 어민들을 쫓아내고, 일본에 2차례 건너가 울릉도와 독도가 조선의 영토임을 확인받고 돌아옴(1696)
- **동국문헌비고** : 조선 영조 때 홍봉한 등이 정리한 한국학 백과사전인 동국문헌비고에 울릉과 독도는 모두 우산국의 땅이라고 명확하게 기록됨(1770)
- **심흥택 보고서** : 울도 군수 심흥택이 독도가 울도군 관할이라는 내용이 들어간 문서를 정부에 보고함(1906)

24 임진왜란 때 삼도수군통제사가 되어 한산도, 명량, 노량 등에서 수군의 승리를 이끈 장군은 이순신이다.
① **강감찬** : 귀주대첩에서 거란의 침략을 물리친 고려의 장수
② **김유신** : 삼국통일에 공을 세운 신라의 장군
③ **윤봉길** : 상하이 훙커우 공원에서 열린 일본군 축하 기념식에서 폭탄을 투척한 독립운동가

25 이승만 정부 때 3 · 15 부정선거 규탄 시위에 대한 유혈 진압에 항거하여 4 · 19 혁명이 발발하였고, 결국 이승만이 대통령직에서 물러났다.
① **3 · 1 운동** : 대한민국 임시 정부 수립의 계기가 된 일제 강점기 최대 규모의 민족 운동
③ **6 · 25 전쟁** : 수많은 민간인이 사망하고 이산가족이 발생한 동족상잔의 비극
④ **광주 학생 항일 운동** : 광주에서 발생한 한 · 일 학생 간의 충돌을 일본 경찰이 편파적으로 처리하여 촉발된 항일 학생 운동

제5교시

과 학

정답 및 해설 |

2024년 2회

▌ 정답

01 ③	02 ②	03 ③	04 ②	05 ④
06 ④	07 ④	08 ③	09 ①	10 ④
11 ①	12 ②	13 ④	14 ①	15 ①
16 ①	17 ③	18 ③	19 ②	20 ②
21 ④	22 ②	23 ②	24 ②	25 ①

▌ 해설

01 수평면에서 물체를 끌어당겨 움직일 때 접촉면에서 물체의 운동 방향과 반대 방향으로 작용하는 힘은 마찰력이다. 마찰력은 물체와 접촉면 사이에서 물체의 운동을 방해하는 힘이다.
① **부력** : 물과 같은 유체에 잠겨 있는 물체가 중력에 반하여 밀어 올려지는 힘
② **중력** : 지구가 물체를 끌어당기는 힘
④ **탄성력** : 변형된 물체가 원래의 모양으로 돌아가려는 힘

02 그림에서 ㉠은 진동의 중심에서 마루까지의 높이에 해당하므로 진폭이다. 진폭은 진동의 중심에서 마루까지의 높이 또는 진동의 중심에서 골까지의 높이를 말한다.

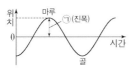

① **주기** : 1개의 파장이 만들어지는 데 걸리는 시간
③ **파장** : 마루에서 마루 또는 골에서 골까지의 거리, 즉 파동이 한 주기 동안 진행한 거리
④ **진동수** : 1초 동안 진동하는 횟수(Hz)

03 옴의 법칙에 따라 전류의 세기는 전압에 비례하고 저항에 반비례한다.

$$R(\text{저항}) = \frac{V(\text{전압})}{I(\text{전류})}$$

니크롬선에 걸리는 전압을 2V씩 높이면서 측정한 전류의 세기에서 저항은 다음과 같이 모두 동일하다.

$$\therefore R(\text{저항}) = \frac{2V}{1A} = \frac{4V}{2A} = \frac{6V}{3A} = 2\Omega$$

04 에어컨을 틀면 방 전체가 시원해지는 것은 공기나 물이 순환하면서 열이 전달되는 대류이다. 대류는 액체나 기체 입자가 직접 이동하여 열을 전달한다.
① **단열** : 물체 사이에서 열의 전달을 막는 것 ⓔ 보온병, 아이스박스, 방한복 등
③ **복사** : 열이 물질을 거치지 않고 직접 이동하는 열의 이동 현상 ⓔ 태양과 지구 사이의 복사
④ **전도** : 이웃한 분자들 간의 충돌에 의해 분자 운동이 전달되면서 열이 이동하는 현상 ⓔ 뜨거운 국에 담긴 숟가락이 뜨거워짐

05

중력에 대해 한 일의 양(J) = 무게(N) × 높이(m)

물체를 들어 올릴 때 중력에 대하여 한 일의 양은 물체의 무게(N)와 들어 올린 높이(m)의 곱이므로,
$20N \times 5m = 100J$

06

역학적 에너지 = 운동 에너지 + 위치 에너지

물체의 위치 에너지와 운동 에너지의 합을 역학적 에너지라고 하며, 공기의 저항이 없으면 자유 낙하하는 물체의 역학적 에너지는 일정하다.

07 밀폐된 주사기의 피스톤을 누르면 주사기 속 공기에 작용하는 압력이 증가하고 입자들 사이의 거리가 가까워지므로 부피가 줄어든다. 즉, 주사기 속 기체의 압력은 증가하고 입자 사이의 거리는 감소한다.

08

응고 : 액체 → 고체

쇳물이 식어 단단한 철이 되는 현상은 액체에서 고체가 되는 C(응고)에 해당한다.
① A(융해) : 고체 → 액체
② B(기화) : 액체 → 기체
④ D(응결) : 기체 → 액체

09 물질을 이루는 기본 성분은 원소이며, 일부 금속 원소는 특정한 불꽃 반응 색을 나타낸다. 예를 들어 나트륨(Na) 원소의 불꽃 반응 색은 노란색이며, 칼륨(K) 원소의 불꽃 반응 색은 보라색이다.

② **분자** : 원자의 결합체 중 성질을 잃지 않고 분리될 수 있는 독립적인 입자

③ **혼합물** : 두 가지 이상의 순물질이 섞여 있는 물질

④ **화합물** : 두 가지 이상의 원소가 화학적으로 결합하여 만들어진 순물질

10

$$밀도 = \frac{질량}{부피}$$

밀도는 단위 부피에 대한 물질의 질량을 의미하므로,

A의 밀도 $= \frac{10}{10} = 1$

B의 밀도 $= \frac{20}{10} = 2$

C의 밀도 $= \frac{30}{20} = 1.5$

D의 밀도 $= \frac{50}{20} = 2.5$

그러므로 밀도의 크기는 D > B > C > A순이다.

11

(반응물질)			(생성물질)
$3H_2$	$+$ N_2	$\rightarrow$	$2NH_3$
(수소)	(질소)		(암모니아)

위의 화학 반응식에서 알 수 있는 것처럼 수소 분자(H_2) 3개와 질소 분자(N_2) 1개가 반응하여 암모니아 분자(NH_3) 2개가 생성된다.

12 일정 성분비 법칙에 따라 한 화합물을 구성하는 각 구성 원소의 질량비는 일정하므로, 구리 (g)와 산화 구리(II)(g)의 질량비는 다음과 같이 일정하다.

구리(g) : 산화 구리$(II)$$(g)$ = 4 : 5 = 8 : ㉠ = 12 : 15

즉, 구리는 4, 8, 12로 4g씩 증가하고, 산화 구리는 5, ㉠, 15로 5g씩 증가한다. 그러므로 ㉠은 10g이다.

13

㉠	+ 물	빛에너지 →	포도당 + 산소

광합성은 녹색 식물이 빛에너지를 이용해 물과 이산화 탄소를 원료로 포도당과 산소를 만드는 과정이다. 따라서 광합성을 하기 위해 물 외에 필요한 ㉠의 물질은 이산화 탄소이다.

14 다른 생물로부터 양분을 얻는 생물 무리로, 버섯과 곰팡이가 포함되는 생물계는 균계이다. 균계는 기생 생활을 하며 유기물을 분해하여 영양분을 흡수하는 생물로 포자에 의해 번식을 한다.

② **동물계** : 핵을 가지는 진핵 생물이며 다세포성 생물로 세포벽이 없고, 다양한 기능을 하는 세포로 구성되어 있음

③ **식물계** : 광합성을 하는 생물로 세포벽을 가지며 광합성에 필요한 기관이 발달되어 있음

④ **원핵생물계** : 핵을 가지는 진핵생물이며 짚신벌레, 아메바 등이 이에 속함

15 생명체를 구성하는 기본 단위는 세포이며, 모양과 기능이 비슷한 세포가 모여 조직을 이룬다.

② **기관** : 여러 조직이 모여 통합된 구조를 형성하고 특정 기능을 수행하는 조직들의 묶음

③ **기관계** : 연관된 기능을 하는 기관들이 모여 특정한 역할을 하는 기관들의 묶음

④ **개체** : 모든 기관계가 연결되어 생존의 최소 단위를 구성하는 하나의 생물체

TIP 개체의 형성

세포 < 조직 < 기관 < 기관계 < 개체

16 좌우 두 개의 반구로 이루어져 있으며 기억, 추리, 판단, 학습 등의 정신 활동을 담당하는 중추는 A의 대뇌이다. 대뇌는 뇌에서 가장 많은 용량을 차지하며 주름이 많다.

② **B(간뇌)** : 체온과 물질 대사 등을 관리하는 중추

③ **C(중간뇌)** : 시각, 청각, 움직임 제어, 수면과 각성, 온도 조정에 대한 역할을 담당하는 중추

④ **D(연수)** : 심장 박동과 호흡, 소화 운동을 조절하는 중추

17 폐를 구성하는 얇은 공기 주머니로 모세 혈관이 표면을 둘러싸고 있는 것은 폐포이다. 보통 허파꽈리라고 부르며 기도의 맨 끝부분에 있는 포도송이 모양의 작은 공기주머니이다.

① **융털** : 흡수 면적을 넓히기 위해 소장 점막에 촘촘하게 손가락같이 접혀 있는 구조물

② **이자** : 인슐린과 소화 효소를 분비해 혈당을 조절하고 장내 음식물을 분해하는 소화기관의 일종

④ **네프론** : 소변을 만들어내는 콩팥의 구조와 기능의 기본 단위

18 체세포 분열은 한 개의 체세포가 두 개의 딸세포로 나뉘는 분열로, 염색체의 수에는 변화가 없다. 그러므로 세포 1개 당 염색체 수가 4개일 때, 1개의 딸세포 A의 염색체 수는 4개로 동일하다.

19 아버지(TT)가 만드는 특정 형질에 대한 유전자형은 T이고, 어머니(tt)가 만드는 특정 형질에 대한 유전자형은 t이다. 그러므로 아들에게 나타나는 특정 형질에 대한 유전자형은 Tt이다.

20 지구 내부의 지각과 외핵 사이에 존재하는 맨틀은 지구 내부 구조에서 가장 두꺼운 층이고 지구 전체 부피의 약 80%를 차지한다.

① **지각** : 암석으로 이루어진 지구의 겉 부분

③ **외핵** : 액체 상태로 존재하는 핵의 바깥쪽 부분

④ **내핵** : 고체 상태로 존재하는 지구의 가장 중심 부분

21 북극성을 중심으로 북두칠성이 시계 반대 방향으로 30° 정도 이동한 것은 별의 일주 운동 때문이다. 별의 일주 운동은 지구의 자전에 의해 나타나는 현상이다.

① **달의 공전** : 초승달에서 그믐달로 변화는 달의 위상 변화는 달의 공전 때문에 나타나는 현상이다.

② **달의 자전** : 달의 자전 주기와 공전 주기가 같으므로 지구에서 달의 한 쪽 면만을 볼 수 있다.

③ **지구의 공전** : 별과 태양의 연주 운동, 계절의 변화, 계절에 따른 별자리 변화, 별의 시차 등은 지구의 공전 때문에 나타나는 현상이다.

22 화성은 태양계의 네 번째 행성으로, 표면이 산화철이 많은 붉은색 암석과 흙으로 덮여 있다. 과거에 물이 흘렀던 흔적이 있으며 얼음과 드라이아이스로 된 극관이 있다.

① **금성** : 태양계의 두 번째 행성으로, 자전 주기가 공전 주기보다 길며 달에 이어 두 번째로 밝은 천체이다.

③ **목성** : 태양계의 다섯 번째 행성으로, 부피와 질량이 가장 크며 주로 수소와 헬륨으로 이루어져 있다.

④ **토성** : 태양계의 여섯 번째 행성으로, 목성에 이어 두 번째로 크며 대부분 기체로 이루어져 밀도가 낮다.

23 ㉠은 해수의 염류 비율 중 가장 많은 부분을 차지하고 있는 염류이다. 그러므로 ㉠은 소금, 즉 염화 나트륨(NaCl)이다.

24 기온에 따른 포화 수증기량 곡선에서 포화 수증기량 곡선 위의 점들이 포화 상태에 있는 공기들이다. 그러므로 공기 A~D 중 포화 상태인 것은 A, D이다. B와 C는 불포화 상태의 공기이다.

25 맨눈에 보이는 별의 밝기를 나타낸 등급은 겉보기 등급이고, 겉보기 등급이 작은 별일수록 우리 눈에 밝게 보인다. 그러므로 지구에서 맨눈으로 보았을 때 가장 밝게 보이는 별은 겉보기 등급이 '-2.0'으로 가장 작은 A별이다.

TIP 별의 밝기 등급

겉보기 등급	절대 등급
• 맨눈에 보이는 별의 밝기를 나타낸 등급이다. • 별까지의 실제 거리는 고려하지 않고 지구에서 보이는 대로 정한 등급이다. • 겉보기 등급이 작은 별일수록 우리 눈에 밝게 보인다.	• 별이 10pc의 거리에 있다고 가정했을 때의 밝기 등급이다. • 별의 실제 밝기를 비교할 수 있다. • 절대 등급이 작을수록 실제로 밝은 별이다.

제6교시 선택 과목

도 덕

정답 및 해설 |

정답

01 ②	02 ④	03 ③	04 ①	05 ③
06 ④	07 ③	08 ④	09 ②	10 ③
11 ①	12 ④	13 ①	14 ②	15 ①
16 ①	17 ②	18 ④	19 ②	20 ①
21 ④	22 ③	23 ③	24 ④	25 ②

해설

01 도덕은 인간이 양심에 따라 지켜야할 도리 또는 바람직한 행동 기준으로, 옳고 그름을 판단할 수 있는 기준을 제공한다. 또한 옳은 일을 자발적으로 실천할 수 있도록 돕는다.
① 강요 : 억지로 또는 강제로 요구함
③ 본능 : 생물이 선천적으로 타고나는 경향성
④ 욕망 : 부족을 느껴 무엇을 가지거나 누리고자 하는 마음

02 도덕 원리를 모든 사람에게 보편적으로 적용했을 때 나타나는 결과를 예측하여 비판하는 사고 방법은 보편화 결과 검사에 해당한다. 제시된 학생과 교사의 대화에서 교사는 '바쁘다고 모든 사람(보편성)'이 '새치기를 한다면 어떤 결과가 따르겠니?(결과의 예측)'라면서 학생을 비판하고 있다.

> **TIP** 도덕 원리 검사
>
> • **역할 교환 검사** : 상대와 입장을 바꾸어 판단하는 방법(도덕 원리를 자신에게 적용했을 때 결과를 수용할 수 있는지를 알아보는 방법)
> • **보편화 결과 검사** : 도덕 원리를 모든 사람에게 보편적으로 적용했을 때 나타나는 결과를 예측하여 결과를 검토하는 방법
> • **포섭 검사** : 선택한 도덕 원리를 더 일반적인 상위의 도덕 원리에 포함시켜 판단하는 방법
> • **반증 사례 검사** : 상대가 제시한 도덕 원리에 반대되는 사례를 제시해 보는 방법

03 좋은 습관은 오랫동안 되풀이해서 익숙해진 바람직한 행동이나 생각으로, 독서를 생활화하거나 건강을 위해 꾸준히 운동을 하는 것은 좋은 습관에 해당한다.
ㄱ. 시간을 낭비한다. → 나쁜 습관
ㄷ. 사소한 일에도 금방 화를 낸다. → 나쁜 습관

04 인권은 인종, 성별에 따라 차별할 수 있는 권리가 아니라, 모든 사람이 차별 받지 않고 동등하게 누려야 하는 권리이다.
• 인간이라면 누구나 누려야 하는 권리 → 보편성
• 누구도 절대 침해해서는 안 되는 권리 → 불가침성

05 삶의 목적은 사람이 살면서 실현하고자 하는 목표나 일을 말하고, 바람직한 삶은 도덕적으로 올바른 삶을 실천하는 것이다. 그런데 돈을 많이 벌기 위해 법을 어기는 것은 도덕적으로 올바른 삶을 실천하는 것이 아니므로, 바람직한 삶의 목적을 설정할 때 고려해야 할 점이 아니다.

06 수치심을 느끼게 하는 사진, 동영상을 인터넷이나 사회관계망 서비스(SNS)에 퍼뜨리는 행위는 폭력의 유형 중 사이버 폭력에 해당한다.

> **TIP** 정보화 시대의 도덕 문제
>
> • **사이버 폭력** : 사이버 공간에서 상대방이 원하지 않는 언어, 사진 등을 사용하여 상대방의 명예를 침해하거나 피해를 주는 모든 행위
> • **사생활 침해** : 자신의 의사와 상관없이 사이버 공간에서 개인 정보가 다른 사람에게 공개되어 피해를 받는 현상
> • **인터넷 중독** : 일상생활과 인간관계를 외면하고 가상 세계에 지나치게 몰두하는 행동
> • **지적 재산권 침해** : 저작권법에 의해 보호되는 저작물을 무단으로 이용하여 타인의 권리를 침해하는 행위
> • **해킹이나 바이러스 유포** : 불특정 다수의 정보기기에 침입하여 피해를 주는 행동
> • **정보 격차** : 정보기기, 양질의 정보 확보, 정보를 다루는 능력을 보유한 사람과 그렇지 못한 사람 사이에 사회적 · 경제적 격차가 심화되는 현상

07 도덕 추론은 도덕 판단의 근거를 제시하고 그것이 옳다고 주장하는 과정이다. 그러므로 ㉠에 들어갈 용어는 '도덕 판단'이다.

도덕 원리 (도덕 판단의 근거)	법을 어기는 행동은 옳지 않다.

↓

사실 판단 (구체적 사실)	무임승차는 법을 어기는 행동이다.

↓

도덕 판단 (주장)	무임승차는 옳지 않다.

② **공자** : 유교를 체계화 하고 인(仁)과 예(禮)의 실천을 강조한 중국 춘추시대의 사상가

③ **노자** : 무위자연을 추구하며 도(道)와 조화를 이루는 삶을 강조함

④ **칸트** : 근대 계몽주의를 정점에 올려놓았고 독일 관념철학의 기반을 확립한 철학자

08 아리스토텔레스는 고대 그리스의 철학자로서 우리가 궁극적으로 추구하는 것은 행복이며, 그것은 도덕적 행동을 습관화할 때 얻을 수 있다고 강조하였다.

① **순자** : 성악설을 주장하며 예치를 강조한 중국의 사상가

② **로크** : 백지설과 사회계약론을 주장한 영국의 경험주의 철학자

③ **슈바이처** : 아프리카 의료 봉사로 생명에 대한 경외라는 그의 철학을 실천에 옮긴 의사이자 노벨평화상 수상자

09 우정은 친구 사이에서 느끼는 따뜻하고 친밀한 정서적 유대감으로, 진정한 우정을 맺기 위해서는 신의와 상호 배려의 자세가 필요하다.

① **효** : 부모에 대한 공경을 바탕으로 어버이를 잘 섬기는 일

③ **경로** : 노인을 공경함

④ **자애** : 윗사람이 아랫사람에게 베푸는 두터운 사랑

10 세계 시민은 지구 공동체의 일원으로서 공동체 의식을 가지고 지구촌의 문제를 인식하고 합리적으로 해결하려고 노력하는 사람으로 인류애, 연대 의식, 평화 의식 등의 도덕적 가치를 갖추어야 한다.

11 이웃과의 관계에서는 서로 대화하고 소통하며 양보하는 도덕적 자세가 필요하다. 자신의 이익만을 내세우거나 사생활을 침해하는 것은 이웃 간 갈등의 원인이 된다.

12 해악은 남에게 해를 끼치는 일이므로, 정보 통신 매체의 활용을 위한 덕목으로 적절하지 않다.

① **절제** : 중독을 예방하기 위해 자기 절제를 통해 사용 시간을 조절해야 한다.

② **존중** : 상대방의 인격을 존중해야 한다.

③ **책임** : 자신의 행동에 대해 책임을 져야 한다.

13 인도의 민족 운동 지도자로, 식민지 지배에 굴하지 않고 비폭력적 불복종 운동을 실천하여 인도 독립에 기여한 인물은 간디이다.

14 다양한 문화를 향유하는 사람들이 함께 생활하는 다문화 사회에서는 인간 존중이나 자유 · 평등 등과 같은 인류의 보편적 가치를 추구해야 한다.

① · ③ · ④ 우리 문화만을 고집하거나 문화가 다르다는 이유로 다른 문화를 차별하는 것은 자문화 중심주의로 우리가 극복해야 할 문화적 편견들이다.

15 '미움과 원한 표출하기'와 같은 부정적인 생각과 감정은 마음을 혼란스럽게 하고 평화를 방해하므로, 마음의 평화를 얻기 위해서는 긍정적인 생각과 감정을 갖기 위해 노력해야 한다.

16 평화 통일은 무력을 사용하지 않고 상호 합의 하에 이루는 평화적 통일로, 우선적으로 남북한 간의 신뢰를 형성해야 한다.

② 남북한 간의 이질성을 강조(→ 극복)해야 합니다.

③ 남북한 간의 군사적 긴장을 강화(→ 완화)해야 합니다.

④ 남북한 간의 경제적 불평등을 심화(→ 약화)시켜야 합니다.

17 평화적 갈등 해결 방법에는 협상, 중재, 조정, 다수결 등의 방법이 있다.

ㄴ. **방관** : 어떤 일에 직접 나서서 관여하지 않고 곁에서 보기만 함

ㄷ. **회피** : 꾀를 부려 마땅히 져야 할 책임을 지지 아니함

> **TIP** 평화적 갈등 해결 방법
>
> • **협상** : 갈등 당사자 간의 대면적 협상으로 합의점을 찾아 갈등을 해결하는 방법
> • **중재** : 제3자를 중재자로 세워 협상함으로써 갈등을 중립적 태도로 해결하는 방법
> • **조정** : 제3자가 조정안을 제시하고 당사자끼리 합의하도록 도와주는 갈등 해결 방법
> • **다수결** : 가장 많은 사람들이 동의하는 의견을 따라 갈등을 해결하는 방법

18 과학 기술은 개발뿐만 아니라 활용에 대해서도 책임 의식을 가지고 미래 세대에 대한 책임까지도 고려해야 한다. 즉, 미래 세대를 제외하고 현재 세대에 미치는 영향만을 고려해서는 안 된다.

19 성품과 행실이 높고 맑아 탐욕이 없는 상태를 청렴이라고 하며, 특히 공직자에게 강조되는 바람직한 덕목이다. 맡은 일을 공정하게 처리하거나 청탁 금지법을 준수하는 하는 것은 청렴의 실천 방법에 해당한다.
① 배려 : 도와주거나 보살펴 주려고 마음을 씀
③ 부패 : 공정한 절차를 무시하고 부당한 방법으로 자기 이익을 편취하는 행위
④ 소외 : 인간이 자기의 본질을 상실하여 비인간적 상태에 놓이는 일

20 독재는 하나 또는 소수에 의해 권력이 독점되어 있는 전제주의와 같은 정치적 형태로, 통일 한국이 추구해야 할 가치에 해당하지 않는다.

TIP 통일 한국의 미래상
• 자주적 민족 국가 : 우리 민족만의 자주성을 유지하며 열린 민족 공동체를 형성
• 자유로운 민주 국가 : 모두의 자유와 평등, 인권을 보장하는 민주주의 국가를 형성
• 정의로운 복지 국가 : 노력한 만큼 혜택이 구성원 모두에게 골고루 배분됨
• 문화 일류 국가 : 세계 평화와 인류 공영에 이바지하는 수준 높은 문화 국가를 형성

21 세계 각국이 지구 온난화 방지를 위해 온실가스 배출량을 제한하고, 해로운 쓰레기가 국제적으로 이동하는 것을 규제하는 협약을 체결한 것은 환경 파괴라는 국제 사회의 문제를 해결하기 위한 조치이다.
① 빈부 격차 : 부유한 사람과 가난한 사람의 경제적 차이
② 성 상품화 : 인간의 성을 이용해 이윤을 추구하는 것
③ 종교 갈등 : 개인이나 집단 사이에 종교적 이념이 달라 서로 적대시하거나 충돌하는 일

22 시민은 한 국가의 주권을 가진 국가의 구성원이므로, 국가의 정책과 법을 만드는 과정 등에 자발적인 참여 의식을 보이는 것은 바람직한 시민의 자질이다.
① 무관심 : 관심이나 애정이 없는 상태
② 혐오감 : 어떠한 것을 증오, 불결함 등의 이유로 싫어하거나 기피하는 감정
④ 특권 의식 : 사회 · 정치 · 경제적으로 특별한 권리를 누리고자 하는 태도

TIP 바람직한 시민의 자세
• 주인 의식과 참여 의식 : 공공선을 위해 책임 의식을 가지고 참여, 민주적 절차의 존중
• 준법정신 : 법과 기본 질서의 준수
• 애국심 : 건전한 애국심의 형성
• 공동체 의식, 관용 정신, 연대 의식 : 모두 인권에 대한 존중이 바탕이 됨

23 도덕적 성찰은 자신의 삶을 객관적으로 깊이 살펴보고 도덕적 관점에서 반성하며 바람직한 삶의 방안을 모색하는 것이다. 그런데 자신의 나쁜 습관을 반복하는 것은 깊이 있는 반성이 이루어지지 않은 것이므로, 도덕적 성찰의 방법으로 적절하지 않다.

TIP 성찰의 필요성
• 인간의 불완전성을 극복하고 도덕적 성찰을 통해 자신의 잘못을 바로잡아 보다 나은 삶을 살도록 함
• 올바른 가치관과 인격형성이 가능해짐
• 개인의 성찰이 사회에 바람직한 영향을 미쳐, 보다 나은 사회로 나아가는 기회를 제공함

24 공정한 법과 제도 마련, 국민의 생명과 재산 보호, 인간다운 삶을 위한 복지 제도 운영은 모두 바람직한 국가의 역할이다. ㄷ. 사회적 차별과 갈등을 조장하는 것이 아니라 해소하는 것이 국가의 바람직한 역할이다.

25 환경 친화적인 삶이란 주변 환경에 미치는 영향을 생각하여 행동하는 삶인데, '식사 후 음식 많이 남기기'는 음식 쓰레기 배출을 증가시켜 환경을 오염시키므로 환경 친화적인 삶이라고 볼 수 없다.

정답 및 해설

2023년도

제1회

제1교시

국 어

정답 및 해설 |

정답

01 ②	02 ②	03 ④	04 ④	05 ①
06 ③	07 ④	08 ④	09 ②	10 ④
11 ③	12 ④	13 ④	14 ①	15 ①
16 ①	17 ②	18 ②	19 ③	20 ②
21 ②	22 ③	23 ④	24 ②	25 ①

해설

01 바자회 행사 참가 필요성에 대한 강현의 의문에 나윤이가 바자회 행사의 의의를 설명하며 바자회 참가에 대해 긍정적인 생각을 밝히고 있다. 그러므로 ㉠은 바자회에 참가 하는 게 좋겠다고 강현을 설득하는 나윤이의 의도가 담긴 말이다.

02 시험을 못 봤다고 속상해 하는 친구에게 '그랬구나'라고 공감하며 '너무 속상하겠다'라고 친구의 처지와 감정을 존중해 주고 있다.

03 주어진 지문은 언어의 본질 중 언어의 역사성에 대한 설명이다. ①은 언어의 역사상 중 생성, ②는 변화, ③은 소멸에 해당하나, ④는 언어의 의미와 말소리 사이에 필연적 관계가 없다는 언어의 자의성에 대한 예시이다.

> **TIP** 언어의 본질
> • **자의성** : 언어의 의미와 말소리 사이에는 필연적인 관계가 없음
> • **사회성** : 언어는 그 언어를 사용하는 사람들 사이의 사회적 약속임
> • **역사성** : 시간이 흐르면서 언어는 새로 생기기도 하고, 사라지기도 하며, 소리나 의미가 변하기도 함
> • **창조성** : 인간은 단어 또는 문장을 끊임없이 만들 수 있음

04 '예의'의 'ㅖ'와 'ㅢ'는 발음할 때 입술 모양이 바뀌거나 혀가 움직이는 이중모음에 해당한다.

> **TIP** 모음의 분류
> • **단모음(10개)** : 발음할 때 입술이나 혀가 고정되어 움직이지 않음
> 예) ㅏ, ㅔ, ㅓ, ㅐ, ㅗ, ㅚ, ㅜ, ㅟ, ㅡ, ㅣ
> • **이중모음(11개)** : 발음할 때 입술 모양이 바뀌거나 혀가 움직임
> 예) ㅑ, ㅒ, ㅕ, ㅖ, ㅘ, ㅙ, ㅛ, ㅝ, ㅞ, ㅠ, ㅢ

05 표준 발음법 제10항의 규정에 따라 겹받침 'ㄼ'은 어말 또는 자음 앞에서 [ㄹ]로 발음되므로, '넓다'는 [넙따]가 아니라 [널따]로 발음되어야 한다.

06 밑줄 친 '파랗다', '예쁜', '즐겁게'를 기본형으로 바꾸면 '파랗다', '예쁘다', '즐겁다'가 되며, 이들은 모두 대상의 상태나 성질을 나타내는 형용사의 특성에 해당한다.
① 명사의 특성
② 동사의 특성
④ 감탄사의 특성

07 ㉠의 '하얀'은 뒤에 오는 체언인 '꽃잎'을 꾸며주는 관형어이다. '독서의' 또한 뒤에 오는 체언인 '계절'을 꾸며주는 관형어에 해당한다.
① '활짝'은 뒤의 서술어 '피었다'를 꾸며주는 부사어이다.
② '우유를'은 뒤의 서술어 '마신다'의 대상이 되는 목적어이다.
③ '어른이'는 뒤의 서술어 '되었다'를 보충해주는 보어이다.

08 '메고'의 기본형 '메다'는 '어깨에 걸치거나 올려놓다'는 뜻으로, 해당 문장에서 배낭을 '메고'는 바르게 표기되었다.
① 오십시요 → 오십시오
② 깨끗히 → 깨끗이
③ 몇일 → 며칠

[09~10]

09 '힘없는 강아지 소리'는 영상의 구성 요소 중 '효과음'에 해당한다. '효과음'은 장면의 실감을 더하기 위하여 넣는 소리이다.

10 '절대' → '결국'
㉣의 '절대'는 '어떠한 경우에도 반드시'라는 의미로 부정어와 호응한다. 그런데 해당 문장은 처음에는 병아리를 키우는 것을 반대했던 엄마가 나의 간절한 요청에 허락해 주셨다는 내용이므로, '일의 마무리에 이르러서'를 의미하는 '결국'으로 바꾸어 쓰는 것이 적절하다.

[11~13]

김애란, 「두근두근 내 인생」
- **갈래** : 장편 소설, 성장 소설
- **성격** : 성찰적, 묘사적, 자기 고백적
- **배경** : 시간 – 현대 / 장소 – 병원과 집
- **시점** : 1인칭 주인공 시점
- **주제** : 죽음을 앞둔 소년이 겪은 삶에 대한 소망과 가족 간의 사랑
- **특징**
  – 다양한 표현을 사용하여 주인공의 심리를 참신하게 묘사함
  – 부모보다 늙은 아들, 아들보다 젊은 부모라는 독특한 설정을 통해 인생의 의미를 성찰함
  – 난치병을 앓는 소년의 삶을 유쾌한 시간으로 그려 냄으로써 삶의 가치와 가족의 의미를 생각해 보게 함

11   해당 작품은 1인칭 주인공 시점으로, 서술자인 '나'가 작품 속 주인공으로 등장하여 '나'의 감정을 직접 드러내고 생각을 이야기 한다.
  ① 이야기가 진행되어도 서술자가 달라지지 않고, '나'로 동일하다.
  ② 서술자가 모든 인물의 속마음을 알고 있는 것은 전지적 작가 시점에 해당한다.
  ④ 작품 밖 서술자가 인물의 행동을 관찰하는 것은 3인칭 관찰자 시점에 해당한다.

12   해당 작품에서 '카메라에 비친 내 모습이 실제보다 못해 억울하고 섭섭한 거였다.'라는 말을 통해 '아름'이가 영상 속 자신의 모습에 만족하지 못하고 있음을 알 수 있다.

13   퀴즈 프로그램에 출연하여 방송 시작 전까지 긴장되고 설레기도 했던 자신의 경험을 바탕으로 본방송을 앞둔 아름이의 마음이 이해된다며 아름이의 마음에 공감하고 있다.

[14~16]

정호승, 「봄 길」
- **갈래** : 자유시, 서정시
- **성격** : 역설적, 의지적, 희망적
- **운율** : 내재율
- **소재** : 봄 길
- **주제** : 시련을 극복하고 스스로 사랑을 찾기 위해 노력하는 삶의 태도

- **특징**
  – 의지적이고 단정적인 어조를 사용함
  – 비슷한 시구를 반복하여 주제를 강조함

14   해당 작품에서 색채 이미지를 나타내는 시어가 없으므로, 색채 대비를 통한 선명한 이미지를 제시하고 있지 않다.
  ② '강물', '새', '꽃잎' 등의 여러 자연물에 빗대어 현실 상황을 표현하고 있다.
  ③ '길이 끝나는 곳에서도 ~있다'라는 비슷한 문장 구조를 반복하여 의미를 강조하고 있다.
  ④ '~있다'라는 단정적인 어조를 통해 화자의 강한 믿음을 드러내고 있다.

15   ⓒ, ⓒ, ⓔ이 여러 자연물에 빗대어 부정적이고 절망적인 현실 상황을 표현하고 있는 반면, ⓔ의 '스스로 봄 길이 되어'는 그러한 절망적인 상황 속에서도 포기하지 않는 희망을 드러낸다.

16   [A]에는 모순되고 이치에 맞지 않지만 그 속에 진리를 내포하고 있는 역설법이 사용되었다. 유치환의 「깃발」에 표현된 '이것은 소리 없는 아우성'에서도 '소리가 없다'는 것과 '아우성'은 논리적으로 모순되지만, 아우성을 소리가 없다고 표현함으로써 시인이 나타내려는 깃발의 몸부림을 강조하고 있다.
  ② 직유법, 의인법
  ③ 은유법
  ④ 설의법

[17~19]

박지원, 「허생전」
- **갈래** : 고전 소설, 한문 소설
- **성격** : 풍자적, 비판적
- **배경** : 시간 – 조선 효종(17세기 후반) / 공간 – 한반도 전역
- **시점** : 전지적 작가 시점
- **제재** : 조선의 현실을 꿰뚫고 있는 지식인 '허생'
- **주제** : 무능한 양반 계층에 대한 비판과 새로운 삶의 각성 및 실천 촉구
- **특징**
  – 실학사상과 북학사상을 바탕으로 당대의 현실을 비판함
  – 미완의 결말 구조로, 일반적인 고전 소설의 결말과 다름

17 해당 작품에서 '당신은 평생 과거도 보러 가지 않으면서 대체 글은 읽어 뭘 하시렵니까?'라는 아내의 핀잔을 통해 허생이 글을 읽는 목적이 과거 시험을 보기 위한 것이 아님을 알 수 있다. 그러므로 허생은 과거 시험을 본 적이 없고 따라서 과거 시험에 떨어진 적도 없다.

18 아내가 허생에게 역정을 내는 이유는 아내가 삯바느질을 해서 그날그날 겨우 입에 풀칠하는 처지임에도 불구하고, 허생이 글공부 외에는 경제적 활동에 무관심하고 무능력해서 돈을 벌어 오지 않기 때문이다.

19 허생이 서울에서 가장 부자인 변 씨에게 빌린 만 냥으로 과일을 몽땅 사들인 후, 처음 값의 열 배를 받고 되팔 만큼 조선 경제의 형편이 취약함을 ㉠에서 비판적으로 드러내고 있다.

[20~22]

20 2문단에서 '우리나라의 전통 발효 식품을 중심으로 발효 식품의 우수성을 자세히 알아보자'라고 제시문의 주제가 드러나 있다. 그러므로 '발효 식품의 우수성'이 윗글의 중심 내용으로 가장 적절하다.

21 ㉠은 부패와 발효의 차이점에 대해 설명하고 있으므로, 둘 이상의 대상들을 견주어 공통점이나 차이점을 중심으로 설명하는 '대조'의 방식이다.

TIP 글의 전개 방식의 종류
• 정의 : 어떤 말이나 사물의 뜻을 명백히 밝혀 규정하여 설명하는 전개 방식
• 과정 : 순서나 작용, 절차나 단계, 일련의 행동들이 어떻게 일어났는가를 서술해 나가는 전개 방식
• 분류 : 어떤 대상들이나 생각들을 공통적인 특성에 근거하여 종류별로 묶는 전개 방식
• 대조 : 둘 또는 그 이상의 대상들을 견주어 공통점이나 차이점을 중심으로 설명하는 전개 방식
• 유추 : 두 개의 사물이 여러 면에서 비슷하다는 것을 근거로 다른 속성도 유사할 것이라고 추론하는 전개 방식
• 예시 : 상위 개념에 대하여 구체적인 특칭 대상으로 예를 들어 보이는 전개 방식

22 3문단에서 발효의 개념을 언급한 후 발효와 부패의 차이점을 대조하여 발효의 우수성에 대해 설명하고 있다. 그리고 마지막 문단에서 발효를 거쳐 만들어지는 전통 음식의 사례로 김치를 들고 있다. 그러므로 ㉡에 들어갈 말로는 글의 문맥상 '그렇다면'이 가장 적절하다.

[23~25]

23 제시문은 기후 변화로 인한 인류 생존의 위험성을 경고하고, 독자들에게 자원을 아껴 사용할 것을 설득하는 논설문이다. 이러한 글은 주장과 근거를 중심으로 내용을 파악한 후, 그 주장과 근거가 타당한지 비판하며 읽는다.

24 제시문의 2문단에서 '지구 생태 용량 과용의 날'을 언급하며, 자원이 모두 소모되는 날이 점점 앞당겨지고 있음을 독자들에게 알리고 있다. 그러므로 글의 맥락 상 ㉠에는 '에너지의 사용량과 그 증가량이 심하다'는 내용이 들어가는 것이 가장 적절하다.

25 글쓴이는 마지막 문단에서 더위에 대응하는 근본적인 대책으로 기후 변화의 위험성 인식, 지구 자원의 절약, 지속 가능한 녹색 성장을 제시하고 있다.

제2교시

수 학

정답 및 해설 |

정답

01 ③	02 ③	03 ③	04 ②	05 ④
06 ④	07 ④	08 ③	09 ①	10 ①
11 ③	12 ②	13 ①	14 ④	15 ②
16 ①	17 ④	18 ②	19 ②	20 ③

해설

01 54의 소인수는 2와 3이고, 소인수분해하면
54$=2 \times 3 \times 3 \times 3$이므로, 2×3^3으로 나타낼 수 있다.

$$\begin{array}{r} 2\,)\,\underline{54} \\ 3\,)\,\underline{27} \\ 3\,)\,\underline{9} \\ 3 \end{array}$$

02 음수는 절댓값이 클수록 작으므로 $-7 < -10$이다.
분수인 $\frac{1}{2}$를 소수로 변환하면 $\frac{1}{2} = \frac{1 \times 5}{2 \times 5} = \frac{5}{10} = 0.5$이다.
그러므로 주어진 수를 작은 수부터 차례대로 나열하면
$-7,\ -1,\ \frac{1}{2},\ 1,\ 3$의 순서이다.
따라서 구하는 네 번째 수는 1이다.

03 $a=2$를 $3a+1$에 대입하면
$3(2)+1=6+1=7$

04 일차방정식 $4x-4=x+2$를 정리하면,
$4x-x=4+2$
$3x=6,\ x=\frac{6}{3}$
$\therefore x=2$

05 순서쌍 $(2,\ -3)$을 좌표평면 위에 나타내면 원점$(0,\ 0)$을 기준으로 x축의 오른쪽으로 2칸, y축의 아래쪽으로 3칸 이동하면 되므로 점 D에 해당한다.
① A → $(2, 3)$
② B → $(-3, 2)$
③ C → $(-3, -2)$

06 두 직선이 평행하면 동위각과 맞꼭지각의 크기도 같으므로, $\angle x = 60°$이다.

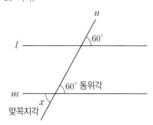

> **TIP** 각의 구분
> • **동위각** : 평행선과 한 직선이 만나을 때 같은 위치에 있는 각
> • **엇각** : 평행선과 한 직선이 만났을 때 엇갈린 위치에 있는 각
> • **맞꼭지각** : 두 직선이 만날 때 서로 꼭짓점이 마주보고 있는 각

07 도표에서 윗몸 일으키기 기록이 40회 이상인 학생의 수는 45, 47, 49, 49, 53, 56, 59이므로 총 7명이다.

08 순환소수 $0.\dot{5}$를 x로 놓으면
$x=0.\dot{5}=0.55555\cdots$ ······ ㉠
㉠의 양변에 10을 곱하면
$10x=5.55555\cdots$ ······ ㉡
㉡$-$㉠을 하면,
$10x-x=5+0.55555\cdots-0.55555\cdots$
$9x=5$
$\therefore x=\frac{5}{9}$

09 지수법칙에서 $a^m \times a^n = a^{m+n}$
$\therefore a^2 \times a^2 \times a^3 = a^{2+2+3} = a^7$

10 한 권에 700원인 공책 x권의 가격은 $700 \times x$이고,
그 가격이 3500원 이상이라고 했으므로,
이를 부등식으로 나타내면
$700x \geq 3500$

> **TIP** 부등식의 표현
> • a는 b 초과이다. → $a > b$
> • a는 b 미만이다. → $a < b$
> • a는 b 이상이다. → $a \geq b$
> • a는 b 이하이다. → $a \leq b$

11 일차함수 $y=ax+b$에서 a는 기울기, b는 y절편을 의미한다.
그러므로 일차함수 $y=2x+k$에서 k는 y절편,
즉 그래프와 y축이 만나는 점을 의미하므로
$k=4$

12 이등변삼각형에서 꼭지각의 이등분선은 밑변을 수직 이등분하므로,
$\overline{BD}=\dfrac{1}{2}\times10=5\text{cm}$

TIP 이등변삼각형의 성질
• 이등변삼각형의 두 밑각의 크기는 같다.
• 이등변삼각형의 꼭지각의 이등분선은 밑변을 수직이등분한다.

13 원기둥 B의 높이를 $x$cm로 놓으면,
두 원기둥이 서로 닮은꼴이므로,
$2:3=4:x$, $2x=12$
$\therefore x=6(\text{cm})$

14 1~10까지의 자연수 중 짝수는 2, 4, 6, 8, 10의
5가지이므로,
$\text{확률}=\dfrac{\text{짝수가 나오는 경우의 수}}{\text{전체 경우의 수}}=\dfrac{5}{10}=\dfrac{1}{2}$

15 제곱근의 성질에 따라
$\sqrt{8}=\sqrt{4\times2}=\sqrt{4}\times\sqrt{2}=2\sqrt{2}$이므로
$2\sqrt{2}=a\sqrt{2}$
$\therefore a=2$

16 이차방정식 $x^2-5x+6=0$을 인수분해하면,
$x^2-5x+6=(x-2)(x-3)=0$이고,
그 해는 $x=2$, $x=3$이다.
주어진 문제에서 한 근이 2라고 했으므로,
다른 한 근은 3이다.

17 이차함수 $y=a(x-p)^2+q$의 그래프에서 꼭짓점의 좌표는
$(p,\ q)$이다.
그러므로 이차함수 $y=-(x-1)^2+1$의 그래프에서 꼭짓점의 좌표는 $(1,\ 1)$이다.
① $a<0$이므로, 위로 볼록하다.
② 점 $(2,\ 0)$을 지난다.
③ 직선 $x=1$을 축으로 한다.

18 직각삼각형 ABC에서
$\tan B=\dfrac{\text{높이}}{\text{밑변}}$이므로
$\dfrac{\overline{AC}}{\overline{BC}}=\dfrac{3}{4}$

TIP 삼각비

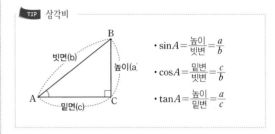

• $\sin A=\dfrac{\text{높이}}{\text{빗변}}=\dfrac{a}{b}$

• $\cos A=\dfrac{\text{밑변}}{\text{빗변}}=\dfrac{c}{b}$

• $\tan A=\dfrac{\text{높이}}{\text{밑변}}=\dfrac{a}{c}$

19 원의 성질에 따라 한 호에 대한 원주각의 크기는
그 호에 대한 중심각의 크기의 $\dfrac{1}{2}$이다.
원 O에서 호 AB 대한 중심각 $\angle AOB=80°$일 때,
호 AB에 대한 원주각 $\angle APB=80°\times\dfrac{1}{2}=40°$이다.

20 주어진 자료의 값을 순서대로 나열하면 다음과 같다.

0,	1,	2,	3,	3,

그러므로 위 자료의 중앙값은 2이다.

TIP 평균값과 중앙값
• **평균값** : 모든 변량을 더해서 총 개수로 나눈 값
• **중앙값** : 순서대로 나열한 후 가장 가운데 있는 값

제3교시 영 어

정답 및 해설 |

2023년 1회

정답

01 ④	02 ③	03 ③	04 ③	05 ①
06 ①	07 ③	08 ②	09 ②	10 ④
11 ③	12 ①	13 ①	14 ④	15 ④
16 ②	17 ③	18 ④	19 ③	20 ②
21 ②	22 ①	23 ②	24 ①	25 ④

해설

01 해설 funny는 '우스운, 재미있는'이라는 뜻이다.
해석 내 여동생(언니, 누나)은 정말 재미있다. 그녀는 나를 많이 웃게 만든다.
어휘 laugh 웃다

02 해설 ①, ②, ④는 모두 반의어 관계이나, ③의 'say(말하다)'와 'tell(말하다)'은 유의어 관계이다.
① 합격하다 – 실패하다
② 앉다 – 서다
④ 시작하다 – 끝나다

03 해설 Mr. Kim이 3인칭 단수 주어이고 last year(작년)가 과거를 나타내므로, be 동사의 3인칭 단수 과거형인 'was'가 빈칸에 들어갈 말로 적절하다.
해석 Mr. Kim은 작년에 나의 한국어 선생님이셨다.
어휘 last year 작년

04 해설 비가 와서 우산을 가져간 것이므로, 결과를 나타내는 접속사 'so(그래서)'가 빈칸에 들어갈 말로 가장 적절하다.
해석 비가 오는 중이었다. 그래서 나는 내 우산을 가져갔다.
어휘 umbrella 우산

05 해설 B에서 'Because(때문에)'를 사용하여 버스를 놓쳤기 때문이라고 이유를 밝히고 있으므로, A의 빈칸에는 이유를 나타내는 의문사 'Why(왜)'가 들어갈 말로 가장 적절하다.

해석 A : 왜 너는 학교에 늦었니?
B : 내가 버스를 놓쳤기 때문이야.
어휘 miss 놓치다

06 해설 감기에 걸려서 몸 상태가 안 좋다는 A의 말에 'That's too bad.(그것 참 안됐구나.)'라며 위로의 말을 건네는 것이 대화의 흐름상 자연스럽다.
② 응, 그리고 싶어.
③ 천만에.
④ 도와줘서 고마워.
해석 A : 나는 몸이 좀 안 좋아. 내 생각에 감기에 걸린 것 같아.
B : 그것 참 안됐구나.
어휘 have a cold 감기에 걸리다

07 해설 첫 번째 문장에는 '가게 문을 닫다'라는 의미에서 동사 'close(닫다)'가 들어가야 하며, 두 번째 문장에는 '우체국이 가까이 있다'는 의미에서 형용사 'close(가까운)'가 들어가야 한다.
① 무료의
② 다음의
④ 중에서
해석 • 몇몇 가게들은 일요일마다 문을 닫는다.
• 나의 학교는 우체국과 매우 가깝다.
어휘 shop 가게, 상점
post office 우체국

08 해설 도서관의 위치를 묻는 A의 질문에 B가 곧장 두 블록을 가서 오른쪽으로 돈 후 왼편에 있다고 했으므로, 도서관의 위치는 ②가 적절하다.
해석 A : 실례지만, 도서관으로 가려면 어떻게 해야 하나요?
B : 곧장 두 블록을 가서 오른쪽으로 도세요. 그것은 당신의 왼편에 있습니다.
A : 감사합니다.
어휘 library 도서관
go straight 똑바로 가다
turn right 오른쪽으로 돌다
on one's left 왼편에

09 **해설** 소년이 사진을 찍고 있으므로, '사진을 찍다'는 표현인 'take a picture'를 사용해야 한다. 또한 시제가 be동사 'is'와 함께 현재 진행형이므로 'taking'이 빈칸에 들어갈 말로 가장 적절하다.

① 사고 있는
③ 앉고 있는
④ 놀고 있는

해석 A : 그 소년은 무엇을 하고 있니?
B : 그는 사진을 <u>찍고</u> 있다.

어휘 take a picture 사진을 찍다

10 **해설** 운동회 날 무엇을 할 거냐는 A의 물음에 B가 축구를 할 거라고 하였고 B도 마찬가지라고 하였으므로, 두 사람이 공통적으로 할 운동은 'soccer(축구)'이다.

해석 A : 운동회 날 너는 무엇을 할 거니?
B : 나는 <u>축구</u>를 할 거야.
A : 나도 그래. 정말 기대하고 있어.
B : 행운을 빌어. 우리 최선을 다하자.

어휘 sports day 운동회 날
soccer 축구
look forward to ~을 기대하다
do one's best 최선을 다하다

11 **해설** 교복이 마음에 드냐는 A의 질문에 B가 답한 후 A가 마음에 안 드는 이유를 다시 묻고 있으므로, 'No, I'm not very happy with it.(아니, 마음에 안 들어.)'가 빈칸에 들어갈 말로 가장 적절하다.

① 응, 정말 좋아.
② 네 덕택에 정말 행복해.
④ 너의 점심을 직접 가져와야 해.

해석 A : Jane, 교복이 마음에 드니?
B : <u>아니, 마음에 안 들어.</u>
A : 왜 마음에 안 드는데?
B : 나는 그 색깔이 싫어.

어휘 be happy with ~에 만족하다
school uniform 교복
bring 가져오다
own 자신의

12 **해설** A가 아버지의 생신 선물로 무엇을 사야할지 물었고 B가 넥타이를 제안했다. 그 제안에 A도 좋다며 호응하였으므로, '생일 선물'이 대화의 주제로 가장 적절하다.

해석 A : 아버지 생신이 다가오고 있어. 그를 위해 무엇을 사야 할까?

B : 멋진 넥타이는 어때?
A : 그거 좋겠다. 내 생각에 아버지께 그게 필요해서.

어휘 birthday 생일
get for ~을 위해 사다
a nice tie 멋진 넥타이
That sounds good. 그거 좋겠군.
need 필요하다

13 **해설** 홍보문을 통해 행사 일시(Date & Time), 행사 장소(Place), 활동 내용(Activities)은 알 수 있지만 참가 인원에 대한 사항은 알 수 없다.

해석

시립 도서관 북캠프

날짜 : 2023년 5월 6일(토요일)
시간 : 오전 9시 – 오전 11시
장소 : 시립 도서관
활동 :
– 독서 토론
– 작가와의 만남

어휘 City Library 시립 도서관
activity 활동
author 작가

14 **해설** 화재가 발생한 경우 젖은 천으로 입을 가리고 엘리베이터 대신 계단을 이용하라는 방송 내용이므로, '화재 안전 수칙 안내'가 해당 방송의 목적으로 가장 적절하다.

해석 여러분, 좋은 아침입니다. 화재가 발생한 경우를 대비해 몇 가지 안전수칙을 알려드리겠습니다. 반드시 젖은 천으로 입을 가리세요. 또한 엘리베이터 대신 계단을 이용하세요.

어휘 safety tips 안전수칙
in case of ~의 경우
make sure 반드시 ~ 하다
cover 가리다
wet 젖은
cloth 옷감, 천
stair 계단
instead of ~대신에

15 **해설** A가 내일 회의 시간이 너무 일러서 변경해야 한다고 제안했고, 이에 B가 10시쯤이 어떠냐며 회의 시간 변경에 동의했다. 그러므로 회의 시간을 바꾸려는 이유는 너무 이른 시간이어서이다.

해석 A : 우리는 내일 회의 시간을 변경해야 합니다. 너무 일러서요.

B : 동의합니다. 오전 10시쯤이 어떤가요?

A : 그게 훨씬 좋군요.

어휘 need to ~할 필요가 있다

change 바꾸다, 변경하다

tomorrow 내일

agree 동의하다

---

16 **해설** 두 번째 문장에서 '그것은 컵 모양으로 만들어진 쿠키'라고 하였으므로, cookie cup은 유리로 만든 것이 아니라 쿠키로 만든 컵임을 알 수 있다.

해석 여기 친환경 제품이 있다! 그것은 쿠키컵이다. 그것은 컵 모양으로 만들어진 쿠키이다. 그 컵을 사용한 후, 그것을 버리는 대신 그냥 먹을 수 있다. 이렇게 함으로써, 당신은 쓰레기를 덜 만들 수 있다.

어휘 eco-friendly 친환경적인

item 물품, 품목

in the shape of ~의 형태로

instead of ~대신에

throw away 버리다

trash 쓰레기

---

17 **해설** 노래 부르는 것을 좋아하고 좋은 목소리를 가졌지만 많은 사람들 앞에서 노래 부르는 것을 부끄러워한다는 내용이므로, 실력 없는 테니스 선수라는 ©의 내용은 전체적인 글의 흐름과 어울리지 않는다.

해석 나는 학교 노래 대회에서 우승하고 싶다. ⓐ 나는 노래 부르는 걸 좋아한다. ⓑ 그리고 나는 좋은 목소리를 가지고 있다고 생각한다. © 나는 정말 실력 없는 테니스 선수이다. ⓓ 그러나, 나는 많은 사람들 앞에서 노래를 부르는 것이 너무 부끄럽다. 어떻게 내가 무대 위에서 더욱 편하게 노래를 부를 수 있을까?

어휘 win 이기다, 우승하다

singing contest 노래 대회

voice 목소리

poor 잘 못하는, 실력 없는

shy 수줍은, 부끄러운

in front of ~앞에서

comfortable 편안한

stage 무대

---

18 **해설** 학교 가는 길에 다리가 부러진 작은 개를 보았고, Gina는 그 개를 수의사에게 데려가자고 제안했다.

해석 Gina와 나는 학교 가는 길에 작은 개를 보았다. 그 개는 다리가 부러진 것처럼 보였고, 우리는 그 개가 걱정

이 되었다. Gina가 그 개를 수의사에게 데려가자고 제안했다.

어휘 on one's way to ~로 가는 도중에

seem to ~처럼 보이다

broken 부러진

worry about ~에 대해 걱정하다

suggest 제안하다

an animal doctor 수의사

---

19 **해설** 대한 학교 학생들 사이에서 가장 인기 있는 동아리 활동은 전체 동아리 활동 중 30%를 차지한 '쿠키 굽기 (baking cookies)'이다.

해석

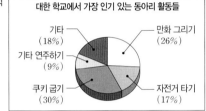

대한 학교 학생들에게 가장 인기 있는 동아리 활동은 쿠키 굽기이다.

어휘 favorite 매우 좋아하는, 마음에 드는

club activity 동아리 활동

cartoon 만화

popular 인기 있는, 대중적인

among ~중에서, ~사이에

---

20 **해설** ① 잘하는 것 – 그림 그리기

② 출신 학교 – 알 수 없음

③ 장래 희망 – 유명한 화가

④ 가장 좋아하는 그림 –「별이 빛나는 밤」

해석 제 이름은 David입니다. 저는 그림을 잘 그립니다. 저는 빈센트 반 고흐와 같은 유명한 화가가 되고 싶습니다. 제가 가장 좋아하는 그림은「별이 빛나는 밤」입니다. 제 블로그를 방문해서 제 작품을 확인해 보세요.

어휘 be good at ~을 잘하다, ~에 능숙하다

famous 유명한

starry 별이 빛나는, 별같이 반짝이는

visit 방문하다

check out ~을 확인하다

---

21 **해설** 제시문에서 벌들이 우리에게 주는 꿀은 정말 훌륭한 음식이며, 건강에도 좋고 맛도 좋다고 하였다. 그러므로 lt은 앞의 honey(꿀)를 가리키는 지시대명사이다.

해석 벌들은 인간들에게 매우 도움이 된다. 첫째, 벌들은 우리에게 꿀을 준다. 꿀은 정말 훌륭한 음식이다. 그것은 우리의 건강에도 좋고 맛도 좋다. 둘째, 벌은 사과와 복숭아와 같은 많은 과일들을 생산하는 데 도움을 준다.

어휘 bee 벌

helpful 도움이 되는

honey 꿀

truly 정말로

be good for ~에 좋다

health 건강

taste 맛이 나다

produce 생산하다

peach 복숭아

22 **해설** 제시된 수업 규칙으로 '서로 도와주기, 수업 중 필기하기, 교과서 가져오기'는 언급되어 있으나, ①의 '활동 시간 지키기'는 언급되어 있지 않다.

해석

수업 규칙
– 서로 도와주기
– 수업 중 필기하기
– 교과서 가져오기

어휘 rule 규칙

each other 서로

take notes 필기하다

bring 가져오다

textbook 교과서

23 **해설** 제시문은 무엇이 좋은 리더를 만드는지에 관한 세 가지 사항을 차례대로 열거하고 있다. 그러므로 '좋은 리더의 특징'이 제시문의 주제로 가장 적절하다.

해석 오늘, 저는 무엇이 좋은 리더를 만드는지에 관해 이야기하겠습니다. 첫째, 좋은 리더는 친절하고 말하기가 쉽습니다. 둘째, 좋은 리더는 사람들에게 조언을 줍니다. 마지막으로, 좋은 리더는 다른 사람들의 말을 주의 깊게 듣습니다.

어휘 talk about ~관해 이야기하다

friendly 친절한, 다정한

easy 쉬운

advice 충고, 조언

carefully 주의 깊게, 신중하게

24 **해설** 지난 금요일 집에 초대해 줘서 고맙다는 내용이므로, '감사'의 편지글이다.

해석 지난 금요일 너의 집에 나를 초대해 줘서 고마워. 나는

정말 좋은 시간을 보냈고 음식도 훌륭했어. 불고기는 매우 맛있었어. 또한 떡볶이 만드는 방법도 알려줘서 고마워

어휘 invite 초대하다

Friday 금요일

delicious 맛있는

show 보여주다

cook 요리하다

25 **해설** 글의 전반부에 스마트폰의 사용으로 인한 건강상 문제점들에 대해 설명하고 있고, 마지막 문장에서 그러한 문제들을 해결하기 위한 몇 가지 조언들이 있다고 하였다. 그러므로 주어진 글 다음에는 '스마트폰 사용으로 인한 건강 문제 해결 방법'이 이어질 내용임을 짐작할 수 있다.

해석 스마트폰은 몇 가지 건강 문제를 야기할 수 있다. 한 가지 문제는 우리가 스마트폰을 사용할 때 눈을 자주 깜빡거리지 않기 때문에 눈이 건조하다는 것이다. 또 다른 문제는 목 통증이다. 스마트폰을 내려다보는 것은 목 통증을 유발할 수 있다. 여기 이러한 문제점들을 해결하기 위한 몇 가지 조언들이 있다.

어휘 cause 야기하다, 유발하다

problem 문제

dry 건조한

often 자주, 흔히

blink 깜빡거리다

pain 아픔, 통증

look down 내려다보다

tip 조언

solve 풀다, 해결하다

제4교시 사 회

정답 및 해설 |

정답

01 ②	02 ①	03 ④	04 ②	05 ④
06 ①	07 ④	08 ③	09 ①	10 ②
11 ③	12 ①	13 ③	14 ②	15 ④
16 ④	17 ③	18 ②	19 ④	20 ①
21 ④	22 ①	23 ①	24 ③	25 ④

해설

01 적도를 기준으로 북위 0°~90°, 남위 0°~90°로 나타내는 것은 위도이다. 위도는 지구 위의 위치를 나타내는 좌표축 중에서 가로로 된 것으로, 적도를 중심으로 하여 남북으로 평행하게 그은 위선으로 표현되는 각도이다.
   ① 경도 : 본초 자오선(경도 0°)을 기준으로 동경과 서경을 각각 0°~180°로 나타낸 것이다.
   ③ 랜드마크 : 어떤 지역을 대표하거나 다른 지역과 구별되는 지형이나 시설물을 말한다.
   ④ 도로명 주소 : 도로명, 건물번호 및 상세주소로 표기하는 주소를 말한다.

02 건조 기후 중 스텝 기후 지역보다 강수량이 적으며, 오아시스 농업이나 지하수를 이용한 관개 농업이 발달한 지역은 사막 기후이다.
   ② 툰드라 기후 : 북극해를 중심으로 그린란드, 유라시아 및 북아메리카 대륙의 북부 지역으로 짧은 여름만 0° 이상인 한대 기후이다.
   ③ 열대 우림 기후 : 연중 고온다습하며 강수량 2,000mm 이상의 적도 부근 지역으로, 스콜이 내린다.
   ④ 서안 해양성 기후 : 주로 남북위 40°~60° 사이인 대륙 서안에서 나타나는 온난습윤한 기후로, 온화한 기온과 문화의 발달로 관광업이 발달하였다.

03 석회동굴은 석회암이 지하수에 의해 녹아 형성된 동굴로, 종유석·석순·석주 등이 형성되어 관광 자원으로 활용된다.
   ① 갯벌 : 조류에 의해 진흙이 쌓인 해안 습지로, 밀물 때 바닷물에 잠기고 썰물 때 수면 위로 드러난다.
   ② 오름 : 제주도 전역에 분포하는 단성화산으로, 화산 중턱에 형성된 소규모 기생 화산을 말한다.

③ 주상 절리 : 용암이 급격하게 식어서 굳을 때 육각기둥 모양으로 굳어져 생긴 지형이다.

04 자원이 지구상에 고르게 분포하지 않고 일부 지역에 집중되어 분포하는 특성은 '편재성'으로, 자원에 대한 생산자와 소비자가 일치하지 않게 되는 이유이다.

> **TIP** 자원의 특성
> • **유한성** : 매장량이 한정되어 고갈 위험이 있는 특성
> • **편재성** : 일부 지역에 치우쳐 분포하며, 생산자와 소비자가 일치하지 않는 특성
> • **가변성** : 자원의 가치가 시대와 장소, 경제 상황, 기술 발달 등에 따라 달라지는 특성

05 여성 100명에 대한 남성의 수를 '성비'라고 하며, 일부 국가에서는 남아 선호 사상 등으로 심각한 성비 불균형이 나타나기도 한다.
   ① 관습 : 한 사회에서 오랫동안 반복해온 행동 양식
   ② 도덕 : 인간이 양심에 따라 지켜야할 도리 또는 바람직한 행동 기준
   ③ 문화 : 한 사회의 구성원들이 만들어 낸 모든 생활 양식과 행동 양식의 총체

06 내집단은 자신이 소속된 집단으로, 소속감과 '우리'라는 공동체 의식이 강한 집단을 말한다.
   ② 외집단 : 자신이 속하지 않은 집단으로, 소속감이 없고 이질감과 적대감이 존재한다.
   ③ 역할 갈등 : 한 개인이 여러 역할을 수행하는 과정에서 역할 간에 갈등이 발생하는 현상으로, 역할 간에 조화를 이루지 못해 발생한다.
   ④ 역할 행동 : 자신에게 주어진 역할을 수행하는 구체적인 행동을 말한다.

07 이해관계를 같이하는 사람들이 자신들의 특수한 이익을 실현하기 위해 만든 단체는 이익집단이다.
   ① 개인 : 국가나 사회, 단체 등을 구성하는 낱낱의 사람
   ② 대통령 : 국민에 의해 선출되며 5년 임기의 단임제, 행정부의 수반이자 국가 원수
   ③ 감사원 : 대통령 직속의 헌법 기구로서 행정부 내 최고 감사기관, 직무 감찰 및 결산업무 등을 담당

08 태풍은 북태평양의 열대 해상에서 발생하는 저기압으로, 강한 바람과 많은 비를 동반한다.
① 황사 : 봄철에 중국 내륙에서 발생한 흙먼지와 모래먼지가 편서풍을 타고 이동하는 현상
② 가뭄 : 강수량 부족과 대륙 내부의 건조 기후로 인해 땅이 메마르고 물이 부족한 현상
④ 폭설 : 비교적 짧은 시간에 많은 양의 눈이 오는 기상 현상

09 ㉠ 영토와 영해의 수직 상공을 ㉡ 영공이라고 하며 대기권 내로 한정된다. 배타적 경제 수역은 영해를 설정한 기준선으로부터 200해리까지의 바다 중 영해를 제외한 바다를 말한다.

TIP 영역의 구성
• 영토 : 한 국가의 주권이 미치는 육지의 범위로, 국토 면적과 일치함
• 영해 : 주권이 미치는 해역으로, 최저 조위선으로부터 12해리
• 영공 : 영토와 영해의 수직 상공으로, 대기권 내로 한정됨

10 사회화란 자신이 속한 사회 내에서 지속적 상호 작용을 통해 행동양식과 규범, 가치관 등을 배우는 과정으로 사회화를 통해 개인은 사회적 존재로 성장한다.
① 선거 : 국민의 대표를 규칙에 따라 선출하는 과정으로, '민주주의의 꽃'이라 불린다.
③ 심급 제도 : 공정하고 정확한 재판을 위해 급이 다른 법원에서 여러 번 재판할 수 있는 제도(3심제가 원칙)이다.
④ 빈부 격차 : 부유한 사람과 가난한 사람의 경제적 차이를 말한다.

11 도시의 수나 면적, 그리고 도시 거주 인구가 증가하는 현상을 ㉠ 도시화라고 하며, 도시의 무분별한 팽창을 막고 녹지를 확보하기 위해 설정하는 것은 ㉡ 개발 제한 구역이다.
• 도심 : 도시의 중심부로, 교통이 편리하고 유동인구가 많으며 지가가 최고인 중심 업무 지구
• 인구 공동화 : 도심의 지가 상승으로 주거 기능이 도심 외곽으로 빠져나가 주간 인구는 높으나 야간 인구가 적어지는 현상

12 분쟁의 해결 과정에서 법을 해석 · 적용 · 판단하는 사법의 권한을 담당하는 국가 기관은 법원이다.
② 국세청 : 내국세의 부과 · 감면 · 징수 업무를 담당하는 중앙 행정 기관
③ 기상청 : 대기를 관측하고 예보하며, 기후 정보를 생산하고 연구하는 중앙 행정 기관
④ 금융 감독원 : 은행, 증권사, 보험사 등 금융 기관을 감시하고 감독하는 업무를 주력으로 하는 특수기관

13 개인과 개인 사이에서 일어난 법률관계에 관한 다툼을 해결하기 위한 재판은 민사 재판이다.
① 선거 재판 : 선거와 관련된 위법 사실에 대한 재판
② 행정 재판 : 행정 기관의 권리 침해 여부를 결정하는 재판
④ 형사 재판 : 범죄의 유무와 형벌의 정도를 결정하는 재판

14 그래프와 같이 수요 곡선이 오른쪽으로 이동했을 때, 균형 가격은 가격$_0$에서 가격$_1$로 상승하고, 균형 거래량은 수량$_0$에서 수량$_1$로 증가한다.

15 선거 공영제는 공정성 확보를 위해 선거 과정을 국가기관이 관리하는 제도로, 선거 비용을 국가가 부담한다.
① 의원 내각제 : 의회 다수당이 내각(행정부)을 구성하여 정책을 수행하는 정부 형태
② 주민 투표제 : 지방자치단체의 중요한 정책사항 등을 주민이 직접 투표로 결정하는 제도
④ 주민 소환제 : 주민들이 지방자치체제의 행정처분이나 결정에 심각한 문제점이 있다고 판단할 경우, 단체장을 통제할 수 있는 제도

TIP 공영 선거를 위한 제도
• 선거 공영제 : 공정성 확보를 위해 선거 과정을 국가기관이 관리하는 제도(선거 비용을 국가가 부담)
• 선거구 법정주의 : 선거구를 법에 따라 미리 확정하는 제도(선거구가 특정 정당이나 인물에 유리하도록 하는 게리맨더링을 방지하는 제도)
• 선거 관리 위원회 : 선거와 투표의 공정한 관리를 위해 설치된 독립적 국가기관

16 필요한 재화나 서비스를 만들어 내거가 그 가치를 높이는 활동은 ㉠ 생산이고, 필요한 재화나 서비스를 구매하여 사용하는 활동은 ㉡ 소비이다.

TIP 경제 활동의 종류
• 생산 : 새로운 가치의 창출 및 가치 증대 행위(재화나 서비스를 만드는 것)를 말하며, 생산 요소에는 토지 · 노동 · 자본(경영)이 있음
• 분배 : 생산 요소를 제공하고 그 대가를 받는 것으로, 토지 제공의 대가인 지대, 노동력 제공의 대가인 임금, 자본 제공의 대가인 이자와 배당금, 경영의 대가인 이윤이 있음
• 소비 : 필요한 재화나 서비스를 구매하거나 사용하여 효용(만족감)을 높이는 행위

17 비파형 동검은 청동기 시대의 대표적 유물이다. 청동기 시대에는 사유재산 제도와 계급이 발생하였고, 벼농사가 시작되었다.

18 광개토 대왕의 아들로 수도를 평양으로 옮기고 남진 정책을 추진하였으며, 백제의 수도 한성을 함락한 고구려의 왕은 장수왕이다.

19 고려 말 공민왕의 개혁 정치에 힘입어 등장하였으며, 성리학을 바탕으로 권문세족을 비판한 정몽주, 정도전 등의 정치 세력을 신진 사대부라고 한다.
   ① **사림** : 조선 중기 성리학을 바탕으로 훈구세력과 대립하고 서원과 향약을 기반으로 세력을 확대함
   ② **진골** : 신라의 신분제인 골품제의 한 계급으로 성골 다음의 귀족 계급
   ③ **6두품** : 신라 중대에는 왕권과 결합하여 진골에 대항하는 세력이었으나, 하대에는 반신라 세력으로 변모함

20 대조영이 만주 동모산에서 세운 나라는 발해로, 선왕 때에는 전성기를 이루어 당으로부터 해동성국이라 불리었다.

21 조선 태조에서 철종까지의 역사적 사실을 기록한 책은 조선왕조실록으로, 1997년 유네스코 세계 기록 유산에 등재되었다.
   ① **농사직설** : 조선 세종 때 정초 · 변효문 등이 우리 풍토에 맞는 농법을 소개한 농업서
   ② **동의보감** : 조선 광해군 때 허준이 편찬한 동양 최고의 의학 백과사전
   ③ **고려사절요** : 조선 문종 때 김종서 등이 고려 시대 전반을 편년체로 정리한 역사서

22 3 · 1 운동은 일제 강점기 최대 규모의 민족 운동으로, 대한민국 임시 정부가 수립되는 계기가 되었다.
   ② **새마을 운동** : 1970년대 박정희 정부의 주도 아래 전국적으로 이루어진 지역 사회 개발 운동
   ③ **국채 보상 운동** : 1907년 일본에 진 빚을 국민들의 모금으로 갚기 위해 전개된 경제적 구국 운동
   ④ **물산 장려 운동** : 일제 강점기인 1920년대에 국산품을 사용하여 우리 민족 경제의 자립을 이루자는 운동

23 조선 광해군 시기에 공납의 폐단을 극복하고 국가 재정을 확보하고자 경기도에서 처음 시행한 법은 대동법이다. 토산물 대신 토지 결수에 따라 쌀, 포목, 동전으로 납부하였다.
   ② **유신 헌법** : 1972년 박정희 정부가 영구 집권을 위해 공포한 헌법
   ③ **노비안건법** : 고려 광종 때 양인이었다가 노비가 된 사람을 조사하여 다시 양인이 될 수 있도록 조처한 법
   ④ **국가 총동원법** : 1938년 일제 강점기 때 일본이 국가의 모든 역량을 전쟁에 집중시키기 위해 공포한 전시 통제 체제하의 법

24 임진왜란(1592)은 조선 선조 때 일본이 조선을 침략한 전쟁으로, 이순신 장군이 이기는 조선 수군이 한산도 대첩과 옥포 해전 등에서 왜의 수군을 크게 무찔렀다.
   ① **병자호란(1636)** : 조선 인조 때 청의 군신관계 요구를 거절하자 청이 조선을 침략한 전쟁으로, 삼전도에서 항복하고 군신 관계를 수립하였다.
   ② **신미양요(1871)** : 제너럴셔먼호 사건을 빌미로 미국 함대가 강화도를 침략하였으나 어재연 등이 격퇴하였다.
   ④ **정묘호란(1627)** : 서인의 친명배금 정책과 이괄의 난을 구실로 후금이 조선을 침략한 전쟁으로, 형제 관계를 맺고 화의가 성립되었다.

25 분단 이후 최초로 남과 북의 정상이 평양에서 만나 6 · 15 남북 공동 선언을 발표한 것은 김대중 정부 때의 일이다.

제5교시

과 학

정답 및 해설 |

▌정답

01 ③	02 ④	03 ①	04 ②	05 ③
06 ②	07 ③	08 ①	09 ②	10 ①
11 ①	12 ②	13 ①	14 ②	15 ④
16 ②	17 ④	18 ①	19 ③	20 ④
21 ④	22 ②	23 ①	24 ④	25 ③

▌해설

01 용수철이 늘어난 길이와 매단 추의 무게는 서로 비례하므로, 추 A를 매달았을 때 3cm가 늘어났다면 추 A의 무게는 3N 이다.

1N → 1cm	☐N → 3cm

02 파동의 진동수는 매질의 한 점이 1초 동안 진동하는 횟수로, ④의 파동이 진동수가 2Hz으로 가장 크다.

① 3초 동안 3회 진동 → 진동수 : 1Hz

② 3초 동안 1회 진동 → 진동수 : $\frac{1}{3}$Hz

③ 3초 동안 3회 진동 → 진동수 : 1Hz

④ 3초 동안 6회 진동 → 진동수 : 2Hz

03 열평형은 온도가 같아져 열이 더 이상 이동하지 않는 상태이므로, 3분이 경과한 뒤 열평형 온도가 20℃로 유지되고 있다.

② 1분일 때 열은 A에서 B로 이동한다.

③ 2분일 때 A의 온도는 B의 온도보다 높다.

④ 열평형에 도달할 때까지 걸린 시간은 3분이다.

04

소비된 전기 에너지(Wh)＝전력(W)×사용시간(h)

• 선풍기에 소비된 전기 에너지＝50W×1h＝50Wh
• 텔레비전에 소비된 전기 에너지＝100W×1h＝100Wh
  그러므로 두 가전제품에 소비된 총 전기 에너지
  ＝50Wh＋100Wh＝150Wh

05

역학적 에너지＝운동 에너지＋위치 에너지

마찰이나 공기 저항을 무시할 때 물체의 역학적 에너지는 일

정하게 보존되므로, 감소한 위치 에너지가 10J이라면 증가한 운동 에너지 또한 10J이다.

06 밀폐된 주사기의 피스톤을 누르면 주사기 속 공기에 작용하는 압력이 증가하고 입자들 사이의 거리가 가까워지므로 부피가 줄어든다.

① 질량은 변하지 않는다.

③ 입자 수는 변하지 않는다.

④ 입자들 사이의 거리가 가까워진다.

07

액화 : 기체 → 액체

차가운 음료가 담긴 컵의 표면에 물방울이 맺히거나 추운 겨울날 실내에 들어가면 안경이 뿌옇게 흐려지는 것은 기체가 열을 방출하여 액체로 변하는 현상인데, 이를 액화라고 한다.

① 기화 : 액체 → 기체

② 응고 : 액체 → 고체

④ 융해 : 고체 → 액체

08 3개의 전자를 가진 리튬 원자(Li)가 2개의 전자를 가진 리튬 이온(Li^+)이 되었으므로, 리튬 원자(Li)가 잃은 전자의 개수는 1개이다.

> **TIP 이온의 종류**
> • 양이온 : 원자가 전자를 잃어서 (＋)전하를 띠는 입자
> • 음이온 : 원자가 전자를 얻어서 (－)전하를 띠는 입자

09 녹는점은 고체가 녹아 액체가 되는 동안 일정하게 유지되는 온도를 말하므로, 그래프에서 고체인 팔미트산의 녹는점은 B(℃)이다.

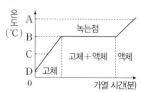

10

밀도＝$\frac{질량}{부피}$

물질이 뜨거나 가라앉는 것은 단위 부피에 대한 물질의 질량

을 의미하는 밀도 때문이다. 문제에서 밀도는 쇠구슬＞물＞
식용유＞스타이로폼 공 순이다.

② **녹는점** : 고체가 녹아 액체가 되는 동안 일정하게 유지되
는 온도

③ **어는점** : 액체가 얼어 고체가 되는 동안 일정하게 유지되
는 온도

④ **끓는점** : 액체가 끓기 시작하여 기화할 때의 온도

11 $2H_2+O_2 \rightarrow 2H_2O$이므로, 각 기체 사이의 부피비는 기체
반응의 법칙에 따라 화학 반응 식의 계수비와 동일하다. 그
러므로 수소(H_2) 기체 2L를 반응시켰을 때 생성되는 수증기
(H_2O)의 부피는 2L이다.

$2H_2$	+	O_2	$\rightarrow$	$2H_2O$
H_2	:	O_2	:	H_2O
2	:	1	:	2
2L	:	1L	:	2L

12 생물의 5계 분류 중 식물계는 광합성을 하는 생물로, 소나무
가 이에 해당한다.

① 대장균 → 원핵생물계

③ 아메바 → 원생생물계

④ 호랑이 → 동물계

13

물＋이산화탄소 $\xrightarrow{\text{빛에너지}}$ 포도당＋산소

광합성은 녹색 식물이 빛에너지를 이용해 물과 이산화 탄소
를 원료로 포도당과 산소를 만드는 과정이다. 따라서 광합성
을 통해 검정말이 생성한 기체는 산소이다.

14 백혈구는 몸속에 침입한 세균을 잡아먹는 식균 작용을 하며,
병균에 감염되면 그 수가 증가한다.

① **혈장** : 영양분이나 이산화 탄소 운반

③ **적혈구** : 산소 운반

④ **혈소판** : 혈액 응고 작용

15 사람의 소화 기관 중 이자액을 만들어 십이지장으로 분비하
는 기관은 D(이자)이다.

① **A(간)** : 쓸개즙 생성

② **B(쓸개)** : 쓸개즙을 저장한 후 십이지장으로 분비

③ **C(위)** : 단백질 분해

16 노폐물을 몸 밖으로 내보내는 역할을 하는 배설계에는 콩팥,
오줌관, 방광, 요도 등이 속한다. 심장은 혈액을 순환시키는

순환계에 해당한다.

17 순종의 황색 완두와 순종의 녹색 완두를 교배하게 되면
100% Yy의 유전자 형을 가진 자손 1대가 나타난다. 이때
Y는 우성, y는 열성이므로 모두 황색인 완두이고, 따라서 황
색 완두의 개수는 100개이다.

18 단세포 생물은 한 개의 세포가 둘로 나누어지는 분열법(이분
법)으로 생식한다. 그러므로 단세포 생물인 짚신벌레 1마리
가 한 번의 체세포 분열을 하면 2마리의 개체가 된다.

19

이동 거리＝속력×시간

그래프에서 등속 운동을 하는 물체의 속력은 5m/s이므로,
4초 동안 이동한 거리는 $5×4=20$(m)이다.

20 방해석은 묽은 염산을 떨어뜨리면 거품(이산화탄소)이 발생
하는 염산 반응의 특성이 있다.

① **광택** : 표면이 빛을 얼마나 잘 반사하는지의 정도

② **굳기** : 광물의 단단하고 무른 정도

③ **자성** : 철이나 철가루를 끌어당기는 성질

21 보름달은 태양 – 지구 – 달의 순서로 배열된 (라) 위치에서
볼 수 있다.

① (가) – 하현달

② (나) – 삭(신월)

③ (다) – 상현달

④ (라) – 망(보름달)

22 목성형 행성 중 반지름이 가장 크고 대적점이 있는 행성은
목성이다.

TIP 행성의 분류

• **지구형 행성** : 수성, 금성, 지구, 화성

• **목성형 행성** : 목성, 토성, 천왕성, 해왕성

23 해수의 층상 구조 중 A는 혼합층으로, 해양의 표층에서 흡수
된 태양복사에너지가 바람에 의한 혼합작용으로 깊이에 따른
수온이 일정한 층이다.

② **B(수온약층)** : 대류 현상이 거의 일어나지 않아 안정된 층
이다.

③ · ④ **C · D(심해층)** : 모든 위도와 바다에서 비슷한 온도를
가지고 있으며, 수온이 가장 낮은 깊은 바다이다.

24 우리나라의 한여름 날씨에 주로 영향을 미치는 고온다습한
    기단은 D(북태평양 기단)이다.
    ① A(시베리아 기단) : 우리나라의 한겨울 날씨에 영향을 미
       치는 대륙에서 발생한 한랭 건조한 기단
    ② B(오호츠크해 기단) : 우리나라 초여름 날씨에 영향을 미
       치는 해양에서 발생한 한랭 다습한 기단
    ③ C(양쯔강 기단) : 우리나라 봄·가을 날씨에 영향을 미치
       는 대륙에서 발생한 온난 건조한 기단

25 지구로부터 거리가 10pc에 있는 별의 겉보기 등급과 절대
    등급은 같으므로, 1.0으로 겉보기 등급과 절대 등급이 같은
    C이다.

> **TIP 별의 밝기 등급**
>
> | 겉보기 등급 | 절대 등급 |
> | --- | --- |
> | • 맨눈에 보이는 별의 밝기를 나타낸 등급이다. | • 별이 10pc의 거리에 있다고 가정했을 때의 밝기 등급이다. |
> | • 별까지의 실제 거리는 고려하지 않고 지구에서 보이는 대로 정한 등급이다. | • 별의 실제 밝기를 비교할 수 있다. |
> | • 겉보기 등급이 작은 별일수록 우리 눈에 밝게 보인다. | • 절대 등급이 작을수록 실제로 밝은 별이다. |

제6교시 선택 과목

도 덕

정답 및 해설 |

정답

01 ①	02 ②	03 ①	04 ③	05 ④
06 ③	07 ①	08 ④	09 ③	10 ③
11 ①	12 ③	13 ③	14 ①	15 ④
16 ②	17 ④	18 ②	19 ①	20 ②
21 ③	22 ②	23 ②	24 ④	25 ④

해설

01 인간으로서 마땅히 지켜야 할 도리는 도덕으로, 옳고 그름에 대한 기준을 제시한다.
② 도구 : 어떤 목적을 이루기 위한 수단이나 방법
③ 욕구 : 무엇을 얻거나 무슨 일을 하고자 바라는 일
④ 혐오 : 싫어하고 미워하는 마음

02 비난은 남의 잘못이나 결점을 책잡아서 나쁘게 말하는 것으로, 세대 간 갈등을 해결하기 보다는 오히려 유발하는 자세이다.

03 세계화는 삶의 전 영역에서 자본과 기술, 문화 등 다양한 가치들이 국경을 넘어 자유롭게 교류하는 현상을 의미한다.

04 입장을 바꿔서 도덕 원리를 적용하는 것은 상대와 입장을 바꾸어 판단하는 역할 교환 검사에 해당한다.

TIP 도덕 원리 검사
• 역할 교환 검사 : 상대와 입장을 바꾸어 판단하는 방법(도덕 원리를 자신에게 적용했을 때 결과를 수용할 수 있는지를 알아보는 방법)
• 보편화 결과 검사 : 도덕 원리를 모든 사람에게 보편적으로 적용했을 때 나타나는 결과를 예측하여 결과를 검토하는 방법
• 포섭 검사 : 선택한 도덕 원리를 더 일반적인 상위의 도덕 원리에 포함시켜 판단하는 방법
• 반증 사례 검사 : 상대가 제시한 도덕 원리에 반대되는 사례를 제시해 보는 방법

05 촬영 장비의 발달로 불법 촬영이 증가하는 것은 과학 기술의 발달로 인한 문제점에 해당하며, 개인의 사생활을 침해하는 행위이다.

06 인간 존엄성은 인간이 인간이라는 이유만으로 존엄하게 대우받아야 하는 존재임을 의미하며, 수단이 아닌 목적으로 대우받아야 하는 소중한 존재이다.

07 부패는 사적 이익을 위해 공적 권력을 남용하는 사회현상으로, 뇌물 수수는 전형적인 부패 행위이다.

08 정보화 사회는 컴퓨터와 통신 기술의 발달로 정보의 가치가 중시되고 다양한 정보 교류가 가능해진 사회를 말한다.
① 농업 사회 : 토지를 이용하여 동식물을 길러 생산물을 얻어내는 사회
② 중세 사회 : 고대사회 이후 지속되고 근세사회에 선행하는 역사적 사회
③ 산업화 사회 : 자본과 노동에 의한 제품의 생산을 중심으로 사회나 경제가 운영되고 발전되어 가는 사회

09 진정한 친구의 모습은 믿음과 신뢰 그리고 도와주거나 보살펴 주는 배려의 마음에서 나타난다.

10 이웃은 가까운 곳에 사는 동네 사람들로 존중과 배려의 자세가 필요하며, 밤늦은 시간에 시끄럽게 노래를 부르는 것은 이웃에게 방해가 되는 갈등의 원인이 된다.

11 폭력은 타인에 대해 물리적 · 정신적 피해를 입히기 위해 가하는 공격적 행위로, 타인에게 고통을 주기 때문에 비도덕적이다.

12 폭력은 평화적 갈등 해결 방법이 아니라 갈등을 키우는 요인이 되며, 폭력을 통한 갈등의 해결은 다시 폭력을 부르는 악순환을 낳는다.

TIP 평화적 갈등 해결 방법
• 대화와 토론
• 협상
• 양보와 타협
• 다수결의 원칙
• 조정과 중재

13 정의로운 사회란 모든 구성원이 차별받지 않고 공정한 대우를 받으며 자유와 평등이 보장되는 사회이다.

14 부모를 공경하고 사랑하는 자녀의 도리는 효도이다. 반면에 자녀에 대한 부모의 무조건적 사랑은 자애이며, 형제간에 지켜야 할 도리는 우애이다.

15 꽃, 타인, 자신을 비롯한 만물의 생명을 소중히 여기는 것은 생명 존중 사상이다.

16 무한한 인간의 욕구에 비해 자원은 한정되어 있어 경쟁은 불가피하지만, 공정한 조건에 따른 경쟁은 개인과 사회 전체의 발전을 위해 그리고 서로 신뢰할 수 있는 사회를 만들기 위해 꼭 필요하다.

> **TIP** 공정한 경쟁의 조건
> • 기회의 균등성
> • 과정의 공정성
> • 결과의 정당성

17 인간을 자연의 일부로 보는 생태 중심주의에서 인간은 자연과 더불어 살아가며 서로 공생하는 관계이며, 자연은 모든 생명체가 유기적으로 연결된 거대한 생태계이다.

18 모든 국민의 인권을 보장하는 것은 통일 한국의 바람직한 모습이다.

> **TIP** 통일 한국의 미래상
> • **자주적 민족 국가** : 우리 민족만의 자주성을 유지하며 열린 민족 공동체를 형성
> • **자유로운 민주 국가** : 모두의 자유와 평등, 인권을 보장하는 민주주의 국가를 형성
> • **정의로운 복지 국가** : 노력한 만큼 혜택이 구성원 모두에게 골고루 배분됨
> • **문화 일류 국가** : 세계 평화와 인류 공영에 이바지하는 수준 높은 문화 국가를 형성

19 환경 친화적 소비는 환경과 함께 공존하며 높은 삶의 질을 추구하는 소비 생활로, 물건을 과대 포장하는 것은 쓰레기 배출을 증가시키므로 환경을 오염시키는 소비 행태이다.

20 자신의 생각과 의지대로 살아갈 수 있는 권리는 자유이며, 국가는 국민들이 직업이나 종교 등 삶의 방식을 스스로 선택할 수 있도록 자유를 보장해야 한다.

21 양심은 자기 행위의 옳고 그름, 선악을 분별하는 마음의 명령, 또는 도덕적으로 올바른 행동을 하도록 하는 마음의 명령을 말한다. 그러므로 나쁜 일을 행하면 죄책감이 들고 양심의 가책을 느낀다.

22 삶의 목적은 사람이 살면서 실현하고자 하는 목표나 일을 말하는데, 올바른 삶의 방향에 대한 구체적 목표 설정을 통해 의미 있는 삶을 추구할 수 있다. 또한 잘못된 삶의 모습을 반성하여 더 바람직한 삶의 방향을 제시하고, 이를 위해 자신의 행동에 대해 책임을 지는 자세가 필요하다.

23 다문화 사회는 다양한 문화를 향유하는 사람들이 함께 생활하는 사회이다.

24 도덕적으로 옳다고 여기는 것을 굳게 믿고, 그것을 실천하려는 의지는 도덕적 신념이다.

25 희망은 현재보다 더 나은 미래를 바라고 믿는 마음으로, 앞으로 뜻하는 일이 더 잘 이루어질 것이라는 긍정적인 생각을 갖게 한다.

정답 및 해설

2023년도

제2회

제1교시

국 어

정답 및 해설 |

▌정답

01 ③	02 ④	03 ③	04 ①	05 ②
06 ④	07 ①	08 ④	09 ③	10 ②
11 ②	12 ②	13 ①	14 ④	15 ③
16 ④	17 ③	18 ②	19 ④	20 ①
21 ①	22 ③	23 ③	24 ④	25 ①

▌해설

01 　①·②·④는 동아리 첫 모임에서 자개소개를 해야 하는 여
학생의 말하기 불안의 대처 방안으로 적절하나, 동아리에 가
입하는 방법을 찾으라는 ③의 조언은 적절하지 않다.

02 　별다른 면담 준비를 하지 않아 엉뚱한 질문만 하게 되었다고
하였으므로, 면담을 원활하게 진행하기 위해 면담 목적에 맞
는 질문을 준비하는 것이 적절하다.
　① 면담 대상자 : 간호사
　② 면담 일정 : 면담 전 방문 날짜와 시간을 정함
　③ 면담 장소 : 병원

03 　'입'은 표준 발음법 제8항에 따라 [입]으로 발음되어 표기와
발음이 일치한다.
　① 꽃 : 표준 발음법 제9항에 따라 받침소리 'ㅊ'이 'ㄷ'으로
　　　바뀌어 [꼳]으로 발음된다.
　② 밖 : 표준 발음법 제9항에 따라 받침소리 'ㄲ'이 'ㄱ'으로
　　　바뀌어 [박]으로 발음된다.
　④ 팥 : 표준 발음법 제9항에 따라 받침소리 'ㅌ'이 'ㄷ'으로
　　　바뀌어 [팓]으로 발음된다.

04 　사람이나 사물의 이름을 대신 나타내는 품사는 대명사이다.
①의 '너'는 대명사로 상황에 따라 가리키는 대상이 달라진다.
　② 나무 → 명사
　③ 예쁘다 → 형용사
　④ 어머나 → 감탄사

05 　①의 '방긋방긋'은 뒤의 서술어 '웃는다'를 수식하는 부사어이
다. ②의 '빨리'도 뒤의 서술어 '달린다'를 수식하는 부사어이다.

　① '얼음이'는 뒤의 서술어 '되었다'를 보충해 주는 보어이다.
　③ '새'는 뒤의 체언인 '신발'을 꾸며주는 관형어이다.
　④ '별이'는 뒤의 서술어 '반짝거린다'의 주체에 해당하는 주
　　어이다.

TIP 문장 성분

주성분	주어	동작 또는 상태나 성질 등의 주체를 나타내는 문장 성분
	서술어	주어의 동작 또는 상태나 성질 등을 풀이하는 기능을 하는 문장 성분
	목적어	서술어의 동작 대상이 되는 문장 성분
	보어	'되다', '아니다'의 두 서술어가 주어 이외에 요구하는 문장 성분
부속성분	관형어	체언을 꾸며 주는 문장 성분
	부사어	보통 용언을 꾸며주나 관형어나 다른 부사어 또는 문장 전체를 꾸며주는 문장 성분

06 　②의 '나았으면'은 '병이나 상처 따위가 고쳐져 본래대로 되
다'의 의미인 '낫다'의 활용형으로 한글 맞춤법에 따라 옳게
사용되었다.
　⊙ 않 → 안
　ⓒ 다쳤데 → 다쳤대
　ⓒ 잘되서 → 잘돼서

07 　우리말에 본디부터 있던 말 또는 그것에 기초하여 새로 만들
어진 말은 '고유어'로 '구름'이 이에 해당한다.
　② 육지 → 한자어
　③ 체온계 → 한자어
　④ 바이올린 → 외래어

TIP 어휘의 유형

구분	내용
고유어	우리말에 본디부터 있었거나 우리말에 기초하여 만들어진 말 예 항아리, 개나리, 무지개 등
한자어	한자에 기초하여 만들어진 말 예 학교, 언어, 자유 등
외래어	영어, 불어 등의 외국어에 뿌리를 두고 있으나 우리말의 일부로 수용된 말 예 버스, 커피, 피아노 등

존대어	사람이나 사물을 높여서 이르는 말
유행어	비교적 짧은 어느 한 시기에 널리 쓰이는 말 예 엄친아, 훈녀
전문어	학술 또는 기타 전문 분야에서 특별한 의미로 쓰이는 말 예 바이털 사인(vital sign), 노멀 레인지(normal range)
은어	어떤 계층이나 부류의 사람들이 다른 사람이 알아듣지 못하도록 자기네 구성원들끼리만 빈번하게 사용하는 말

08 'ㅋ'은 기본자 'ㄱ'에 획을 더한 가획의 원리에 의해 만들어진 자음이다.
① 'ㄴ' → 기본자
② 'ㅆ' → 병서의 원리
③ 'ㅇ' → 기본자

09 두피 온도를 유지할 수 있게 도움을 주는 것은 머리카락의 기능에 해당하므로, ㉠에 들어갈 세부 내용으로 가장 적절하다.
① → 머리카락의 특징
② → 머리카락의 종류
④ → 머리카락의 구조

10 해당 문장에서 다듬지 않은 행위의 주체가 '옛 사람들'이고 그 대상이 '재료'이므로, '다듬지'를 피동 표현의 '다듬어지지'로 고치는 것은 적절한 고쳐쓰기 방안이 아니다.

[11~13]

김유정, 「동백꽃」
• 갈래 : 단편 소설, 농촌 소설
• 성격 : 향토적, 토속적, 해학적
• 배경 : 시간 – 1930년대 / 공간 – 강원도 산골 마을
• 시점 : 1인칭 주인공 시점
• 주제 : 산골 마을 소년 소녀의 순박한 사랑
• 특징
 – '과거–현재–과거'의 역순행적 구성 방식을 통해 이야기가 전개됨
 – 대조적인 성격의 인물을 통해 해학성이 드러남

11 해당 작품은 1인칭 주인공 시점으로, 소설 속 주인공인 '나'가 직접 자신의 경험을 이야기하고 있다.
① 서술자가 작품 밖에 위치 → 3인칭 시점
③ 다른 인물의 속마음을 알려 줌 → 전지적 작가 시점
④ 전지적 서술자가 인물의 심리와 상황을 제시 → 전지적 작가 시점

12 ㉮에서는 점순이가 건넨 감자를 '나'가 거절하자 호의를 무시 당하여 눈에 독이 오르고 눈물까지 어리는 점순이의 '분한' 심리 상태를 엿볼 수 있다.

13 점순이가 '나'에게 건넨 ㉠의 '감자'는 '나'에 대한 점순이의 애정과 관심을 나타내는 소재이며, 동시에 '나'가 점순이의 호의를 거절함으로써 '나'와 점순이가 갈등하게 되는 계기가 되기도 한다.

[14~16]

이육사, 「청포도」
• 갈래 : 자유시, 서정시
• 성격 : 감각적, 상징적, 향토적
• 어조 : 의지적, 남성적
• 제재 : 청포도
• 주제 : 조국 광복과 평화로운 세계에 대한 소망
• 특징
 – 시각적 이미지, 음성 상징어를 통해 고향이라는 공간을 감각적으로 형상화 함
 – '청포도', '손님' 등 상징적 시어를 사용하여 주제를 효과적으로 나타냄
 – 푸른빛과 흰 빛의 선명한 색채 대비를 통해 화자의 의지와 희망을 드러냄

14 해당 작품은 '청포도, 하늘, 푸른 바다' 등의 푸른빛과 '흰 돛단배, 은쟁반, 하이얀 모시' 등의 흰 빛의 선명한 색채 대비를 통해 시적 분위기를 조성하고 있다.
① '칠월'을 통해 계절이 여름임을 알 수 있으나, 계절의 변화는 나타나고 있지 않다.
② 모순된 표현을 통해 주제를 강조하는 '역설법'의 사용은 나타나 있지 않다.
③ 문답 구조가 아닌 시적 화자의 독백 구조로 시상을 전개하고 있다.

15 일제 강점기에 발표된 해당 작품이 당시의 시대 상황을 고려할 때, '조국 광복'은 시적 화자가 간절히 기다리고 있는 대상인 ㉢의 '내가 바라는 손님'에 그 의미가 가장 잘 함축되어 있다.

16 [A]에는 '내가 바라는 손님'을 맞이하기 위해 '은쟁반'에 '하이얀 모시 수건'을 마련해 두는 경건하고 정성스러운 시적 화자의 태도가 잘 드러나 있다.

2023년 2회

[17~19]

> 허균, 「홍길동전」
> • 갈래 : 국문 소설, 사회 소설, 영웅 소설
> • 성격 : 현실 비판적, 영웅적, 전기적
> • 배경 : 시간 – 조선 시대 / 장소 – 조선과 율도국
> • 시점 : 전지적 작가 시점
> • 제재 : 적서차별
> • 주제 : 모순된 사회 제도의 개혁과 이상국의 건설
> • 특징
>   – 우리나라 최초의 국문 소설임
>   – 영웅의 일대기가 묘사된 전기적 요소가 강함
>   – 불합리한 사회 제도에 대한 저항 정신이 반영된 현실 참여 문학임

17 길동이 부하들을 모아 놓고 '함경 감사가 탐관오리 짓을 하며 기름을 짜듯 착취를 일삼으니 백성이 견딜 수 없는 상태'라고 말한 데에서 '탐관오리의 횡포로 백성들이 살기 어려운' 사회적 모습을 엿볼 수 있다.

18 ㉡에서 길동이가 둔갑법과 축지법을 써서 소굴로 돌아온 것은 현실 세계에서 일어날 수 없는 신비롭고 기이한 고전 소설의 비현실적인 특성을 잘 보여주고 있다.

19 길동은 붙잡힐 것에 대한 '대비책'으로 풀로 일곱의 가짜 허수아비 길동을 만들었고, 누가 진짜 길동인지 알 수 없도록 함으로써 자신을 찾지 못하게 하였다.

[20~22]

20 생소한 단어가 많아서 글을 이해하는 데 어려움을 겪고 있는 '동생'에 대한 '언니'의 조언으로 ② · ③ · ④는 적절하나, ①의 '사실과 의견을 구분하여 읽는 것'은 생소한 단어의 의미를 파악하는 방법으로 적절하지 않다.

21 제시문에서 사과를 먹는 과정을 예로 들어 설명한 것은 물리적인 운동을 통해 음식물을 잘게 부수는 과정인 '기계적' 소화에 해당한다.

22 ㉡은 화학적 소화가 무엇인지 그 개념에 대해 밝히고 있으므로, 글의 설명 방법 중 '정의'에 해당한다. ③도 갯벌의 개념에 대해 밝히고 있으므로 ㉡과 마찬가지로 '정의'의 설명 방법에 해당한다.

① 원인과 결과를 관련지어 설명하는 방법 → 인과
② 생물과 동물을 각각 나누어 설명하는 방법 → 분류
④ 남극과 북극의 차이점을 설명하는 방법 → 대조

[23~25]

23 제시문은 야간 조명을 시의 정책으로 적극적으로 추진하여 성공한 프랑스 리옹의 사례를 들어 야간 조명의 정책 필요성에 대해 서술하고 있다.

24 제시문의 마지막 단락에서 "우리나라 도시도 야간 조명을 이용하여 도시 전체를 하나의 예술 작품으로 만들어 나가는 노력이 필요하다."며 조명을 이용하여 도시를 가꾸는 노력의 필요성에 대해 밝히고 있다.

25 '공약'은 '정부, 정당, 입후보자 등이 어떤 일에 대하여 국민에게 실행할 것을 약속함'을 뜻하며, '개인적인 다짐이나 목표'는 '각오' 또는 '맹세'에 해당한다.

제2교시 수 학

정답 및 해설 |

2023년 2회

▌정답

01 ②	02 ①	03 ①	04 ③	05 ④
06 ①	07 ②	08 ③	09 ④	10 ④
11 ①	12 ③	13 ③	14 ②	15 ③
16 ①	17 ④	18 ②	19 ③	20 ②

▌해설

01 28의 소인수는 2와 7이고, 소인수분해하면
28$=2\times2\times7$이므로, $2^2\times7$으로 나타낼 수 있다.

$$
\begin{array}{r}
2\,)\,\underline{28} \\
2\,)\,\underline{14} \\
7
\end{array}
$$

02 $(-2)\times(+3)=-(2\times3)=-6$

03 $a=-3$을 $4+a$에 대입하면
$4+(-3)=4-3=1$

04 일차방정식 $1-2x=-5$를 정리하면,
$-2x=-5-1$
$-2x=-6,\ x=\dfrac{-6}{-2}$
$\therefore x=3$

05 점 $(3,\ -1)$의 좌표를 좌표평면 위에 나타내면
원점$(0,0)$을 기준으로 x축의 오른쪽으로 3칸, y축의 아래
쪽으로 1칸 이동한 것이므로 점 D에 위치한다.
① A$(1,\ 2)$
② B$(-2,\ 3)$
③ C$(-2,\ -2)$

06 중심각과 호의 길이를 비례식으로 정리하면,
$x:80=6:12$
비례식에서 내항의 곱과 외항의 곱은 같으므로,
$x\times12=80\times6$
$12x=480,\ x=\dfrac{480}{12}$

$\therefore x=40°$

07 10g당 나트륨 함량이 70mg 이상인 과자의 수는 도수분포
표에서 70~90mg의 과자의 수가 3가지이고, 90~100mg
의 과자의 수가 1가지이므로 이들을 합하면 된다.
$\therefore 3+1=4$(가지)

08 유한소수는 소수점 아래의 0이 아닌 숫자가 유한개인 소수
로, 분모의 소인수가 2나 5뿐이면 유한소수이다.
그러므로 분수 $\dfrac{x}{2^2\times3\times5}$를 유한소수로 나타내려면,
분모의 2와 5를 제외한 3을 약분할 수 있어야 한다.
따라서 x의 값이 될 수 있는 가장 작은 자연수는 3이다.

09 $(2a)^3=(2a)\times(2a)\times(2a)$
$=(2\times2\times2)(a\times a\times a)$
$=8a^3$

10 $\begin{cases} x+y=6\cdots\text{㉠} \\ x=2y\quad\cdots\text{㉡} \end{cases}$ 이라 놓고, ㉡을 ㉠에 대입하면,
$(2y)+y=6,\ 3y=6$
$\therefore y=2$
$y=2$를 ㉠에 대입하면
$x+2=6,\ x=6-2$
$\therefore x=4$
따라서 구하는 연립방정식의 해는
$x=4,\ y=2$

11 일차함수 $y=ax+b$에서 a는 기울기고 b는 y절편이므로,
$y=x-3$의 그래프에서 y절편은 -3이다.
또는
y절편은 $x=0$일 때 y의 값이므로, $y=x-3$에서
$x=0$을 대입하면, $y=0-3,\ y=-3$
그러므로 y절편은 -3이다.

12 삼각형의 내각의 합은 180°이므로,
$100°+40°+\angle C=180°$
$\angle C=180°-100°-40°$

$\therefore \angle C = 40°$

두 밑각의 크기가 같으므로 삼각형 ABC는 이등변삼각형이고, 두 변의 길이가 같다.

즉, $\overline{AB} = \overline{AC}$

$\therefore x = 7$

13 그림에서 $\overline{DE}$와 $\overline{BC}$가 평행하므로

$\triangle ADE \backsim \triangle ABC$

두 삼각형의 변의 길이를 비례식으로 정리하면,

$x : 30 = 8 : 24$

비례식에서 내항의 곱과 외항의 곱은 같으므로,

$x \times 24 = 30 \times 8,\ 24x = 240$

$\therefore x = 10$

14 두 주사위에서 나오는 눈의 수를 순서쌍으로 나타냈을 때, 두 눈의 합이 4가 되는 경우는 $(1,\ 3)$, $(2,\ 2)$, $(3,\ 1)$의 3가지이다.

15 $\sqrt{(-5)^2} = \sqrt{(-5) \times (-5)}$
$= \sqrt{25} = 5$

16 이차방정식 $(x-1)(x+4) = 0$에서

$x - 1 = 0$ 또는 $x + 4 = 0$

$\therefore x = 1$ 또는 $x = -4$

한 근이 -4라고 하였으므로,

다른 한 근은 1이다.

17 주어진 이차함수 $y = \frac{1}{2}x^2$의 그래프에서 꼭짓점의 좌표는

원점인 $(0,\ 0)$이다.

① $a > 0$이므로 아래로 볼록하다.

② 점 $\left(1,\ \frac{1}{2}\right)$을 지난다.

③ 직선 $x = 0$을 축으로 한다.

> **TIP** 이차함수 $y = ax^2(a \neq 0)$의 그래프
>
> • 꼭짓점의 좌표 : $(0,\ 0)$
> • 축의 방정식 : $x = 0(y$축$)$
> • $a > 0$이면 아래로 볼록
> • $a < 0$이면 위로 볼록
> • $|a|$의 값이 클수록 y축에 가까워진다.

18 직각삼각형 ABC에서

$\sin B = \dfrac{높이}{빗변}$ 이므로

$\dfrac{\overline{AC}}{\overline{AB}} = \dfrac{8}{17}$

19 원에 접하는 두 접선의 길이는 서로 같으므로,
$\triangle$PAB는 $\overline{PA}$와 $\overline{PB}$가 같은 이등변삼각형이다.

이등변삼각형은 두 밑각의 크기가 같으므로,

$\angle PAB = \angle ABP = 65°$

20 최빈값은 자료의 값 중에서 가장 많이 나타나는 값이다. 주어진 자료에서 250mm가 3명으로 가장 많으므로, 최빈값은 250mm이다.

• 230mm → 2명
• 250mm → 3명
• 265mm → 2명
• 270mm → 1명

제3교시

영 어

정답 및 해설 |

▎ 정답

01 ③	02 ②	03 ②	04 ④	05 ②
06 ④	07 ①	08 ③	09 ①	10 ①
11 ③	12 ②	13 ③	14 ④	15 ①
16 ④	17 ④	18 ①	19 ②	20 ④
21 ②	22 ④	23 ④	24 ③	25 ③

▎ 해설

01 해설 special은 '특별한, 특수한'이라는 뜻이다.

해석 나는 내 친구들을 사랑한다. 그들은 나에게 매우 특별하다.

어휘 friend 친구

special 특별한, 특수한

02 해설 ①, ③, ④는 모두 반의어 관계이나, ②의 'large(큰)'와 'big(큰)'은 유의어 관계이다.

① 빠른 – 느린

③ 늦은 – 이른

④ 긴 – 짧은

03 해설 There + be동사는 '~이 있다'는 표현으로 뒤에 오는 명사의 수에 따라 be동사의 형태가 결정된다. 주어진 문장에서 빈칸 다음에 'a big tree'라는 단수 명사가 왔으므로, There 다음의 빈칸에는 be동사 'is'가 적절하다.

TIP There + be동사 구문(~이 있다)

• There is(was) + 단수 명사

• There are(were) + 복수 명사

해석 우리 집 앞에 큰 나무가 있다.

어휘 friend 친구

in front of ~의 앞에

04 해설 그녀가 배가 불러서 디저트를 먹지 않은 것이므로, 원인을 나타내는 접속사 'because(~ 때문에)'가 빈칸에 들어갈 말로 가장 적절하다.

해석 그녀는 너무 배가 불렀기 때문에 디저트를 먹지 않았다.

어휘 eat 먹다

desert 디저트

full 배부른, 가득한

05 해설 '~에 관해 어떻게 생각해?'라고 물을 때 의문사 'what'을 사용하여 'What do you think of ~?'라고 표현한다.

해석 A : 내 새 치마에 관해 어떻게 생각해?

B : 너한테 잘 어울려.

어휘 skirt 치마

look good on ~에게 어울리다

06 해설 어제 다리가 부러져서 걸을 수 없다는 A의 말에 B의 응답은 위로의 말이 와야 하므로, 빈칸에는 'I'm sorry to hear that.(그것 참 안됐구나.)'가 가장 적절하다.

① 응, 그래.

② 만나서 반가워.

③ 천만에.

해석 A : 나는 걸을 수가 없어. 어제 내 다리가 부러졌어.

B : 그것 참 안됐구나.

어휘 walk 걷다

break one's leg 다리가 부러지다

07 해설 첫 번째 문장에는 '밖이 춥다'는 의미에서 형용사 'cold(추운)'가 들어가야 하며, 두 번째 문장에는 '감기에 걸리다'는 의미에서 명사 'cold(감기)'가 들어가야 한다.

② 부드러운

③ 키가 큰

④ 건강한

해석 • 밖이 추워. 너는 코트를 입어야만 해.

• 그는 목이 아프다고 말했다. 그는 감기에 걸렸니?

어휘 outside 밖의, 외부의

wear 입다

sore 아픈

throat 목구멍

catch a cold 감기에 걸리다

08 **해설** 시청의 위치를 묻는 A의 질문에 B가 곧장 한 블록을 가서 오른쪽으로 돈 후 왼편에 있다고 했으므로, 시청의 위치는 ③이 적절하다.

해석 A : 실례지만, 시청으로 가려면 어떻게 해야 하나요?

B : 곧장 한 블록을 가서 오른쪽으로 도세요. 당신의 왼편에 시청이 있을 거예요.

A : 감사합니다.

어휘 City Hall 시청

go straight 똑바로 가다

turn right 오른쪽으로 돌다

on one's left 왼편에

09 **해설** 소년이 자전거를 타고 있으므로, '자전거를 타다'는 표현인 'ride a bike'를 사용해야 한다. 또한 시제가 be 동사 'is'와 함께 현재 진행형이므로 'riding'이 빈칸에 들어갈 말로 가장 적절하다.

② 먹고 있는

③ 노래 부르고 있는

④ 요리하고 있는

해석 A : 그 소년은 무엇을 하고 있니?

B : 그는 자전거를 타고 있다.

어휘 ride a bike 자전거를 타다

10 **해설** 민수가 농구를 하러 학교 체육관에 간다는 말에 A도 함께 가자고 하였으므로, 두 사람이 함께 갈 장소는 학교 '체육관'이다.

해석 A : 어디를 가고 있니, 민수야?

B : 나는 농구를 하러 학교 체육관에 가고 있어.

A : 정말? 나도 함께 갈까?

B : 그럼, 같이 가자.

어휘 gym 체육관

play basketball 농구를 하다

join 함께 하다, 합류하다

11 **해설** 강아지를 어디서 찾았냐는 A의 물음에 B가 집 근처 공원에서 찾았다고 하였으므로, ③의 'I found my missing dog.(나는 잃어버린 강아지를 찾았어.)'가 빈칸에 들어갈 말로 가장 적절하다.

① 나는 시험에 떨어졌어.

② 나는 캐나다인이야.

④ 나는 야채를 싫어해.

해석 A : 너는 오늘 아주 행복해 보여. 무슨 일이니?

B : 나는 잃어버린 강아지를 찾았어.

A : 오, 너는 강아지를 어디서 찾았니?

B : 그 강아지는 우리 집 근처 공원에 있었어.

어휘 What's up? 무슨 일이야?

find 찾다

missing 없어진, 잃어버린

vegetable 채소, 야채

12 **해설** 이번 방학에 무엇을 할 계획이냐는 A의 물음에 B는 기타 레슨을 받을 계획이라고 하였고, 반대로 B의 물음에 A는 제주도에 계시는 조부모님을 방문할 거라고 하였다. 그러므로 두 사람 간의 대화 주제는 '방학 계획'이다.

해석 A : Boram아, 너는 이번 방학에 무엇을 할 계획이니?

B : 나는 기타 레슨을 받을 계획이야. 너는?

A : 나는 제주도에 계시는 조부모님을 방문할 거야.

어휘 vacation 방학, 휴가

visit 방문하다

13 **해설** 홍보문을 통해 수업 날짜(Date), 수업 장소(Place), 수업 활동(Activities)은 알 수 있지만 수업료가 얼마인지는 알 수 없다.

해석

로봇 만들기 수업
날짜 : 2023년 8월 25일 시간 : 과학실 장소 : 시립 도서관 활동 : 로봇을 만들고 그것을 조정하는 법을 배울 것이다.

어휘 science 과학

activity 활동

control 조정하다, 통제하다

14 **해설** 내일 있을 체육 대회에 편안한 옷과 신발을 착용하고, 안전하고 공정하게 규칙을 지키고, 반 친구들과 함께 지내라는 방송 내용이므로, '체육 대회 유의 사항 설명'이 해당 방송의 목적으로 가장 적절하다.

해석 안녕하세요, 학생 여러분. 내일은 체육 대회 날입니다. 편안한 옷과 신발을 착용하는 것을 기억하세요. 안전하고 공정하게 경기를 하기 위해 규칙을 지켜주세요. 행사 기간 동안 반 친구들과 함께 지내세요. 즐겁게 보내세요.

어휘 remember 기억하다

comfortable 편안한, 편리한

keep the rule 규칙을 지키다

safely 안전하게

fairly 공정하게

have fun 즐거운 시간을 보내다

15 **해설** 네팔로 여행을 가고 싶은 이유가 무엇 때문이냐는 B의
물음에 A가 멋진 산을 오르고 싶어서라고 답하고 있으
므로, A가 네팔로 여행을 가고 싶은 이유는 '멋진 산을
오르고 싶어서'이다.

해석 A : 나는 언제가 네팔로 여행을 가고 싶어.
B : 무엇 때문에 그곳에 가고 싶니?
A : 나는 멋진 산을 오르고 싶어.

어휘 travel 여행하다
someday 언젠가
climb 오르다, 등반하다

16 **해설** 제시문의 마지막 문장에서 음악가들은 밤에 라이브 음
악을 연주한다고 했으므로, '음악가들이 오전에 공연을
한다.'는 ④의 설명은 글의 내용과 일치하지 않는다.

해석 화이트 윈터 페스티벌은 1월 마지막 주에 시작해서 5일
동안 계속된다. 사람들은 얼음낚시를 즐길 수 있다. 또
한 눈사람 만들기 대회도 있다. 음악가들은 밤에 라이
브 음악을 연주한다.

어휘 go on 계속하다
ice fishing 얼음낚시
snowman building 눈사람 만들기
musician 음악가

17 **해설** ① 출신 국가 – 프랑스
② 장래 희망 – 패션 디자이너
③ 한국 방문 연도 – 2020년
④ 반려동물 – 알 수 없음

해석 나는 프랑스에서 온 Elena이다. 나는 언제가 패션 디자
이너가 되고 싶다. 나는 2020년에 한국을 방문했을 때
한복을 입어보았다. 나는 한복 스타일을 좋아했다. 내
꿈은 미래에 그러한 아름다운 옷을 만드는 것이다.

어휘 try on 입어보다
dream 꿈
such 그러한
in the future 미래에, 장래에

18 **해설** Susan과 내가 어제 집으로 가는 길에 학교 주변의 벽
이 더러운 것을 보았고, Susan은 그 벽에 그림을 그릴
것을 제안했다. 그러므로 Susan이 제안한 것은 '벽에
그림 그리기'이다.

해석 Susan과 나는 어제 함께 집으로 걸어갔다. 우리는 학
교 주변의 벽이 더러운 것을 보았다. 우리는 그것을 예
쁘고 화려하게 만들고 싶었다. Susan은 우리가 그 벽
에 그림을 그릴 것을 제안했다.

어휘 ugly 추한, 더러운
pretty 예쁜, 귀여운
colorful 화려한, 다채로운
suggest 제안하다

19 **해설** 한국 학교 학생들이 가장 좋아하는 영화 종류는 전체
영화 종류 중 38%를 차지한 '코미디(Comedy)' 영화이다.

해석

한국 학교 학생들은 <u>코미디</u> 영화를 가장 좋아한다.

어휘 favorite 매우 좋아하는, 마음에 드는
type 유형, 종류
horror 공포
sci-fi 공상과학(science fiction)

20 **해설** Jiho가 아버지로부터 스파게티 요리하는 법을 배워 아
버지처럼 맛있는 스파게티를 만들기를 희망한다는 내
용이므로, 햄버거가 그가 가장 좋아하는 음식이라는
④의 내용은 전체적인 글의 흐름과 어울리지 않는다.

해석 Jiho의 아버지는 작은 식당을 운영한다. ① 그는 놀라
운 스파게티를 만든다. ② Jiho는 그것을 요리하는 법
을 배우고 싶다. ③ 그래서, 그는 이번 주에 아버지와
함께 스파게티 요리 연습을 할 예정이다. ④ <u>햄버거는
그가 가장 좋아하는 음식이다.</u> 그는 자기 아버지처럼
맛있는 스파게티를 만들기를 희망한다.

어휘 run 운영하다
amazing 놀라운
spaghetti 스파게티
practice 연습, 실행
delicious 맛있는

21 **해설** 휠체어를 탄 사람들도 어떤 도움 없이 이용할 수 있는
것이므로, 밑줄 친 'them'이 가리키는 것은 'buses(버스
들)'이다.
① 책들
③ 사람들
④ 창문들

해석 나는 새롭게 설계된 버스에 관한 기사를 읽었다. 그것
은 사람들이 이 버스들을 더 쉽게 탈 수 있다고 말한
다. 그 버스들은 계단이 없고 바닥이 매우 낮다. 심지어

휠체어를 탄 사람들도 어떤 도움 없이 <u>그것들을</u> 이용할 수 있다.

어휘 newly 새로

designed 설계된

get on (버스에) 타다

easily 쉽게

low 낮은

floor 층, 바닥

wheelchair 휠체어

22 **해설** 캠핑 시 주의해야 할 사항으로 '강 바로 옆에서 텐트 치지 않기', '야생 동물에게 먹이 주지 않기', '쓰레기 남겨 두지 않기'는 제시문에 언급되어 있으나, ④의 '텐트 안에서 요리하지 않기'는 언급되어 있지 않다.

해석

수업 규칙
• 강 바로 옆에 텐트를 치지 마라.
• 야생 동물들에게 먹이를 주지 마라.
• 쓰레기를 남겨 두지 마라.

어휘 put up a tent 텐트를 치다

right next to ~ 바로 옆에

feed 먹이를 주다

trash 쓰레기

23 **해설** 제시문은 기분이 안 좋을 때 야외로 나가 햇빛을 받고 운동을 하라고 조언하고 있다. 그러므로 '기분이 나아지게 하는 방법'이 제시문의 주제로 가장 적절하다.

해석 기분이 안 좋은가요? 여기에 여러분의 기분이 더 좋아지도록 도와줄 몇 가지 조언들이 있습니다. 첫째, 야외로 나가세요. 햇빛을 많이 받는 것은 여러분을 행복하게 만듭니다. 여러분이 할 수 있는 또 다른 것은 운동입니다. 여러분은 운동을 하는 동안 걱정을 잊을 수 있습니다.

어휘 feel down 기분이 안 좋다

tip 조언, 충고

sunlight 햇빛

exercise 운동

forget 잊다

worry 근심, 걱정

work out 운동하다

24 **해설** Brown 선생님에게 다가올 콘서트 준비를 위해 동아리 회원들이 함께 연습할 교실을 사용하도록 허락해 달라는 내용이므로, 글을 쓴 목적은 '교실 사용을 허락받기

위해서'이다.

해석 안녕하세요, Brown 선생님. 학교 콘서트가 다가오고 있습니다. 제 음악 동아리 회원들이 콘서트를 준비하고 있습니다. 우리는 함께 연습할 장소가 필요합니다. 이번 주에 당신의 교실을 사용할 수 있을까요?

어휘 prepare for ~를 준비하다

practice 연습하다, 실습하다

25 **해설** 글의 전반부에 시장을 방문하는 것이 한 나라의 문화를 배우는 좋은 방법이라고 하였고, 마지막 문장에서 세계의 몇몇 유명한 시장들을 소개하고자 한다고 하였다. 그러므로 주어진 글 다음에는 '세계의 유명한 시장들에 대한 소개'가 이어질 것임을 짐작할 수 있다.

해석 시장을 방문하는 것은 한 나라의 문화에 관해 배울 수 있는 좋은 방법이다. 여러분은 사람들을 만나고, 역사를 배우고, 현지 음식을 맛볼 수 있다. 나는 세계의 몇몇 유명한 시장들을 소개하려고 한다.

어휘 market 시장

a good way 좋은 방법

culture 문화

country 나라

taste 맛보다

local 지역의, 현지의

introduce 소개하다

famous 유명한

제4교시

사 회

정답 및 해설 |

▌정답

01 ③	02 ③	03 ③	04 ①	05 ②
06 ④	07 ②	08 ②	09 ③	10 ②
11 ④	12 ①	13 ②	14 ②	15 ④
16 ④	17 ①	18 ④	19 ①	20 ③
21 ①	22 ①	23 ④	24 ②	25 ②

▌해설

01 이탈리아와 그리스 등의 남부 유럽에 나타나는 기후는 지중 해성 기후로, 여름에는 고온건조하고 겨울에는 온난습윤하며 수목 농업이 발달하였다.
① **고산 기후** : 적도 부근의 해발 고도가 높은 고산 지대에 나타나는 기후로, 연중 봄과 같은 온화한 기후를 보인다.
② **스텝 기후** : 연중 강수량이 250~500mm 미만의 건조 기후 지역으로, 유목과 목축업이 발달하였다.
④ **열대 우림 기후** : 강수량이 2,000mm 이상인 연중 고온다 습한 적도 부근 지역의 기후로, 스콜이 내린다.

02 북극 문화 지역은 북반구의 툰드라 지역을 중심으로 순록 유 목과 사냥과 같이 추운 기후에 적응하며 생활하는 지역이다.
① **건조 문화 지역** : 주민 대부분이 이슬람교를 믿고 아랍어 를 사용하는 문화 지역으로, 건조 기후에 적합한 유목과 오아시스 농업이 발달했다.
② **인도 문화 지역** : 불교와 힌두교의 발상지로 사회 전반에 카스트 제도의 영향이 남아 있다.
④ **아프리카 문화 지역** : 사하라 사막 이남 지역으로 부족 단 위의 공동체 생활을 하며, 다양한 종족 및 언어가 분포한다.

03 ㉠ **B(제주도)** : 한라산, 성산 일출봉, 거문오름 용암동굴계가 유네스코 세계 자연 유산에 등재되어 있는 지역이다.
㉡ **D(독도)** : 우리나라에서 가장 동쪽에 위치한 섬으로, 동도 와 서도 및 여러 개의 바위섬으로 이루어진 지역이다.

04 ㉠ **풍력 발전** : 강한 바람이 지속적으로 부는 곳에서 바람의 힘을 이용해 전기를 생산한다.
㉡ **조력 발전** : 밀물과 썰물 때의 바다 높이 차이를 이용하여

전기를 생산한다.

05 특정한 장소를 상품으로 인식하고, 그 장소의 이미지를 개발 하는 지역화 전략은 장소 마케팅으로, 랜드마크 활용, 특구 지정 등이 이에 해당한다.
① **역도시화** : 쾌적한 환경을 찾아 도시에서 주변으로 이동하 는 인구 유턴(U-turn) 현상
③ **임금 피크제** : 일정 연령이 지난 장기근속 직원의 임금을 줄여서 고용을 유지하는 제도
④ **자유 무역 협정(FTA)** : 특정 국가 간의 상호 무역증진을 위해 물자나 서비스 이동을 자유화시키는 협정

> **TIP** 다양한 지역화 전략
> • 장소 마케팅
> • 지역 브랜드
> • 지리적 표시제

06 피오르는 빙하의 침식으로 생긴 U자형 골짜기에 바닷물이 유 입되어 생긴 좁고 긴 만을 말한다.
① **고원** : 높고 평탄한 지형과 침식에 의한 평탄 지형
② **사막** : 연강수량 250mm 미만의 식생 발달이 어려운 건조 지역
③ **산호초** : 산호의 석회질과 그 분비물인 탄산칼슘이 퇴적되 어 형성된 암초

07 기업이 성장하며 기업의 본사, 연구소, 공장 등이 각각의 기 능을 수행하는 데 적합한 지역을 찾아 지리적으로 분산되는 것을 공간적 분업이라고 한다.
① **이촌 향도** : 산업화 · 도시화 등으로 인해 농촌의 인구가 도시로 이동하는 현상
③ **인구 공동화** : 도심의 지가 상승으로 주거 기능이 도심 외 곽으로 빠져나가 주간 인구는 높으나 야간 인구가 적어지 는 현상
④ **지리적 표시제** : 품질이나 명성 등이 드러나는 지역 상품 에 대해 지역 생산품임을 표시하는 제도

08 미세 먼지는 대기 중에 떠다니는 눈에 보이지 않을 정도의 작은 먼지로, 주로 석탄을 사용하는 화력 발전소와 노후 경유 차의 운행 등으로 발생한다.

2023년 2회

① **도시 홍수** : 도시의 배수 시설이 처리할 수 있는 양 이상으로 많은 비가 내려 지표 유출이 되면서 주차장, 도로, 지하실 따위를 침수시키는 홍수

③ **지진 해일** : 해저에서의 지진, 해저 화산 폭발, 단층 운동 같은 급격한 지각변동 등으로 발생하는 해일

④ **열대 저기압** : 지구의 열대 지역에서 발생하는 저기압으로, 발생 지역에 따라 태풍, 허리케인, 사이클론 등으로 불림

09 학교는 사회화를 목적으로 만든 공식적인 기관으로, 사회생활에 필요한 지식과 규범, 가치 등을 체계적으로 교육한다.

① **가정** : 기초적 사회화 기관으로, 기본 인격과 생활 습관 형성에 영향

② **직장** : 성인기 중요한 사회화 기관으로, 직장 업무와 관련된 지식과 기술 습득

④ **대중 매체** : 현대 사회에서 영향력이 큰 사회화 기관

> **TIP** 사회화 기관의 분류
> • **1차적 사회화 기관** : 가정, 또래집단, 지역사회
> • **2차적 사회화 기관** : 학교, 직장, 대중 매체, 정당, 군대 등

10 사회가 처한 특수한 환경과 맥락을 고려하여 문화를 판단하는 것은 문화 상대주의이다. 이는 세계 문화의 다양성을 인정하고 각 문화는 문화의 독특한 환경과 역사적·사회적 상황에서 이해해야 한다는 견해이다.

① **문화 사대주의** : 다른 문화를 더 좋은 것으로 생각하고 자신의 문화를 과소평가하거나 무시하는 태도

② **문화 제국주의** : 단순히 자문화를 우월하게 보는 것을 넘어서 다른 나라에까지 적용시키려는 태도

③ **자문화 중심주의** : 자기 문화만을 가장 우수한 것으로 생각하고 다른 문화를 무시하거나 부정하는 태도

11 시민단체는 공동체 이념의 실현을 위해 시민이 자발적으로 만든 단체로, 정부 활동 감시 및 여론 형성, 시민의 정치 참여 유도 등의 기능을 담당한다.

> **TIP** 정치 참여 주체
> • **정당** : 정치적 견해를 같이 하는 사람들이 모인 단체
> • **이익집단** : 이해관계를 같이 하는 사람들이 모인 단체
> • **시민단체** : 공동체 이념의 실현을 위해 시민이 자발적으로 만든 단체

12 우리나라는 공정한 선거 운영을 위해 선거구 법정주의와 선거 공영제를 시행하고, 선거 관리 위원회를 두고 있다.

> **TIP** 공정 선거를 위한 제도
> • **선거 공영제** : 공정성 확보를 위해 선거 과정을 국가기관이 관리하는 제도
> • **선거구 법정주의** : 선거구를 법에 따라 미리 확정하는 제도
> • **선거관리위원회** : 선거와 투표의 공정한 관리를 위해 설치된 독립적 국가 기관

13 국가의 대표이자 동시에 행정부의 수반인 대통령은 국민의 선거를 통해 선출된 5년 임기의 단임제 선출직으로, 국회에서 의결한 법률안을 거부할 수 있다.

① **장관** : 국무를 나누어 맡아 처리하는 행정 각부의 수장을 말한다.

③ **국무총리** : 대통령이 국회 동의를 얻어 임명하며, 대통령을 보좌하고 행정 각부를 총괄한다.

④ **국회의원** : 선거를 통해 선출된 국민의 대표로서, 국회에서 법률을 제정하고 국정을 심의한다.

14 대법원은 주로 3심 사건의 최종적인 재판을 담당하는 사법부의 최고 법원으로, 명령·규칙 또는 처분이 헌법이나 법률에 위반되는지의 여부를 최종적으로 심사할 권한을 갖는다.

① **감사원** : 대통령 직속의 헌법 기구로서 행정부 내 최고 감사기관. 직무 감찰 및 결산업무 등을 담당한다.

③ **가정 법원** : 이혼, 상속 등 가사에 관한 사건과 소년에 관한 사건을 처리하기 위해 설치된 법원이다.

④ **지방 의회** : 지방주민에 의하여 선출된 의원을 구성원으로 하여 성립하는 지방자치단체의 합의제 의결기관이다.

15 시장에서 수요와 공급의 상호 작용에 의해서 결정되는 가격은 시장 가격이며, 생산자와 소비자의 활동을 어떻게 조절할지 알려 주는 신호등 역할을 한다.

① **기대 수명** : 0세의 출생아가 향후 생존할 것으로 기대되는 평균 생존연수를 말한다.

② **무역 장벽** : 국가 간의 자유무역을 제약하는 인위적인 조치를 말한다.

③ **생애 주기** : 사람의 생애를 개인이나 가족의 생활에서 발생하는 커다란 변화를 기준으로 하여 일정한 단계로 구분한 과정이다.

16 국내 총생산(GDP)은 일정 기간(1년) 동안 한 나라 안에서 새롭게 생산된 재화·서비스 등의 최종 생산물의 시장 가치를 모두 합한 것을 의미한다. 국내 총생산은 한 나라의 생산 규모나 국민 전체의 소득을 파악하기에는 유용하지만, 소득 분배 수준이나 빈부 격차의 정도를 파악하기 힘들다는 한계를 가지고 있다.

① **실업률** : 경제 활동 인구 중 실업자가 차지하는 비율

② **물가 지수** : 물가의 움직임을 알아보기 쉽게 수치로 표현한 지표

③ **인구 밀도** : 일정지역 내의 인구를 해당 지역의 면적으로 나눈 수치로, 지역 내에 거주하는 인구의 과밀한 정도를 나타냄

17 연천 전곡리에서 출토된 주먹도끼는 대표적인 구석기 시대의 유물로, 이 시대에는 주로 동굴이나 강가의 막집에 거주하면서 사냥과 채집 생활을 하였다.

18 '영락'이라는 독자적인 연호를 사용한 광개토 대왕은 백제를 공격하여 한강 이북 지역을 차지하였으며, 신라에 침입한 왜를 낙동강 유역에서 물리쳤다.

> **TIP** 광개토 대왕(391~413)
> • 남쪽으로 백제의 위례성을 공격하여 임진강 · 한강선까지 진출
> • 서쪽으로 선비족의 후연(모용씨)을 격파하여 요동 지역 확보
> • 신라에 침입한 왜를 낙동강 유역에서 토벌함으로써 한반도 남부에까지 영향력 행사
> • 우리나라 최초로 '영락'이라는 독자적 연호를 사용하여 중국과 대등함을 과시

19 불교 대중화를 위해 노력한 신라의 승려는 원효이다. 그는 일심과 화쟁 사상을 중심으로 몸소 아미타 신앙을 전개하였다.

20 ㄱ. 서원 정리 → 조선 흥선 대원군
조선 고종의 아버지인 흥선 대원군은 국가 재정을 좀먹고 백성을 수탈하던 서원을 47개소만 남긴 채 모두 정리하였다.
ㄴ. 과거제 실시 → 고려 광종
고려 광종은 인재를 등용하기 위해 후주 출신 쌍기의 건의를 받아들여 과거제를 실시하였다.
ㄷ. 훈민정음 반포 → 조선 세종대왕
조선 세종은 집현전 학자들과 독창적인 문자인 훈민정음을 창제 · 반포하였다.
ㄹ. 노비안검법 시행 → 고려 광종
고려 광종은 노비안검법을 실시하여 양인이었다가 불법으로 노비가 된 자를 조사하여 해방시켜 주었다.

21 사림은 조선 중기 성종 때 본격적으로 중앙 정계에 진출하였으며 성리학을 바탕으로 훈구세력과 대립하고 무오사화, 갑자사화, 기묘사화, 을사사화 등을 겪었다.
② **개화파** : 조선 말기 부국강병을 위해 문호를 개방하고 선진 문물을 받아들일 것을 주장

③ **권문세족** : 고려의 무신정변 이후 원 간섭기에 지배층으로 등장한 세력

④ **진골 귀족** : 신라의 신분제인 골품제의 한 계급으로 성골 다음의 귀족 계급

22 병자호란(1636)은 조선 인조 때 청의 군신관계 요구를 거절하자 청이 조선을 침략한 전쟁으로, 인조는 남한산성으로 들어가 항전하였지만 삼전도에서 굴복하고 소현 세자를 비롯한 많은 백성이 청에 인질로 끌려갔다.
② **신미양요(1871)** : 제너럴셔먼호 사건을 빌미로 미국 함대가 강화도를 침략하였으나 어재연 등이 격퇴하였다.
③ **임진왜란(1592)** : 조선 선조 때 일본이 조선을 침략한 전쟁으로, 이순신 장군이 이끄는 조선 수군이 거북선을 이용하여 왜의 수군을 크게 무찔렀다.
④ **살수 대첩(612)** : 수 나라가 대군을 이끌고 고구려를 침입하자 을지문덕이 살수에서 수의 군대를 크게 물리쳤다.

23 동학 농민 운동(1894)은 고부 군수 조병갑의 탐학에 저항하여 전봉준이 농민들을 이끌고 고부 관아를 습격하면서 발발한 사건이다. 동학 농민군은 전라도 일대를 장악하고 전주성을 점령하였으나, 일본과 청의 개입으로 정부와 전주 화약을 맺고 개혁을 위해 집강소를 설치하였다.
① **3 · 1 운동(1919)** : 대한민국 임시 정부 수립의 계기가 된 일제 강점기 최대 규모의 민족 운동
② **국채 보상 운동(1907)** : 일본에 진 빚을 국민들의 모금으로 갚기 위해 전개된 경제적 구국 운동
③ **서경 천도 운동(1135)** : 고려 인종 때 풍수지리설에 근거하여 묘청 등이 중심이 되어 서경 천도를 전개한 운동

24 조선 정조는 수원 화성을 건설하였으며, 규장각을 설치하고 능력 있는 서얼을 등용하였다. 또한 통치 체제의 정비를 위해 대전통편을 편찬하였다.

> **TIP** 조선 정조의 업적
> • 규장각 설치와 서얼 등용
> • 초계문신제 시행
> • 왕의 친위 부대인 장용영 설치
> • 수원 화성 건설
> • 서양 문물 수용 및 실학 장려
> • 신해통공 단행
> • 대전통편, 동문휘고, 제언절목 등 편찬

25 1987년 박종철 고문치사와 전두환 정부의 4 · 13 호헌 조치 발표로 호헌 철폐와 독재 타도 등의 구호를 내세운 6월 민주 항쟁이 촉발되었다

① **북벌론** : 병자호란 이후 조선 효종은 조선을 도운 명에 대한 의리를 내세우며 청에 당한 치욕을 갚자는 북벌을 추진하였다.

③ **애국 계몽 운동** : 대한제국 말기에 교육과 산업 등을 통해 국민의 실력을 키워 일본에게 빼앗긴 권리를 되찾고 독립을 보전해 가고자 한 사회 운동을 말한다.

④ **광주 학생 항일 운동** : 광주에서 발생한 한 · 일 학생 간의 충돌을 일본 경찰이 편파적으로 처리하여 광주 학생 항일 운동이 촉발되었다.

제5교시 과 학

정답 및 해설 |

▌정답

01 ②	02 ①	03 ②	04 ①	05 ④
06 ①	07 ③	08 ④	09 ③	10 ①
11 ②	12 ④	13 ②	14 ①	15 ②
16 ③	17 ④	18 ④	19 ③	20 ①
21 ②	22 ③	23 ②	24 ④	25 ④

▌해설

01 지구 위의 어느 위치에서 공을 놓더라도 공이 지구 중심 방향으로 떨어지게 하는 힘은 중력이다. 중력은 지구가 물체를 끌어당기는 힘이다.
① **부력** : 물과 같은 유체에 잠겨 있는 물체가 중력에 반하여 밀어 올려지는 힘
③ **마찰력** : 물체와 접촉면 사이에서 물체의 운동을 방해하는 힘
④ **탄성력** : 변형된 물체가 원래의 모양으로 돌아가려는 힘

02 빨간색, 초록색, 파란색은 빛의 삼원색으로, 이 빛이 합성되어 나타나는 색은 흰색이다.

03 옴의 법칙에 따라 전류의 세기는 전압에 비례하고 저항에 반비례한다.

$$I(전류)=\frac{V(전압)}{R(저항)}, R(저항)=\frac{V(전압)}{I(전류)}$$

$$\therefore R(저항)=\frac{4V}{2A}=2\Omega$$

04 비열은 어떤 물질 1kg의 온도를 1℃ 높이는데 필요한 열량으로, 비열이 작은 물질일수록 온도가 잘 변하고, 큰 물질일수록 온도가 잘 변하지 않는다. 도표에서 철의 비열이 0.11로 가장 낮으므로 온도 변화가 가장 큰 물질이다.

05 | 역학적 에너지=운동 에너지+위치 에너지 |
|---|

마찰이나 공기 저항을 무시할 때 물체의 역학적 에너지는 일정하게 보존되므로, 쇠구슬의 위치 에너지가 가장 낮은 D에서 쇠구슬의 운동 에너지가 가장 크게 나타난다.

06 | 속력=$\frac{이동거리}{시간}$ |
|---|

속력은 시간에 따른 물체의 위치 변화로, 도표에서 물체가 1초 동안 1m를 이동하였으므로,

$$속력=\frac{1m}{1초}=1m/s$$

07 용기에 들어 있는 기체의 온도를 25℃에서 90℃로 높였을 때, 기체 입자들의 운동이 빨라짐에 따라 부피는 증가하게 된다.

08 끓는점은 액체가 끓기 시작하여 기화할 때의 온도로, 물이 끓어 수증기의 기화가 일어나는 구간에서는 온도가 일정하게 유지된다. 도표의 20~30분의 구간에서 100℃로 일정하게 온도가 유지되므로, 물의 끓는점은 100℃이다.

09 나트륨(Na)의 불꽃 반응 색은 노란색이며, 염화나트륨(NaCl)과 질산나트륨($NaNO_3$)에 공통으로 포함된 원소이다.

> **TIP** 원소의 불꽃 반응

종류	불꽃색
리튬(Li), 스트론튬(Sr)	빨간색
나트륨(Na)	노란색
칼륨(K)	보라색
칼슘(Ca)	주황색
구리(Cu)	청록색

10 용해도는 일정한 온도에서 물 100g에 최대로 녹을 수 있는 물질의 양이므로, 그래프에서 40℃의 물 100g에 가장 많이 녹을 수 있는 물질은 질산나트륨이다.

11 질량 보존의 법칙에 따라 화학 반응이 일어날 때 반응 전 물질의 총 질량과 반응 후 생성된 물질의 총 질량은 같다.
구리 8g+산소 ㉠g=산화 구리(II) 10g
∴ 산소의 질량(㉠)=10g-8g=2g

12 생물의 5계 분류 중 나비, 참새, 개구리는 동물계이고, 해바라기는 광합성을 하고 세포벽을 가진 식물계이다.

> **TIP 생물의 5계 분류**
> • **원핵생물계** : 크기가 매우 작고 핵을 가지지 않는 생물로 미생물 중 세균이 이에 속함
> • **원생생물계** : 핵을 가지는 진핵생물이며 짚신벌레, 아메바 등이 이에 속함
> • **식물계** : 광합성을 하는 생물로 세포벽을 가지며 광합성에 필요한 기관이 발달되어 있음
> • **균계** : 기생 생활을 하며 유기물을 분해하여 영양분을 흡수하는 생물로 포자에 의해 번식함
> • **동물계** : 핵을 가지는 진핵 생물이며 다세포성 생물로 세포벽이 없고, 다양한 기능을 하는 세포들로 구성되어 있음

13

$$N_2 + 3H_2 \rightarrow 2NH_3$$

그림에서 반응 전 질소(N_2) 원자는 2개이고 수소(H_2) 원자는 6개이다. 반응 후 암모니아의 원자 수는 8개로 동일하며, 각각 4개의 원자씩 2개의 분자를 구성한다. 그러므로 ㉠은 2이다.

14

$$물 + 이산화탄소 \xrightarrow{빛에너지} 포도당 + 산소$$

광합성은 녹색 식물이 빛에너지를 이용해 물과 이산화 탄소를 원료로 포도당과 산소를 만드는 과정이다. 따라서 광합성 결과 생성된 ㉠의 물질은 포도당이다.

15 동물의 구성 단계에서 연관된 기능을 하는 기관들이 모여 특정한 역할을 하는 단계는 기관계이다.
① **세포** : 생물체를 구성하는 기본 단위
② **조직** : 모양과 기능이 비슷한 세포들의 모임
④ **개체** : 모든 기관계가 연결되어 생존의 최소 단위를 구성하는 하나의 생물체

16 소화란 녹말이 포도당으로 분해되는 과정처럼 섭취한 음식물이 체내로 흡수될 수 있도록 작게 분해하는 과정을 말한다.
① **배설** : 세포 호흡의 결과 생성된 노폐물을 몸 밖으로 내보내는 과정
② **순환** : 생명 활동에 필요한 물질을 운반하는 과정
④ **호흡** : 산소를 이용해 영양소를 분해하여 에너지를 얻는 과정

17 모세 혈관은 온몸에 그물처럼 퍼져 있는 매우 가느다란 혈관으로, 혈관 벽이 한 겹의 세포층으로 되어 있어 산소나 영양소를 전달하고 이산화탄소나 노폐물을 받아오는 물질 교환이

잘 일어난다.

18 D의 망막은 눈의 가장 안쪽에 있는 막으로 시각세포와 시각 신경이 분포하여 물체의 상이 맺히는 곳이다.
① **A(각막)** : 수정체 앞에 위치하며 공막과 연결된 얇고 투명한 막으로, 홍채의 바깥을 감쌈
② **B(수정체)** : 탄력적이고 투명하며 볼록렌즈 모양으로, 빛을 굴절시켜 망막에 상이 맺히도록 함
③ **C(유리체)** : 눈 속의 투명한 액체로, 눈의 형태를 유지함

19 자손 1대의 둥근 완두 유전자형이 'Rr'이므로 어버이에게서 각각 'R'과 'r'의 유전자를 받아야 한다. 우성 유전자인 둥근 완두 어버이는 100% 'R' 유전자를 전달하므로, 열성 유전자인 주름진 완두 어버이도 100% 'r' 유전자를 전달해야 한다. 그러므로 ㉠에 들어갈 유전자형은 'rr'이다.

20 지구를 둘러싸고 있는 대기이며 산소, 질소, 이산화탄소 등 여러 가지 기체로 이루어져 있는 지구계의 구성 요소는 기권이다.

> **TIP 지구계의 구성 요소**
> • **지권** : 지구 환경에서 가장 큰 부피를 차지하는 지표와 지구 내부의 암석과 토양, 물
> • **수권** : 기권의 수증기를 제외한 지구의 모든 물
> • **기권** : 지구를 둘러싼 공기층
> • **생물권** : 지구에 사는 모든 생명체로 지구계의 넓은 영역에 분포
> • **외권** : 지구 기권의 바깥 영역인 우주 공간

21 광물의 단단하고 무른 정도를 굳기라고 하며, 석영과 방해석을 서로 긁으면 굳기의 차이에 의해 방해석에 긁힌 자국이 남는다.
① **색** : 빛을 흡수하고 반사하는 결과로 나타나는 사물의 특성
③ **자성** : 철이나 철가루를 끌어당기는 성질
④ **염산 반응** : 염산과 반응하여 거품(이산화 탄소)을 발생하는 성질

22 지구가 태양 주위를 1년에 한 바퀴씩 도는 운동은 지구의 공전이다.
① **일식** : 달이 지구와 태양 사이에 들어가 지구에 도달하는 태양빛을 차단할 때 나타나는 현상
② **월식** : 달이 지구 주위를 공전하다 태양−지구−달이 일직선으로 되어 지구 그림자 안으로 들어오는 현상
④ **지구의 자전** : 지구가 자전축을 중심으로 하루에 한 바퀴씩 도는 운동

23 달과 태양의 인력에 의해 해수면이 하루 두 번씩 주기적으로 높아졌다 낮아지는 현상을 조석이라고 한다.

24 D(시베리아 기단)는 대륙에서 발생한 한랭 건조한 기단으로, 우리나라의 한겨울 날씨에 영향을 미친다.
  ① A(양쯔강 기단) : 대륙에서 발생한 온난 건조한 기단으로, 우리나라 봄 · 가을 날씨에 영향을 미친다.
  ② B(오호츠크해 기단) : 해양에서 발생한 한랭 다습한 기단으로, 우리나라 초여름 날씨에 영향을 미친다.
  ③ C(북태평양 기단) : 해양에서 발생한 고온 다습한 기단으로, 우리나라의 한여름 날씨에 영향을 미친다.

25 연주 시차는 지구의 공전 운동으로 인해 생기는 시차로, 연주 시차가 클수록 별이 지구에 가깝다. 그러므로 연주 시차가 0.77″로 가장 큰 D별이 지구에 가장 가깝다.

제6교시 선택 과목

도 덕

정답 및 해설 |

▌정답

01 ②	02 ③	03 ④	04 ②	05 ④
06 ①	07 ①	08 ④	09 ③	10 ④
11 ③	12 ④	13 ②	14 ④	15 ③
16 ①	17 ②	18 ①	19 ③	20 ①
21 ③	22 ②	23 ①	24 ③	25 ②

▌해설

01 이웃 간의 갈등을 해결하기 위해서는 자기 입장만을 주장하지 않고 상호 배려와 양보하는 자세가 필요하다. 불신, 강요, 협박은 모두 이웃 간의 갈등을 유발하는 요인이다.

02 생명은 사람이 살아서 숨 쉬고 활동할 수 있게 하는 힘으로, 한 번 잃으면 소생할 수 없기에 소중한 것이다.

> **TIP 생명의 소중함**
> • **일회성** : 누구나 생명은 한 번뿐임
> • **절대성** : 무엇으로도 대체하거나 돌이킬 수 없음
> • **유한성** : 누구나 언젠가 죽음을 맞이함

03 도덕적 성찰을 통해 자신의 삶을 객관적으로 깊이 살펴보고, 반성을 통해 더 나은 사람이 될 수 있기 때문이다.

04 빈곤은 물적 자원이 부족한 상태이고, 기아는 식량 부족으로 인한 굶주림을 의미한다. 지구상의 수많은 사람들이 먹을 것이 없어 굶주리거나 영양실조에 걸려 건강이 위태로운 국제 사회의 문제는 바로 빈곤과 기아이다.

05 부모를 사랑하고 정성껏 잘 섬기는 도리는 효도이고, 반면에 부모가 자식에게 아낌없이 베푸는 사랑은 자애이다. 또한 형제 간에 지켜야 할 도리는 우애이다.

06 도덕적 신념은 도덕적으로 옳다고 여기는 것을 굳게 믿고 그것을 실천하려는 의지이다. 어려운 사람을 돕거나 자신의 행동에 책임을 지는 것은 올바른 도덕적 신념에 해당한다.

07 우정은 친구 간에 형성되는 친밀한 감정으로, 진정한 우정을 맺기 위해서는 신의와 상호 배려의 자세가 필요하다.

08 인권은 인간다운 삶을 위해 보장되어야 하는 기본적 권리로, 인권을 보장받을수록 개인의 존엄성이 증대되므로 불행해지는 것이 아니라 행복해진다.

> **TIP 인권의 특성**
> • **보편성** : 누구나 동등하게 누릴 권리
> • **천부성** : 태어나면서 자연적으로 갖게 되는 권리
> • **불가침성** : 어떤 경우에도 침해할 수 없는 권리

09 이성 교제 시 남녀의 차이를 인식하고 상호 존중과 배려의 자세가 필요하나, 성별이 다르다는 이유로 차별하는 것은 바람직한 이성 교제의 자세가 아니다.

10 다양한 문화를 향유하는 사람들이 함께 생활하는 다문화 사회에서는 보편적 규범에 근거하여 문화를 비판하고 수용·개선해야 하며, 인권을 침해하는 문화는 비판적으로 검토해야 한다. ㄱ과 ㄴ은 우리가 극복해야 할 문화적 편견들이다.
ㄱ → 자문화 중심주의
ㄴ → 문화 사대주의

11 도덕적 상상력은 타인의 입장을 헤아려 도움이 되는 행동을 상상하고 결과를 예측하는 능력으로 도덕적 민감성, 공감 능력, 도덕적 문제의 결과 예측이 상상력을 발휘하는 요소이다.

12 사회적 약자란 신체적·문화적 특성으로 인해 사회에서 차별 대우를 받거나 불리한 위치에 있는 사람으로, 약자를 배려하는 사회적 환경과 제도적 지원이 필요하다.

13 삶의 목적은 사람이 살면서 실현하고자 하는 목표나 일을 말하는데, 올바른 삶의 방향에 대한 구체적 목표 설정은 그 목표를 달성하기 위해 어려운 일도 극복하는 힘이 된다.

14 마음의 고통은 정신적으로 불쾌하거나 괴로운 심리적 고통으로 욕심, 집착, 걱정 등의 내적 요인에 의해 유발된다. 행복은

만족감과 기쁨을 느끼는 감정으로 고통의 대상이 아니다.

를 낳기도 한다.

15 갈등은 목표나 이해관계의 차이로 서로 충돌하거나 적대시하는 상태를 말한다.
① 화해 : 갈등을 극복하는 과정
② 협력 : 갈등을 극복하고 서로 돕는 상태
④ 평화 : 갈등 없이 평온한 상태

16 장난으로 친구의 휴대 전화를 몰래 숨긴 것도 친구에게 정신적 피해를 주는 행위이므로 폭력에 해당한다.

17 중재는 제삼자를 중재자로 세워 협상함으로써 갈등을 중립적인 태도로 해결하는 방법으로, 갈등의 당사자들은 제삼자의 해결책을 따라야 한다.

18 정보화 사회는 컴퓨터와 통신 기술의 발달로 정보의 가치가 중시되고 다양한 정보 교류가 가능해진 사회로, 사이버 공간에서는 욕설이나 비속어 등을 사용하지 않고 언어 예절을 지켜야 한다.

19 애국심은 자신이 속한 나라를 사랑하고 국가에 헌신하려는 마음으로, 국민으로서의 권리와 의무를 실천하는 것은 바람직한 애국심이다.

> **TIP** 잘못된 애국심
> • 무조건적이고 배타적인 애국심
> • 다른 나라를 배척하는 국수주의와 자문화 중심주의
> • 인간의 존엄성을 훼손하거나 세계 평화를 위협하는 애국심

20 부패는 공정한 절차를 무시하고 부당한 방법으로 자기 이익을 편취하는 행위로, 뇌물 수수는 전형적인 부패 행위이다.

21 평화 통일은 무력을 사용하지 않고 상호 합의 하에 이루는 평화적 통일로, 상대방을 적대적 대상으로 바라보는 것은 갈등과 전쟁의 원인이 된다.

22 모두가 최소한의 인간다운 삶을 누리는 건강하고 행복한 국가는 복지 국가의 모습이다.

23 과학 기술의 발달은 인류의 수명 연장과 원거리 통신 등을 가능하게 하였으나, 정보통신 기술의 발달에 따른 디지털 범죄의 증가와 자원 고갈로 인한 환경 파괴를 가속화하는 문제

24 사실 판단은 사실에 대한 확인을 통해 참과 거짓을 구분할 수 있는 판단으로, '남의 물건을 허락 없이 가져가는 것은 절도'라는 판단은 사실 판단에 해당한다.

> **TIP** 판단의 종류
> • **사실 판단** : 사실에 대한 확인을 통해 참과 거짓을 구분할 수 있는 판단
> • **가치 판단** : 어떤 사실이나 대상의 의의나 중요성에 대한 개인의 주관적 판단
> • **도덕 판단** : 사람의 인격이나 행위 등 도덕 원리를 기준으로 내리는 판단

25 환경 친화적 소비 생활은 환경과 함께 공존하며 높은 삶의 질을 추구하는 소비 생활로, 물품을 구매할 때 장바구니를 사용하는 것은 환경에 유해한 비닐봉지의 사용을 줄일 수 있으므로 환경 친화적 소비 생활에 해당한다.

정답 및 해설

예상문제

실전

제1교시

국 어

정답

01 ②	02 ④	03 ①	04 ③	05 ③
06 ①	07 ①	08 ②	09 ①	10 ②
11 ④	12 ②	13 ④	14 ④	15 ③
16 ④	17 ③	18 ②	19 ②	20 ③
21 ④	22 ④	23 ③	24 ④	25 ②

해설

01 제시된 대화에서 어제 있었던 일을 말하는 친구 1에게 친구 2는 위로하는 의도의 대답을 해야 하므로 ②가 적절한 대답이다.

02 '할아버지'는 높임의 대상이므로 '께서'라는 조사를 붙이는 것이 옳다. 또한 '노력하다'의 주체는 '혜린'이므로 '노력하면'이 옳다. 또한 좋은 결과를 얻을 수 있다고 말한 주체는 '할아버지'이고, 청자는 '엄마'이므로 '하셨어요'가 옳다. 이를 정리하면 '할아버지께서 꾸준히 노력하면 반드시 좋은 결과를 얻을 수 있다고 하셨어요.'이다.

03 ①은 설명문에 대한 설명이므로 올바르게 짝지어지지 않았다.

> **TIP 다양한 종류의 글쓰기**
> • **설명문** : 어떤 대상에 대해 글쓴이가 알고 있는 지식, 정보 등을 전달하는 글
> • **안내문** : 어떤 내용을 소개하여 알리는 글
> • **공고문** : 널리 알리려는 의도로 쓴 글
> • **보고서** : 어떤 사건이나 현상 등에 대하여 직접 경험하였거나, 관찰·실험 등을 통해 알게 된 정보를 체계적으로 알리는 글
> • **기사문** : 육하원칙에 따라 사실을 보고 들은 대로 적은 글
> • **논설문** : 설득을 목적으로 주장과 근거를 드러낸 글
> • **건의문** : 어떤 문제 상황에 대한 개인·집단의 요구 사항이나 해결 방안을 담은 글

04 보고서는 어떤 목적을 가지고 실시한 관찰, 조사, 실험의 결과를 정리하여 쓴 글이므로 이를 정확하게 제시해야 한다.

> **TIP 보고서의 요건**
> • **객관성** : 주관적이거나 한쪽에 치우치지 않고 사실과 일치해야 한다.
> • **정확성** : 조사, 관찰, 실험의 결과를 정확하게 반영해야 한다.
> • **신뢰성** : 사실적 정보 또는 자료 등을 제시하거나 해당 분야 전문가의 의견을 제시해야 한다.

05 개요는 글을 쓰기 전 글의 구조를 미리 작성하는 것으로 중학교의 행사에 들어갈 세부 내용으로는 중학교의 학교 축제가 가장 적절하다.

06 '할아버지가 할머니에게 손녀를 업혔다.'는 주어(할아버지)가 대상(할머니)에게 손녀를 업도록 하였으므로 사동문에 해당한다.

07 ①의 '높다'는 형용사인데, 주어진 문장의 밑줄 친 부분과 ②, ③, ④는 모두 동사이다.

08 '바다', '책상', '행복', '홍길동'은 모두 '명사'로 사람이나 사물의 이름을 나타내는 단어이다.
① 동사에 해당한다.
③ 형용사에 해당한다.
④ 대명사에 해당한다.

09 '헛웃음'은 받침 뒤에 모음 'ㅏ, ㅓ, ㅗ, ㅜ, ㅟ'로 시작되는 실질 형태소가 연결되는 경우로, 대표음으로 바꾸어서 뒤 음절 첫소리로 옮겨 발음하여 [허두슴]으로 발음된다.
② 앞으로[아프로]
③ 덮이다[더피다]
④ 꽃을[꼬츨]

[10~13]

> **(가) 박목월, 「가정」**
> • **갈래** : 자유시, 서정시
> • **성격** : 상징적, 독백적, 의지적
> • **운율** : 내재율
> • **제재** : 신발(시인의 가난한 삶)

- **주제** : 가장으로서 아버지의 삶
- **특징**
  - 일상적이고 평범한 시어로 가장의 책임감과 가족에 대한 사랑을 표현
  - 시인이자 가장으로서 살아가는 고된 현실을 상징적 시어로 표현
  - 가장으로서의 책임감과 자식에 대한 사랑을 신발의 문수(치수)를 통해 시각적으로 표현

(나) 김상옥, 「봉선화」
- **갈래** : 정형시, 서정시
- **성격** : 회상적, 독백적, 향토적
- **운율** : 외형률
- **제재** : 봉선화
- **주제** : 누님과 어린 시절에 대한 그리움
- **특징**
  - 섬세한 관찰을 통해 평범한 경험을 아름답게 표현
  - 과거 지향의 회상적 분위기와 향토적 어조

(다) 작자미상, 「가시리」
- **갈래** : 고려가요
- **성격** : 민요적, 애상적, 서정적
- **운율** : 외형률
- **제재** : 임과의 이별
- **주제** : 이별의 정한
- **특징** : 간결한 형식과 소박한 시어를 사용하여 이별의 감정을 절묘하게 표현

(라) 김소월, 「가는 길」
- **갈래** : 자유시, 서정시
- **성격** : 민요적, 전통적, 여성적
- **운율** : 내재율
- **제재** : 임과의 이별
- **주제** : 이별의 아쉬움
- **특징**
  - 3음보의 율격이 나타남
  - 유음·비음 등을 사용하여 음악적 효과를 나타냄
  - 시행의 길이와 속도, 어조를 통해 화자의 심리를 효과적으로 표현

10 김상옥의 「봉선화」는 4음보의 외형률인 현대 시조(정형시)로, 고전 시가의 전통을 계승한 작품이라고 할 수 있으며 3장 6구의 구성과 3글자로 맞춰진 종장의 첫 글자 수를 확인할 수 있다.

11 (라)는 이별의 아쉬움과 임에 대한 그리움을 드러내고 있다.

12 시가에서 간격을 두고 일정하게 되풀이되는 음성을 후렴이라 한다. 행과 행 사이에 들어가 주로 흥을 돋우는 역할을 한다. 즉, 내용 및 의미 등과 관련 없이 운율을 형성하는 것 외에 다른 기능을 하지 않는다.

> **TIP** 후렴의 예
> - 의미 없이 음성 효과만 지닌 경우 : '옹해야(보리타작노래)'
> - 의미 없는 음성에 의미 있는 말이 들어 있는 경우 : '우아후 저루(잘) 한다(논매기노래)', '위 증즐가 대평성대(가시리)'
> - 의미 있는 말로만 구성된 경우 : '괴엇더ᄒ니잇고(한림별곡)'

13 '지저겁니다.'는 청각적 심상을 지니며, '알전등이 켜질', '손톱에 꽃물', '하얀 손가락'은 시각적 심상을 지닌다.

[14~17]

안도현, 「우리가 눈발이라면」
- **갈래** : 자유시, 서정시
- **성격** : 현실 참여적, 의지적, 비유적, 상징적
- **운율** : 내재율
- **제재** : 눈발(함박눈)
- **주제** : 상처받고 소외된 이웃을 따뜻한 사랑으로 감싸고자 하는 소망
- **특징**
  - 함축적 시어의 대조를 통한 의미 강조(진눈깨비 ↔ 함박눈, 상처 ↔ 새살)
  - '-자'의 청유형 어미를 통해 읽는 이의 참여를 호소하고 화자의 의지를 나타냄
  - 상징적인 표현들을 통해 이웃에 대한 화자의 따뜻한 마음을 드러냄

14 ㉠은 시각적 심상에 해당하므로 별들이 많이 떴다는 시각적 모습을 표현하고 있는 ㉢의 심상과 동일하다.
① 청각적 심상
② 미각적 심상
④ 촉각적 심상

15 '가장 낮은 곳'은 어려운 이웃이 있는 곳을 의미하는 시어이다.

16 윗글에서 '진눈깨비'와 대조를 이루는 시어로는 '함박눈', '편지', '새살' 등이 있다.

17 '진눈깨비는 되지 말자.', '따뜻한 함박눈이 되어 내리자.', '새
    살이 되자' 등의 표현을 통해 '~자' 형태의 청유형 문장을 반
    복하여 운율을 형성하고 있다는 사실을 알 수가 있다.

[18~20]

(가) 「아버지의 유물」
• 갈래 : 민담
• 성격 : 비현실적, 우연적
• 주제 : 보잘 것 없는 것이라도 가치 있게 활용하는 지혜를 갖자.

(나) 오정희, 「소음 공해」
• 갈래 : 단편 소설, 현대 소설
• 성격 : 고백적, 비판적, 교훈적
• 배경 : 1990년대(시간적), 도시의 아파트(공간적)
• 시점 : 1인칭 주인공 시점
• 주제 : 이웃에 무관심한 현대인들의 삶에 대한 비판

(다) 양귀자, 원미동 사람들
• 갈래 : 연작 소설, 현대 소설, 단편 소설
• 성격 : 비판적, 풍자적, 사실적, 일상적
• 배경 : 1980년대(시간적), 경기도 부천시 원미동(공간적)
• 시점 : 3인칭 전지적 작가 시점
• 주제 : 먹고사는 일이 힘겨운 도시 서민들의 삶과 애환

18 서술자가 글 속에 등장한다는 것은 작품 안에 '나'가 존재하
    여 직접 서술하는 것을 말한다. '나'가 서술하는 작품은 1인칭
    시점을 취하므로 (가)~(다) 중 1인칭 시점인 것은 (나)이다.

19 주어진 글에서 가난한 아버지의 상황을 설명하였고, 아들들
    에게 남겨 줄 것이라고는 맷돌과 표주박과 대나무 지팡이와
    장구'뿐'이라고 하였다. 땅이나 돈, 값나가는 재산이 없고 주
    변에서 흔히 볼 수 있는 것들뿐이라는 데서 '하찮은 것'을 의
    미하고 있음을 알 수 있다.

20 이 작품은 1980년대에 부천시 원미동에서 살아가고 있는 소
    시민들의 삶을 그린 이야기로 '유행처럼 번지기 시작한 유선
    방송'이란 부분을 통해서 이 작품이 유선방송이 활성화되기
    시작했던 1980년대의 시대적 · 사회적 배경을 담고 있다는
    것을 알 수 있다.

21 이 글은 논설문으로, 논설문을 읽는 방법으로 적절하지 않은
    것을 묻고 있다. 인물 간의 갈등 해결에 초점을 맞추어 읽는

것은 소설이나 희곡 등을 읽는 방법이다.

TIP 논설문을 읽는 방법
• 글의 내용을 사실과 의견으로 구분하여 읽는다.
• 글쓴이가 자신의 주장을 뒷받침하기 위해 제시한 근거가 타당한
  지 판단한다.
• 글이 논리적으로 전개되었는지 판단한다.

22 (가)와 (나)에서는 윤 의사의 의거 활동과 관련하여 정확한 보
    도는 훌륭한 의미에서의 주관성을 가져야 한다고 이야기하고
    있다. 그리고 이를 포함한 전체적인 결론 '진실 보도를 위해
    언론이 나아갈 길'을 (다)에서 제시하고 있다.

23 ⓒ 근거(根據) : 어떤 일이나 의논, 의견에 그 근본이 됨. 또는
    그런 까닭.

24 윗글의 3문단에서 한지의 장점을 양지와의 비교를 통해 제시
    하고 있다.

25 (라)에 직접적으로 언급되었다.

수 학

정답

01 ④	02 ④	03 ④	04 ①	05 ②
06 ③	07 ④	08 ②	09 ④	10 ②
11 ③	12 ③	13 ②	14 ④	15 ③
16 ①	17 ④	18 ③	19 ④	20 ③

해설

01 60을 소인수분해하는 과정을 나타내면

$$3 \underline{)\,6\,0}$$
$$2 \underline{)\,2\,0}$$
$$2 \underline{)\,1\,0}$$
$$5$$

$\therefore 60 = 3 \times 2^2 \times 5$

02 오리 수를 x, 돼지 수를 y라 하면

$\begin{cases} x+y=26 & \cdots \ ㉠ \\ 2x+4y=74 & \cdots \ ㉡ \end{cases}$

㉠과 ㉡의 식을 연립하여 구하면

$x=15, y=11$

따라서 오리는 15마리이다.

03 정비례관계는 x의 값이 2배, 3배, 4배가 되면 y의 값 역시 2배, 3배, 4배가 되는 관계이므로, 'ㄴ. $y=\frac{1}{4}x$', 'ㄹ. $y=2x$'가 정비례관계이다.

04 좌표평면 위의 점 P의 x좌표는 3, y좌표는 1이므로 P(3, 1)이다. 또한 점 Q의 x좌표는 -2, y좌표는 -3이므로 Q(-2, -3)이다.

05 5번째로 통학 시간이 긴 학생의 시간을 알아보기 위해 줄기가 큰 수부터 세어보면

줄기가 3인 부분 : 38, 35, 32, 31

줄기가 2인 부분 : 28, 27, 24, 23, 21, 20

$\vdots$

줄기가 0인 부분 : 9, 8, 7, 5

따라서 5번째로 통학시간이 긴 학생은 28분 걸린다.

06 주사위를 한 번 던질 때, 나올 수 있는 수는 '1, 2, 3, 4, 5, 6'으로 6가지이다. 이때, 5보다 작은 수의 눈이 나오는 경우의 수는 '1, 2, 3, 4'이다.

$\therefore \frac{4}{6} = \frac{2}{3}$

07 $x+y=5 \cdots ㉠$

$-x+2y=1 \cdots ㉡$

㉠과 ㉡의 식을 더하면

$3y=6, y=2$

$y=2$를 ㉠에 대입하면

$x+2=5, x=5-2$

$x=3$

$\therefore x=3, y=2$

08 순환소수 숫자의 배열이 되풀이되는 한 부분을 순환마디라고 한다. $0.04040404\cdots$에서 04가 반복되고 있다.

09 나눗셈과 곱셈을 차례대로 계산하면

$x^8 \div x^4 = x^8 \times \dfrac{1}{x^4} = x^4$

$x^4 \times x^2 = x^6$

10 두 사각형은 닮음으로 $4:6=2:3$의 닮음비를 갖는다.

$2:3=3:\overline{FG}$

$2\overline{FG}=9$

$\overline{FG}=\dfrac{9}{2}$cm

11 직각삼각형은 피타고라스의 정리에 의하여

(밑변)^2+(높이)^2=(빗변)^2

만족하는 길이를 가진 삼각형은 'ㄴ. 3cm, 4cm, 5cm', 'ㄷ. 6cm, 8cm, 10cm'이다.

12 넓이가 $2x^2-x-3$인 직사각형에서 가로가 $2x-3$이므로 인수분해를 해보면 $2x^2-x-3=(2x-3)(x+1)$이다. 따라서 세로의 길이는 $x+1$이다.

13 $3\sqrt{5 \times 6} \div \sqrt{3} = 3\sqrt{30} \div \sqrt{3}$

$$=3\sqrt{\frac{30}{3}}$$
$$=3\sqrt{10}$$

14 $(x+5)(x-5)=x^2+5x-5x-25$
$$=x^2-25$$

15 점 $(0, 5)$를 지난다.
① 아래로 볼록하다.
② 직선 $x=2$를 축으로 한다.
④ 꼭짓점의 좌표는 $(2, 1)$이다.

16 △ABE에서
$\overline{BE}=\sqrt{(\overline{AB})^2-(\overline{AE})^2}=\sqrt{13^2-12^2}=\sqrt{25}=5$
(□ABCD의 넓이)
$=4\times(\triangle ABE의 넓이)+(\square EFGH의 넓이)$
$13^2=4\times\left(\frac{1}{2}\times5\times12\right)+(\square EFGH의 넓이)$
$=120+(\square EFGH의 넓이)$
∴ (□EFGH의 넓이)$=169-120=49$

17 직각삼각형 ABC에서 $\tan B=\frac{3}{4}$이고, $\sin B=\frac{3}{5}$이다.
∴ $\tan B\times\sin B=\frac{3}{4}\times\frac{3}{5}=\frac{9}{20}$

18 선분 AB의 지름이므로 $\angle APB$는 $90°$이다.
따라서 삼각형 ABP에서 $90°+50°+\angle x=180°$
∴ $\angle x=40°$

19 $\overline{AD}=\overline{AF}=2, \overline{CF}=\overline{CE}=3, \overline{BE}=\overline{BD}=5$
삼각형 ABC의 둘레의 길이는
$\overline{AD}+\overline{AF}+\overline{CF}+\overline{CE}+\overline{BE}+\overline{BD}$
$=2+2+3+3+5+5$
$=20$

20 수학 성적이 영어 성적보다 높게 나온 학생은 총 4명이다. 수학 성적과 영어 성적을 각각 $(50, 30)$, $(60, 40)$, $(70, 50)$, $(80, 70)$을 받은 학생이다.

제3교시 영어

정답

01 ②	02 ③	03 ①	04 ③	05 ②
06 ④	07 ②	08 ②	09 ③	10 ②
11 ④	12 ③	13 ①	14 ③	15 ①
16 ②	17 ④	18 ③	19 ②	20 ③
21 ④	22 ①	23 ①	24 ③	25 ④

해설

01 **해설** 제시된 단어들은 '의사, 교사, 변호사, 경찰'로 모두 job(직업)에 포함되는 것이다.
① 과목
③ 운동
④ 취미

02 **해설** ① · ② · ④는 모두 반의 관계에 있지만 ③은 그렇지 않다.

> **TIP** 단어의 관계
> • 유의어 : 뜻이 서로 비슷한 말
> 예 move(옮기다) – shift(옮기다)
> • 반의어 : 서로 반대되는 뜻을 가진 말
> 예 give(주다) – receive(받다)
> • 상 · 하위어 : 한 단어의 의미가 다른 단어의 의미에 포함되는 경우
> 예 flower(꽃) – rose(장미)

03 **해설** A가 무슨 음식을 주문할지 묻고 있으므로 음식을 주문할 때는 음식의 이름 뒤에 'please'를 붙여서 답해야 한다.
해석 A : 주문하시겠습니까?
B : 네, 피자 한 판 주세요.

04 **해설** B는 꽃이 있는 모자를 사고 싶어 하므로 ③이 적절하다.
해석 A : 도와드릴까요?
B : 네, 저는 꽃이 있는 모자를 사고 싶어요.
어휘 cap 모자
flower 꽃

05 **해설** 20개의 짐을 옮기느라 다리가 매우 아프다는 말에 위로의 말을 전해야 하는 상황이므로 'That's too bad(그것 참 안됐다.)'가 오는 것이 적절하다.
① 듣던 중 반가운 소리야.
③ 그것 참 재미있다.
④ 잘됐구나.
해석 A : 너 피곤해 보여. 무슨 문제 있니?
B : 난 짐을 20개나 옮겼어. 그래서 내 다리가 매우 아파.
A : 그것 참 안됐다.

06 **해설** kind는 '친절한, 다정한'이라는 의미를 가진 단어이다.
해석 그녀는 마을 내에서 친절한 이웃이다.
어휘 neighbor 이웃
village 마을, 촌락

07 **해설** specialize in은 '~을 전문, 전업으로 하다'라는 의미를 가진 숙어이다.
해석 우리는 옷을 전문적으로 판매한다.
어휘 sell 판매하다

08 **해설** 대답에 인원수가 나왔으므로 수량을 묻는 표현인 'How many~'가 되어야 한다.
해석 A : 인원이 몇 명이나 되나요?
B : 6명이요.

> **TIP** 관계부사
>
> | 관계부사 | 선행사 |
> |---|---|
> | when | 시간(the time, the day) |
> | where | 장소(the place) |
> | why | 이유(the reason) |
> | how | 방법(the way) |

09 **해설** ①은 대상이 복수일 때 사용하는 단어이고 ②는 '그것'을 나타내는 대명사이며, ④는 과거시제일 때 사용하는 be동사이므로 ③이 가장 적절하다.
해석 A : 왜 이 카메라는 작동하지 않는 거지?
B : 이것은 고장 났어.
어휘 broken 부서진, 고장난

10 **해설** 상대방의 주말 계획을 묻는 질문이므로 '너의'라는 뜻을 가진 your이 오는 것이 적절하다.
   해석 A : 너의 주말 계획은 뭐야?
   B : 난 해변으로 놀러 갈 거야.

11 **해설** 첫 번째 문장에서는 '많은'이라는 뜻의 'a lot of'가, 두 번째 문장에서는 '~을 돌보다'는 뜻의 'take care of'가 사용되었다. 따라서 빈칸에는 of가 오는 것이 적절하다.
   해석 • 탁자 위에 많은 꽃병들이 있다.
   • 나는 내 여동생을 돌본다.
   어휘 vase 꽃병

12 **해설** Susan만이 보기 내용과 일치하는 행동을 하고 있다.
   해석 ③ Alice는 전화하고 있다.
   ① Tom은 소파에서 자고 있다.
   ② Bill은 샌드위치를 먹고 있다.
   ④ Susan은 책을 읽고 있다.

13 **해설** 가장 좋아하는 운동이 무엇인지 묻자 테니스라는 대답을 하였고 다시 되묻는 질문에 농구를 좋아한다는 내용이므로 ①이 가장 적절하다.
   해석 A : 너의 가장 좋아하는 운동은 무엇이니?
   B : 난 테니스를 좋아해. 너는 어떠니?
   A : 난 농구를 좋아해.
   어휘 favorite 가장 좋아하는

14 **해설** 대화의 마지막 B의 말에서 지하철에 탔을 때 출발시간이 지연되었다고 말하고 있음을 알 수 있다.
   해석 A : 어제 너는 왜 콘서트에 오지 않니?
   B : 내가 지하철을 탔을 때, 출발시간이 지연되었어.
   어휘 subway 지하철
   time of departure 출발시간
   delay 지연, 연기

15 **해설** 담배를 피우지 말고 변기에 쓰레기를 넣으면 안 되며 사용 후에는 손을 씻으라는 내용은 화장실의 안내문에서 볼 수 있다.
   해석 • 담배를 피우지 마세요.
   • 변기 안에 쓰레기를 밀어 넣지 마세요.
   • 사용 후에는 손을 씻어주세요.
   어휘 smoke 연기, 담배
   trash 쓰레기
   toilet 변기, 화장실

16 **해설** 자기 사무실에 들러서 열쇠를 가져와 달라는 A의 요청에 B가 승낙하면서 사무실의 주소를 핸드폰으로 보내달라고 했으므로 대화 직후에 B는 주소를 확인할 것이다.
   해석 A : 미안한데, 제 집 열쇠가 사무실 안에 있어요. 제 사무실에 들러줄 수 있나요?
   B : 그럼요. 걱정 말아요. 내게 핸드폰으로 당신의 사무실 주소를 보내주세요.
   어휘 drop by 잠깐 들르다
   address 주소

17 **해설** 같이 공원에 놀러 가자는 A의 말에 B가 고맙지만 오늘은 바쁘다고 대답하고 있으므로 B의 의도는 '거절하기'이다.
   해석 A : 우리와 함께 공원에 놀러가자.
   B : 고마워. 하지만 오늘 난 바빠.

18 **해설** B가 내일은 비가 올 것이니 우산을 챙겨야 한다고 대답하고 있으므로 A의 질문은 내일 날씨를 알고 있냐는 내용의 ③이 적절하다.
   해석 A : 내일 날씨가 어떤지 알고 있니?
   B : 내일은 비가 올 것이니 너는 우산을 챙겨야 해.

19 **해설** 7월 15일 금요일에 친구와 함께 제주도로 가서 해변에서 물놀이를 했다고 하였으므로 ②만이 글의 내용과 일치한다.
   해석 7월 15일 금요일
   오늘은 휴일이었다. 난 친구와 함께 제주도에 갔다. 난 해변에서 물놀이를 하였다. 그것은 재미있었다.

20 **해설** 내 가방을 혹시 보았냐는 질문에 대하여 (B)–(C)–(A)의 순서로 이어지는 게 적절하다.
   해석 너 혹시 내 가방 보았니?
   (B) 우리 교실에서 봤어.
   (C) 알았어. 고마워.
   (A) 천만의 말씀.

21 **해설** 'He has a one younger sister(그는 여동생이 한 명 있다.)'라고 하였으므로 남동생이 한 명 있다는 내용은 옳지 않다.
   해석 Tom은 15세이다. 그는 자전거 타는 것을 좋아한다. 그는 우리 반에서 키가 가장 크다. 그는 여동생이 한 명 있다.
   어휘 tallest 가장 키가 큰

22 **해설** 책을 읽는 사람들을 위해 실내에서 조용히 해달라는
부탁이므로 도서관에서 볼 수 있는 문구이다.
해석 책을 읽는 사람들을 위해 실내에서는 조용해주십시오.
어휘 indoor 실내의

23 **해설** Sam은 65kg으로 Jimmy보다 무겁다.
① Sam은 Jimmy보다 무겁다.
② Jimmy는 몸무게가 가장 많이 나간다.
③ Mike는 Robert보다 무겁다.
④ Robert는 몸무게가 가장 가볍다.

24 **해설** Sam이 눈 오는 날에 하는 운동이므로 운동 계획표에
서 눈 오는 날 부분만 확인해 보면 ③이다.

해석

날씨	비 오는 날	해 뜨는 날	구름 낀 날	눈 오는 날
운동	볼링	수영	농구	스키

25 **해설** 화요일부터 금요일까지는 오전 9시~오후 9시 30분까
지, 주말엔 오전 10시 30분~오후 5시까지 입장이 가능
하며 월요일엔 문을 열지 않는다.

해석
> 수영장
> • 화요일~금요일 오전 9시~오후 9시 30분
> • 토요일, 일요일 오전 10시 30분~오후 5시
> • 월요일 폐장

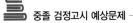

| 제4교시 | 사 회 |

정답

01 ②	02 ③	03 ④	04 ④	05 ①
06 ②	07 ②	08 ③	09 ④	10 ①
11 ②	12 ②	13 ④	14 ②	15 ②
16 ①	17 ④	18 ④	19 ④	20 ①
21 ②	22 ③	23 ④	24 ②	25 ④

해설

01 주어진 제시문은 사막화에 대해 설명하고 있다. 사막화는 사막 주변의 초원지역이 점차 사막처럼 변하는 현상으로 오랜 가뭄, 과도한 농경지 개간 및 목축 등이 원인이 돼서 발생한다. 이렇게 발생한 사막화는 생활공간을 감소시키고 황사 등을 야기한다.
　① 산성비 : 대기오염물질이 대기 중의 수증기와 만나 황산이나 질산으로 변하면서 비에 흡수된 것
　③ 태풍 : 북태평양의 열대 해상에서 발생하는 저기압으로, 강한 바람과 많은 비를 동반
　④ 지구 온난화 : 화석연료 사용에 따른 이산화탄소 농도 증가로 지구의 연평균 기온이 상승하는 현상

02 제시된 내용은 툰드라 기후의 생활 모습이다. 툰드라 기후는 여름이 짧고 겨울이 길며, 북극해 연안과 그린란드 해안 지역에 분포한다.
　① 스텝 기후 : 연강수량 250~500mm 미만의 스텝 지역에서 나타나는 기후. 사막 기후 다음으로 건조한 기후이며, 초원 기후라고도 한다.
　② 사막 기후 : 주로 내륙의 아열대고기압에서 발달하는 건조한 기후로, 식물이 거의 자라지 못한다.
　④ 열대 우림 기후 : 일 년 내내 기온이 높고 강수량이 많아 후덥지근한 날씨가 지속되는 기후로, 밀림이 발달한다.

03 관광은 경제적 행동으로서 소비와 지출이 발생한다. 지역경제를 활성화시키는 긍정적 영향 뿐 아니라 성수기의 교통 체증과 혼잡, 식생 파괴 및 야생 동물의 감소, 생태계 변화, 산림 파괴로 인한 산사태, 토양 침식 등의 부정적 영향도 미친다.

04 밑줄 친 (가)에 들어갈 단어는 위성도시이다. 우리나라의 위성도시는 성남(주거 분담), 과천(행정 분담), 안산(공업) 등이 있으며 부산은 위성도시에 해당하지 않는다.

05 독도는 우리나라 가장 동쪽에 위치하는 화산섬으로 동도와 서도 등 89개 부속 도서로 구성되며, 한류와 난류의 교차로 조경수역이 형성되는 황금어장이자 자원의 보고(심층수, 메탄 하이드레이트 매장 등)이다.

06 자원의 가치는 시대와 장소, 경제 상황, 기술 발달 등에 따라 달라지는데, 이는 자원의 특성 중 하나인 가변성에 해당한다.
　① 태양열, 지열, 풍력과 같은 천연 자원은 재생이 가능하지만, 석탄, 석유, 천연가스와 같은 천연 자원은 재생이 불가능하다.
　③ 노동력, 기술 등의 인적 자원은 넓은 의미의 자원에 포함된다.
　④ 최근 인구의 증가와 개발도상국의 산업화, 생활수준의 향상 등으로 에너지 자원의 소비량이 증가하고 있다.

07 서남아시아와 러시아, 베네수엘라가 주요 수출국이며, 우리나라와 일본, 미국이 주요 수입국인 자원은 석유이다.

08 신재생에너지는 태양, 바람, 물, 지열, 생물 유기체 등을 이용한 친환경적이고 재생 가능한 에너지를 의미한다. 신재생에너지는 석유와 석탄과 같은 화석 연료의 사용으로 인해 나타난 환경문제들을 해결할 수 있는 대체 자원으로서 관심을 받고 있다.

09 주어진 그림은 의원내각제의 정부형태에 관한 그림이다. 의원내각제는 의회 다수당이 행정부(내각)를 구성하여 정책을 수행하는 정부형태로 권력 융합적 정부 형태이며, 행정부가 이원적으로 구성(총리/대통령)된다는 특징이 있다. 또한 의원과 각료 겸직이 가능하다.
　① 의원내각제는 권력 융합적 정부형태이다.
　② 의원내각제는 의회뿐 아니라 정부도 법률안 제출권을 갖는다는 점에서 대통령제와 차이가 있다.
　③ 의원내각제는 입법부가 행정부를 상대로 내각 불신임권을, 행정부는 입법부를 상대로 의회 해산권을 행사할 수 있다.

TIP 대통령제

입법부 · 행정부 · 사법부 상호간에 견제와 균형을 통해서 권력의 집중을 방지하고 국민의 자유와 권리를 최대한 보장하는 현대 민주국가의 정부형태로 의회와 대통령이 국민에 의해 선출되는 방식이다.

10 선거는 투표를 통해 의사를 결정하는 절차로 대표자를 뽑는다.

TIP 정치 참여의 방법

• **오프라인 참여 방법** : 선거, 국민 투표, 청원, 민원, 독자 투고, 시민 단체나 이익 집단 가입, 서명, 캠페인, 주민 회의, 집회 및 시위 등
• **온라인 참여 방법** : 전자 투표, 사이버 토론, 온라인 서명, 사이버 캠페인 등

11 주어진 제시문은 헌법재판소의 권한 중 탄핵 심판권에 해당하는 설명이다. 헌법재판소는 헌법의 해석과 관련된 정치적 사건과 국회에서 만든 법률 등을 사법적 절차에 따라 심판하는 헌법 재판 기관이다.
 ① **위헌 법률 심판권** : 법원의 위헌 심사 제청이 있는 경우 법률
 ③ **권한 쟁의 심판권** : 국가 기관 상호간이나 국가 기관과 지방자치단체 간에 권한과 의무에 관해 다툼이 있는 경우 헌법재판소가 이를 조정하기 위해 행하는 심판
 ④ **정당 해산 심판권** : 정당의 목적과 활동이 민주적 기본 질서에 위배될 때 정부는 헌법재판소에 그 정당의 해산을 제소할 수 있다.

12 기회비용을 고려하여 소비하고, 수입의 범위 내에서 가계부를 정리하여 계획적인 소비를 하며, 수입보다 소비를 더 적게 해야 한다.

13 가격과 공급량은 서로 같은 방향으로 움직인다. 즉 가격이 하락하면 공급량은 감소하고, 가격이 상승하면 공급량은 증가한다.

TIP 수요와 공급의 변화 요인

• **수요의 변화**
 – 수요 변동의 의미 : 상품의 가격이 변동하지 않아도 수요의 크기가 변화하는 현상
 – 수요 변동의 요인 : 소비자의 소득, 연관 상품(대체재, 보완재)의 가격, 소비자의 기호나 수, 미래에 대한 예상 등
• **공급의 변화**
 – 공급 변동의 의미 : 상품의 가격이 변동하지 않아도 공급의 크기가 변화하는 현상
 – 공급 변동의 요인 : 생산 비용의 변화, 기술 혁신, 세금이나 보조금 혜택, 미래에 대한 예상 등

14 ① **국민 주권** : 국가의 의사를 결정하는 주권이 국민에게 있다는 원리이다.
 ② **국민 자치** : 국민 주권의 원리에 따라 국민이 스스로 다스려야 한다는 원칙이다.
 ④ **권력 분립** : 국가의 기능을 분리하여 권력 기관 상호 간에 견제와 균형을 이루려는 원리이다.

15 ① **대체재** : 서로 다른 재화에서 같은 효용을 얻을 수 있는 재화이다.
 ③ **보완재** : 함께 사용하면 더 큰 효용을 얻을 수 있는 재화이다.
 ④ **외부효과** : 어떤 경제활동과 관련하여 다른 사람에게 의도하지 않은 혜택이나 손해를 가져다주면서도 이에 대한 대가를 받지 않고 비용도 지불하지 않은 상태를 말한다.

16 가격이 상승하게 되면 소비자는 수요를 줄이고, 판매자는 공급을 늘리게 된다. 따라서 수요량은 감소하고 공급량은 증가한다.

17 구성원들이 얼굴을 마주하며 친밀감을 느끼는 집단은 1차 집단에 해당한다.

18 제시된 그림은 각각 움집과 빗살무늬 토기이다. 농경 생활을 시작한 신석기 시대부터는 정착 생활이 이루어졌고, 토기를 이용하여 음식을 조리 · 저장하였다.

19 삼한은 신지, 읍차 등으로 불리는 군장들이 정치를 맡았으며, 제사장은 소도라는 특별 구역에 머무르면서 제천 행사를 담당하는 제정 분리 사회였다.

20 골품제에 대한 설명이다. 혈통에 따라 등급으로 구분하고 이에 따라 관직 및 혼인, 재산 등의 사회생활 범위가 죽을 때까지 결정되던 신라시대의 신분제도로 오로지 왕족이었던 성골과 진골만이 최고관직과 왕위에 오를 수 있었으며 이에 반발한 6두품 지식인들이 신라 말기의 사회 변혁을 주도하였다.
 ② **호포제** : 조선 때 호구를 단위로 군포를 징수하던 방법으로 농민 장정에게 부과된 군역의 의무를 양반에게까지 확대하였다.
 ③ **진대법** : 흉년에 국가가 농민에게 곡식을 빌려주고 수확기에 갚도록 한 고구려의 제도이다.
 ④ **균역법** : 조선 영조 때 백성의 세금 부담을 줄이기 위해 종래의 군포를 두 필에서 한 필로 줄인 제도이다.

21 무왕은 발해의 제2대 왕으로 흑수말갈을 비롯한 다수의 말갈
    족을 정벌하여 영토를 크게 확장하였으며 당나라와의 전쟁
    과정에서 산동 지역의 등주를 공격에 큰 승리를 거두는 등
    발해의 국력을 크게 성장시켰다.

> **TIP 발해의 발전**
> • 1대 **고왕(대조영)** : 당나라 영토 안에 있던 고구려 유민들을 규합
>   하여 옛 고구려의 땅에서 발해 건국
> • 2대 **무왕** : 주변의 민족들을 정벌하여 영토를 크게 확장하고 당나
>   라와의 전쟁에서 승리
> • 3대 **문왕** : 관직제도 제정 및 국립교육기관 설립, 당나라와의 화친
>   후 교류
> • 10대 **선왕** : 행정구역 완비 및 발해의 전성기를 이루어 '해동성국'
>   으로 불림

22 기인 · 사심관제도는 고려 태조가 지방 호족들을 견제하기 위
    해 실시한 제도로 지방자치를 허락하고 자제를 인질로서 개
    경에 머물도록 하며 연고가 있는 지방을 다스리도록 하였다.

23 대동법은 조선시대에 특산물로 바치게 했던 공물제도를 토
    지 1결당 12두씩 쌀로만 징수하게 한 토지제도로 이렇게 거둬
    들인 쌀로 관청에서 필요한 공물을 어용상인인 공인들로부터
    구매하여 진상함으로써 백성의 부담을 줄이고 상업을 증진시
    키는 효과를 만들었다.

    ① **영정법** : 조선 후기에 시행된 전세 징수법으로 풍흉에 관
      계없이 농지의 비옥도에 따라 쌀을 징수하도록 하였다.
    ② **과전법** : 고려 시대 이성계와 개혁파 사대부들이 토지제도
      를 개혁하여 토지의 세습을 금지하고 전 · 현직 관리에게
      수조권을 준 제도이다.
    ③ **직전법** : 조선 세조 때 실시한 토지제도로 현직 관리에게
      만 수조지를 분급하였다.

24 숙종에 대한 설명으로 조선의 제19대 왕으로서 경신환국, 기
    사환국, 갑술환국을 통해 붕당을 제어하는 데 성공하여 왕권
    을 강화하였으며 상평통보를 발행하여 조선의 화폐경제 발전
    에 기여했고 백두산정계비를 세워 청나라와의 국경문제를 확
    정지었다.

25 3.1운동은 조선의 국권이 일본에게 강탈된 후 총독부의 강압
    적인 무력통치에 저항하기 위해 일어난 최대 규모의 민족운
    동이었으며 1차 대전 종결 이후 제창된 민족자결주의의 영향
    을 계기로 삼았으므로 ㄴ과 ㄹ이 발생배경이다.

과 학

정답

01 ①	02 ④	03 ②	04 ④	05 ②
06 ②	07 ③	08 ③	09 ④	10 ④
11 ②	12 ②	13 ②	14 ②	15 ③
16 ④	17 ①	18 ③	19 ①	20 ②
21 ④	22 ②	23 ③	24 ④	25 ③

해설

01 제시문에서 설명하는 힘은 마찰력이다. 마찰은 물체와 접촉면 사이에서 물체의 운동을 방해하며, 물체의 운동 방향과 반대로 작용한다. 또한 물체의 무게가 무거울수록, 접촉면이 거칠수록 크다.

02 빗면은 '일의 도구' 중의 하나이다. 일의 도구를 사용해도 일의 양은 같다.
일(J)=힘(N)×이동거리(m)를 이용하여 힘의 크기가 크려면 이동거리가 짧아야 함을 알 수 있으므로 이동 거리가 가장 짧은 것은 ④다.

TIP 일의 양
일의 양은 물체에 작용한 힘의 크기(F)와 방향으로 이동한 거리(s)에 각각 비례한다.
일의 양(W)=힘의 크기(F)×이동한 거리(s)

03 역학적 에너지 보존 법칙=위치 에너지+운동 에너지
=일정
A지점 역학적 에너지=B지점 역학적 에너지
=C지점 역학적 에너지
$60J+0J=(\quad)+20J=20J+40J=60J$
$\therefore (\quad)=40J$

TIP 운동 에너지, 위치 에너지
• 운동 에너지 : 운동하는 물체가 가지는 에너지로 속력이 일정할 때, 운동에너지는 물체의 질량에 비례하고, 물체의 질량이 일정할 때 속력의 제곱에 위치한다.
• 위치 에너지 : 어떤 위치가 있는 물체가 가지는 에너지로 중력에 의한 것과 탄성력에 의한 것이 있다. 물체의 높이가 일정할 때 질량에 비례하고, 물체의 질량이 일정할 때 높이에 비례한다.

04 운동에너지=$\frac{1}{2}mv^2$(m=질량, v=속도)
$3kg×3m/s=9J$

05 전압은 전기 회로에 전류를 흐르게 하는 능력으로 전기 회로에 흐르는 전류의 양은 전압의 크기에 비례하고, 저항의 크기에 반비례한다.

06 두 극 사이의 전위 차이를 '전위차' 또는 '전압'이라고 한다.

07 전력량=$200W×4h=800Wh$

TIP 전력량의 크기
• 전력량 : 일정 시간 동안 사용한 전기 에너지의 양
• 전력량(Wh)=전력(W)×시간(h)
=전압(V)×전류(A)×시간(h)

08 거울이나 수면 위에 물체가 비쳐 보이는 것은 빛의 반사에 해당한다. 빛의 반사란 직진하던 빛이 물체의 표면에 부딪친 후 되돌아 나오는 현상을 말한다.

09 진폭이란 진동 중심에서 마루나 골까지의 높이를 말한다. 진폭이 가장 작은 파동은 ④이다.

TIP 파동
• 파동 : 한 곳에서 생긴 진동이 주위로 퍼져 나가는 현상
• 파동의 표시 : 마루, 골, 파장, 진폭, 주기(초), 진동수(Hz), 주기와 진동수
• 파동의 종류 : 파동의 진행 방향과 매질의 진동 방향의 관계로 횡파와 종파로 구분
• 파동의 성질 : 파동의 반사와 파동의 굴절

10 A : 마루, B : 파장, C : 골, D : 진폭

TIP 파동
• 골 : 잔잔한 '평형 상태'에서 가장 낮은 지점
• 진폭 : 평형점 0에서 마루나 골까지 높이
• 파장 : 마루와 마루 또는 골에서 골까지의 거리
• 주기 : 마루에서 다음 마루가 생길 때까지 1회 진동 시간
• 진동수 : 1초 동안 진동한 횟수

273

11 나무가 쪼개지는 것은 '모양 변화'로 물리적 성분의 변화가 일어나는 것이다. 이는 물질의 고유한 성질은 변하지 않는 것이므로 물리 변화로 볼 수 있다.

> **TIP 물리 변화와 화학 변화**
> - **물리 변화** : 물질의 고유한 성질은 변하지 않고 모양, 크기, 상태만 변하는 현상
>   - **예** 접시가 깨진다(모양 변화), 물이 끓어 수증기가 된다(상태 변화), 잉크가 물속으로 퍼져나간다(확산)
> - **화학 변화** : 물질이 본래의 성질과는 전혀 다른 새로운 물질로 변하는 현상
>   - **예** 나무가 탄다(연소), 철이 녹슨다(산화), 음식이 썩는다(부패)

12 순물질이란 한 가지 물질로 이루어진 것이다.
    ㄴ. **공기** : 질소, 산소, 이산화탄소 등으로 이루어져 있다.
    ㄷ. **설탕물** : 설탕과 물로 이루어져 있다.

13 **울타리 조직** : 세포들이 울타리를 세워 놓은 것처럼 나란히 배열되어 있으며, 엽록체가 많아 광합성이 가장 활발하다.
    ① **표피 조직** : 잎을 감싸고 있는 한 겹의 세포층으로 잎을 보호하며 엽록체가 없어 광합성이 일어나지 않는다.
    ③ **관다발 조직** : 물과 무기양분이 이동하는 물관과 유기양분(포도당)이 이동하는 체관이 있어 둘이 이동하는 통로 역할을 한다.
    ④ **해면 조직** : 엽록체를 가진 세포들이 엉성하게 배열되어 있고 빈 공간이 많아 기체의 이동 통로를 형성한다.

14 ① **체관** : 잎에서 광합성을 통해 만들어진 유기 양분이 이동하는 통로이다.
    ③ **표피** : 줄기 가장 바깥쪽의 한 층의 세포질이다.
    ④ **형성층** : 세포 분열이 활발하여 줄기의 부피 생장이 일어나는 부분이다.

15 (가)에 들어갈 알맞은 말은 산소이다. 산소는 광합성 이후 생성되는 물질로 식물 자신의 호흡에 이용되며, 나머지는 기공을 통해 방출한다.

16 ① 체세포 분열이다.
    ② 식물 세포와 동물 세포에서 모두 일어난다.
    ③ 세포 한 개가 분열하여 네 개가 된다.

17 **고막** : 외이와 중이의 경계에 위치하는 얇고 투명한 막으로, 전달된 음파를 진동시키는 역할을 한다.
    ② **귓속뼈** : 가운데 귀에 있는 소리를 전달하는 세 개의 작은 뼈
    ③ **반고리관** : 귀의 가장 안쪽인 내이에 위치하며 몸이 얼마

나 회전하는지를 감지하는 평형기관이다.
    ④ **귀인두관** : 인두와 중이를 연결하는 관이다.

18 **부신** : 좌우 신장 위에 한 쌍씩 있는 내분비기관으로 아드레날린을 분비하여 혈당량을 증가시키고 여러 기관을 자극한다.
    A : 뇌하수체
    B : 갑상샘
    D : 이자

> **TIP 내분비샘의 종류**
> - **뇌하수체** : 생장 호르몬을 분비하며 생장 촉진, 단백질 합성 촉진 가능
> - **갑상샘** : 티록신을 분비하며 대사 작용 촉진, 체온 조절 가능
> - **부신** : 아드레날린을 분비하며 혈당량 증가, 여러 기관 자극
> - **이자** : 인슐린과 글루카곤을 분비하며 혈당량의 증가와 감소의 기능

19 마그마나 용암이 식어서 굳어져 형성되는 것은 화성암이다. 화성암은 마그마가 식는 위치와 속도에 따라 심성암과 화산암으로 구분된다.

20 설명에 해당하는 계절은 여름이다. 봄, 가을에는 온난건조한 양자강 기단이 영향을 주고, 한랭건조한 시베리아 기단은 겨울에 영향을 준다.

21 오호츠크해 기단은 늦은 봄부터 초여름에 걸쳐 우리나라에 영향을 주는 저온다습한 기단으로, 북태평양 기단과 만나 장마전선을 형성한다. 따라서 만족하는 위치는 D이다.

22 구름은 수증기가 응결하여 생긴 작은 물방울이나 얼음 알갱이가 공중에 높이 떠 있는 것으로 생성과정은 공기 상승 → 단열 팽창(부피 팽창) → 기온 하강 → 이슬점 도달 → 구름 생성의 순으로 이루어진다. 따라서 A는 기온 하강이다.

23 성층권에 대한 내용이다. 성층권은 오존층에서 자외선을 흡수하기 때문에 높이가 높아질수록 기온이 높아지며, 대기가 안정하여 비행기의 항로로 이용하고 있다.

24 목성은 태양계에서 가장 큰 행성으로 많은 위성을 가지고 있고, 희미한 고리를 가지고 있다. 빠른 자전으로 인한 가로줄무늬와 대기의 소용돌이에 의한 붉은 점(대적점)이 관측된다.

25 소행성은 화성과 목성의 궤도 사이에서 태양을 중심으로 공전하는 작은 천체들이다.

제6교시 도 덕

정답

01 ④	02 ③	03 ②	04 ③	05 ④
06 ②	07 ②	08 ③	09 ①	10 ④
11 ①	12 ①	13 ①	14 ②	15 ④
16 ②	17 ①	18 ②	19 ②	20 ②
21 ①	22 ③	23 ③	24 ②	25 ②

해설

01 인격은 한 개인이 사람으로서의 가치를 지니기 위해 필요한 정신적 자격, 품격, 인품 등을 의미한다. 따라서 책임감, 예의 범절, 겸손함 등이 필요하다.

02 예절은 사람들의 생활 방식 속에서 오랫동안 지켜져 내려온 습관적인 규범으로 원만한 인간관계를 유지하기 위한 규범이다. 예절의 형식은 시대나 지역, 상대방에 따라 다르게 나타난다.

03 합리적 소비란 비용과 편익을 고려한 소비이고, 윤리적 소비란 자신의 소비행위가 사회적으로 미치는 영향을 고려한 소비이다. 따라서 올바른 소비생활로 볼 수 있다.

04 사회가 복잡해지고 고도의 경쟁과 개인주의로 인한 불안감이 증가하면서 가정에서 이루어지는 애정의 기능, 정서적 안정 및 휴식의 기능은 전통적 사회보다 현대 사회에서 그 중요성이 더욱 커지고 있다.

05 사이버 공간에서 타인의 저작물을 창작자의 승낙 없이 복제하거나 사용할 경우 손해배상 혹은 형사처벌 등의 책임을 질 수 있다.

06 사회·문화적 동질성 회복을 위해서 통일이 이루어져야 한다. 따라서 ②는 옳지 않다.

07 사람은 일을 함으로써 개인적으로는 생계를 유지하고 자신의 능력을 확인하며, 자아실현을 할 수 있다. 또한 사회적으로는 사회를 유지하고 발전시키며 사회구성원으로서의 역할을 수행한다.

08 주어진 제시문은 '경청'에 관해 설명하고 있다.
① 관용 : 자신의 주장만 내세우지 않고 나와 다른 의견일지라도 상대방의 생각과 가치를 존중
② 예의 : 타인에 대한 존중의 마음을 상황에 맞게 일정 형식으로 표현
④ 인내 : 상대방의 잘못이나 실수를 참고 이해해주는 것

09 제시문과 같이 주장하고 있는 사상가는 '칸트'이다. 칸트는 인간을 언제나 수단이 아닌 목적으로 대우해야 한다고 주장하였다. 또한 이성적이고 자율적인 인간은 보편적인 도덕 법칙을 의식할 수 있음을 강조하였다.

10 제시문은 '청소년 문화'를 저항문화의 관점에서 바라보고 있다.
① 미성숙한 문화 : 청소년 문화는 성인문화를 모방한 것에 불과한 미성숙한 문화이다.
② 기성 문화 : 기성세대(어른들)의 문화
③ 대안 문화 : 새롭고 독립적인 영역을 창출함으로써 기존의 잘못된 문화의 대안이 된다.

11 제시된 글에서 태섭이는 은영이의 입장을 생각해 보지 않고 이야기를 하였다. 따라서 태섭이에게는 상대방의 입장을 생각해 보는 태도가 필요하다.

12 최대 다수의 최대 행복이라는 말은 공리주의를 대표하는 명언이다. 공리주의자에게는 최대 다수가 최대 행복을 느끼게 하는 행동이 선하고 정의로운 행동이라고 본다. 그러나 사익을 우선시하는 견해를 가진 사람들은 기본적으로 삶을 살아가는 이유가 개인의 행복을 위해서라고 본다.

13 마음을 다스리지 못하면 충동적으로 행동하게 되고 다른 사람과 갈등을 일으키기 쉽다. 따라서 긍정적인 마음을 가지고 다른 사람을 존중하고 배려하며 인격을 수양해야 한다.

14 플라톤의 이상 국가와 유학의 대동 사회는 공통적으로 지도

자의 도덕성을 중시하였다. 또한 그리스도교의 천국이나 불교의 극락은 죽음과 고통으로부터의 해방을 주었다.

> **TIP** 플라톤의 이상 국가
> - **의미** : 이성과 지혜를 갖춘 철학자가 통치하는 철인(哲人) 통치 국가
> - **목표** : 통치, 방위, 생산을 담당하는 각 계급이 자기에게 주어진 계급의 역할에 최선을 다하고, 지혜 · 용기 · 절제의 덕이 서로 조화를 이루어 '정의의 덕'이 실현된 정의로운 국가

15 욕구를 지나치게 추구하면 잘못된 선택과 행동을 할 수 있다. 따라서 보다 행복한 삶을 영위하기 위해서는 욕구를 추구하면서 억제하고 스스로 절제할 수 있어야 한다.
① 개인 간의 욕구 갈등을 해결하기 위해서는 당위가 필요하다.
② 욕구와 당위가 항상 일치되는 것은 아니지만 욕구와 당위를 조화시키려는 노력이 필요하다.
③ 인간은 기본적인 욕구가 충족될 때 만족감과 행복감을 느끼기 때문에 욕구의 추구는 자연스러운 일이다.

16 도덕적 성찰이란 도덕적인 관점에서 자신의 삶을 반성하고 살피는 것으로, 도덕적 성찰을 통해 자신의 잘못을 깨닫고 바로 잡을 수 있다.

17 인간의 본성은 원래부터 선하며, 끊임없는 수양을 통해 선한 본성을 지키고 가꾸어야 한다는 '성선설'에 관한 설명으로 맹자가 주장하였다.
② **성무선악설** : 인간의 본성은 선천적으로 착하거나 나쁘지도 않으며, 오직 환경에 의하여 성격이 결정된다고 보는 학설로 고자가 주장하였다.
③ **성악설** : 인간의 본성은 본래 이기적이고 악하며, 악한 본성을 선하게 하기 위해 끊임없이 자신을 다그치고 예를 지켜야 한다는 학설로 순자가 주장하였다.
④ **성선악혼설** : 인간의 본성은 선하기도 하고 악하기도 해서 선한 본성을 기르면 선이 자라고 악한 본성을 기르면 악이 자란다는 학설로 왕충이 주장하였다.

18 상부상조의 전통 중 두레에 대한 설명으로 농번기에 일손을 돕기 위해 농사일에 많은 일손이 필요할 때 한 집에서 한 사람씩 동원되었다.
① **계** : 예로부터 내려오는 독특한 민간 협동 자치 단체로, 친목과 공제를 목적으로 하고 있지만 도로보수나 서당운영 등 마을 전체를 위한 공공사업도 시행한다.
③ **향약** : 유교적인 예속을 보급하고, 농민들의 공동체적 결속을 목적으로 한 양반들이 만든 조선시대 향촌사회의 자치 규약이다.

④ **품앗이** : 일손이 모자랄 때 이웃 간에 서로 도와가며 일을 해주고 일로서 같은 노동 교환을 내용으로 하는 공동 작업을 말한다.

19 청소년기를 가치 있게 보내기 위한 방안으로는 바람직한 문화를 주체적으로 선택하기, 창조적인 문화 생산을 위해 노력하기가 있다.

20 - **장유유서(長幼有序)** : 어른과 아이 사이에는 차례와 질서가 있어야 한다.
- **부자유친(父子有親)** : 부모는 자식에게 인자하고 자녀는 부모에게 존경과 섬김을 해야 한다. → 부모와 자식과의 관계를 나타내는 오륜의 도리이다.

21 - **도덕 원리** : 인간이라면 누구나 마땅히 의무적으로 지켜야 하는 원칙 및 법칙
- **사실 판단** : 참과 거짓을 객관적으로 확인할 수 있는 판단
- **도덕 판단** : 특정 대상에 대해 개인의 도덕적 가치관이 개입된 판단

22 민족정신을 보존하고 계승하는 것은 국가의 필요성에 포함되지 않는다.

23 진정한 아름다움을 갖추는 방법
- **내면적인 가치 추구**
  - 아름다운 외모는 세월이 가면 늙고 볼품없어지지만, 내면적 아름다움은 시간이 갈수록 빛을 발함
  - 올바른 가치를 찾아 그것을 실현하는 데 자신의 열정을 다해야 함
- **개성 있는 아름다움 추구**
  - 오늘날 널리 퍼져 있는 외모 지상주의에서 추구하는 아름다움은 획일적이고 상업화된 아름다움
  - 인위적인 미적 기준에서 벗어나 자신의 개성을 잘 드러낼 수 있는 자신만의 독특한 아름다움을 찾아야 함

24 자율적 인간이 되려면 이성적인 사고와 성찰을 하고 반복적인 도덕적 행동으로 도덕적인 습관을 양성하며 자신의 선택에 따른 결과에 책임을 져야 한다.

25 성인(聖人)이란 유교에서 인격 완성의 최고 경지에 이른 완전한 인간을 뜻하는 이상적인 인간상이다.